MISSION: Yozakura Family

3

Hinagiku

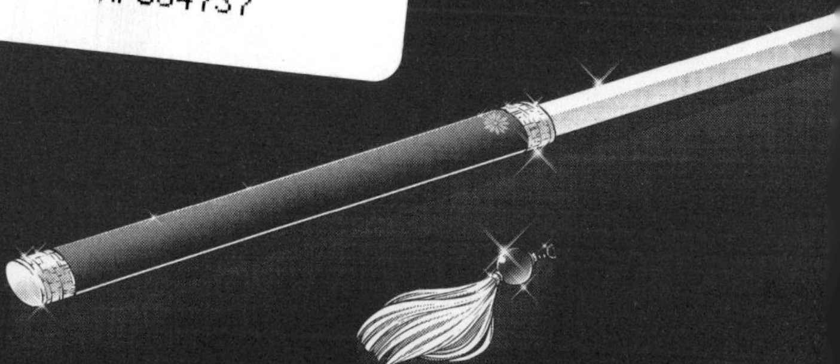

Hitsuji Gondaira

Mission: Yozakura Family Charaktere

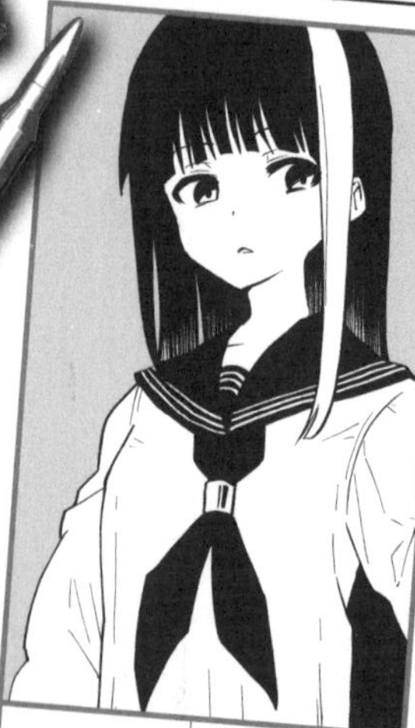

MUTSUMI YOZAKURA

Drittälteste Tochter der Yozakuras. Als Oberhaupt ihrer Familie, die etliche Übermenschen hervorgebracht hat, wird sie rund um die Uhr von ihren Geschwistern beschützt.

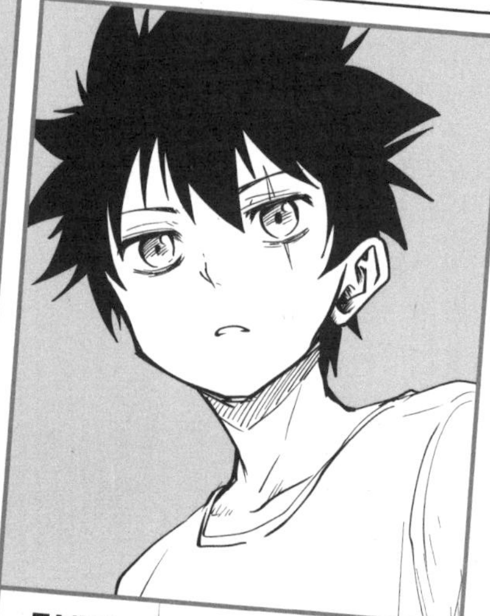

TAIYO ASANO

Der Oberschüler hat seine Familie bei einem Verkehrsunfall verloren und ist seitdem sehr menschenscheu. Sein Herz öffnet er lediglich seiner Frau und Kindheitsfreundin Mutsumi.

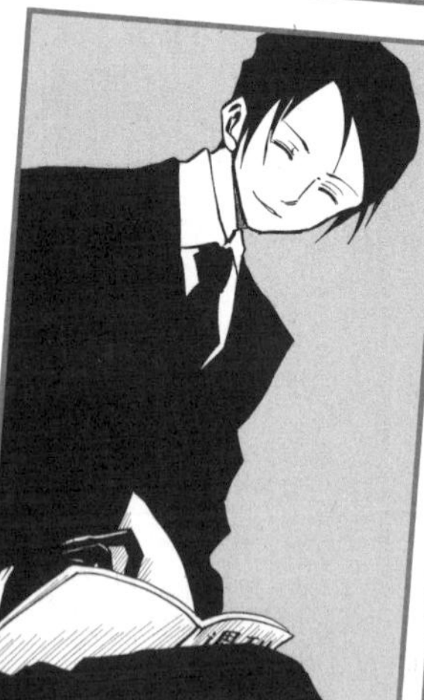

KYOICHIRO YOZAKURA

Der älteste Sohn der Familie Yozakura ist der beste und beliebteste Spion weit und breit. Unter dem Decknamen »Hirukawa« arbeitet er nebenbei als Konrektor an Taiyos Schule.

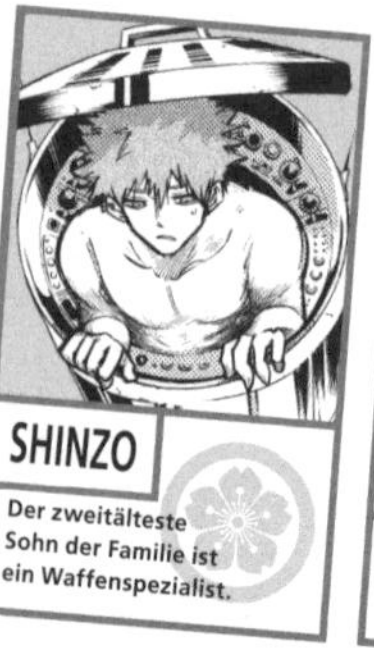

SHINZO

Der zweitälteste Sohn der Familie ist ein Waffenspezialist.

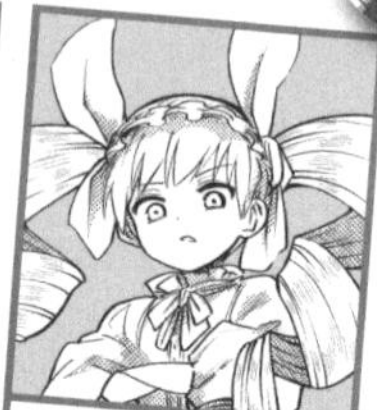

FUTABA

Die älteste Tochter der Yozakuras ist eine Meisterin in Aikido und Jiu Jitsu.

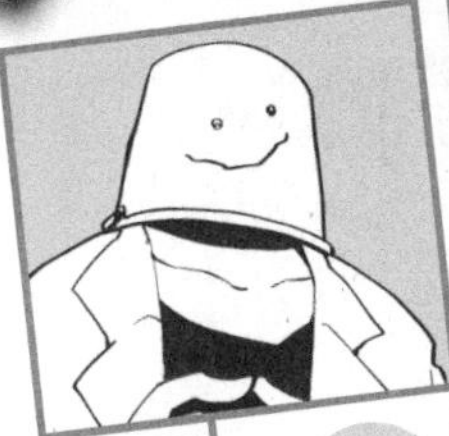

NANAO

Viertältester Sohn der Familie Yozakura. Nanao ist medizinisch bewandert und hat Bärenkräfte.

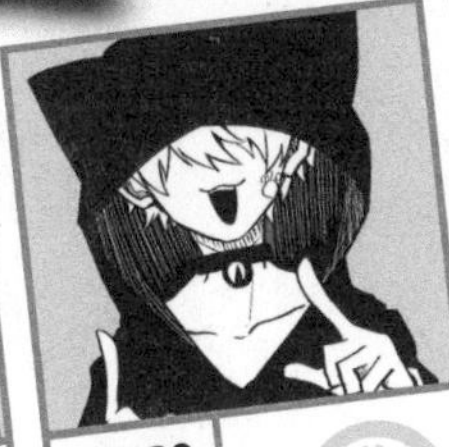

KENGO

Der Verkleidungskünstler und drittälteste Sohn der Familie kann sich in alle möglichen Personen verwandeln.

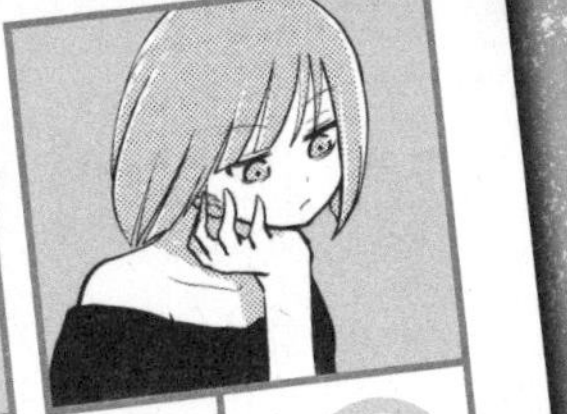

SHION

Die zweitälteste Tochter der Yozakuras ist Gamerin und begnadete Hackerin zugleich.

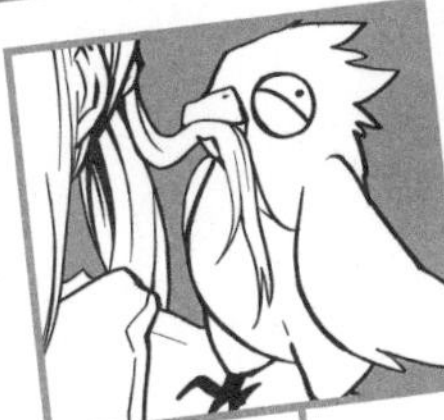

PHÖNIX

Hatodas Vögelchen

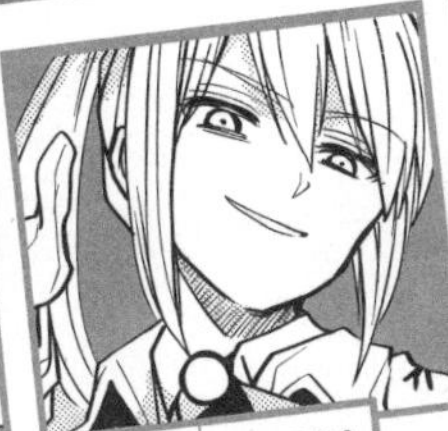

ASUKA HATODA

Chef der Verbrecherberatungsfirma »Popoppo«

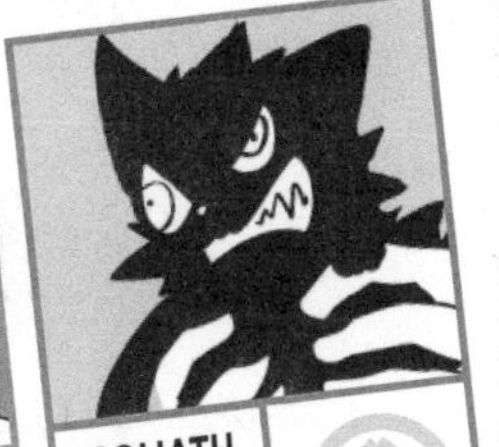

GOLIATH

Haustier der Familie Yozakura

Story.

Seit Taiyo seine Familie durch einen Verkehrsunfall verloren hat, spricht er einzig und allein mit seiner Kindheitsfreundin Mutsumi Yozakura. Doch dann entpuppen sich die Yozakuras als Spionfamilie, deren Ursprünge in der Ninjakultur der Edo-Zeit liegen. Auch wenn Mutsumi selbst keine übermenschlichen Kräfte besitzt, ist sie das Oberhaupt der Familie, das die nächste Generation von Übermenschen zur Welt bringen wird. Um sie vor Feinden zu schützen, will Mutsumis Bruder Kyoichiro Taiyo aus dem Weg räumen. Doch Taiyo heiratet Mutsumi, wodurch er Teil der Familie wird. Seine Karriere als Spion beginnt. Täglich ereignen sich verschiedenste Vorfälle, wie Mutsumis Entführung oder ein versuchtes Attentat auf Taiyo. Es stellt sich heraus, dass Asuka Hatoda, Chef der Verbrecherberatungsfirma »Popoppo«, dabei die Strippen gezogen hat. Taiyo besiegt ihn in einem Duell, aber…

Mission: Yozakura Family – Inhalt

3 Hinagiku To Do Mission

Number	Mission Title
005	Mission 17: Der Sportkrieg
025	Mission 18: Die Hochzeitsfeier
045	Mission 19: Spione im öffentlichen Dienst
065	Mission 20: Der Spion eines Spions
085	Mission 21: Hinagiku
105	Mission 22: Kuroyuri-Partei
125	Mission 23: Die Wahrheit
145	Mission 24: Die Blumensprache der Schwarzlilie
165	Mission 25: Informationen

Mission:
Yozakura Family

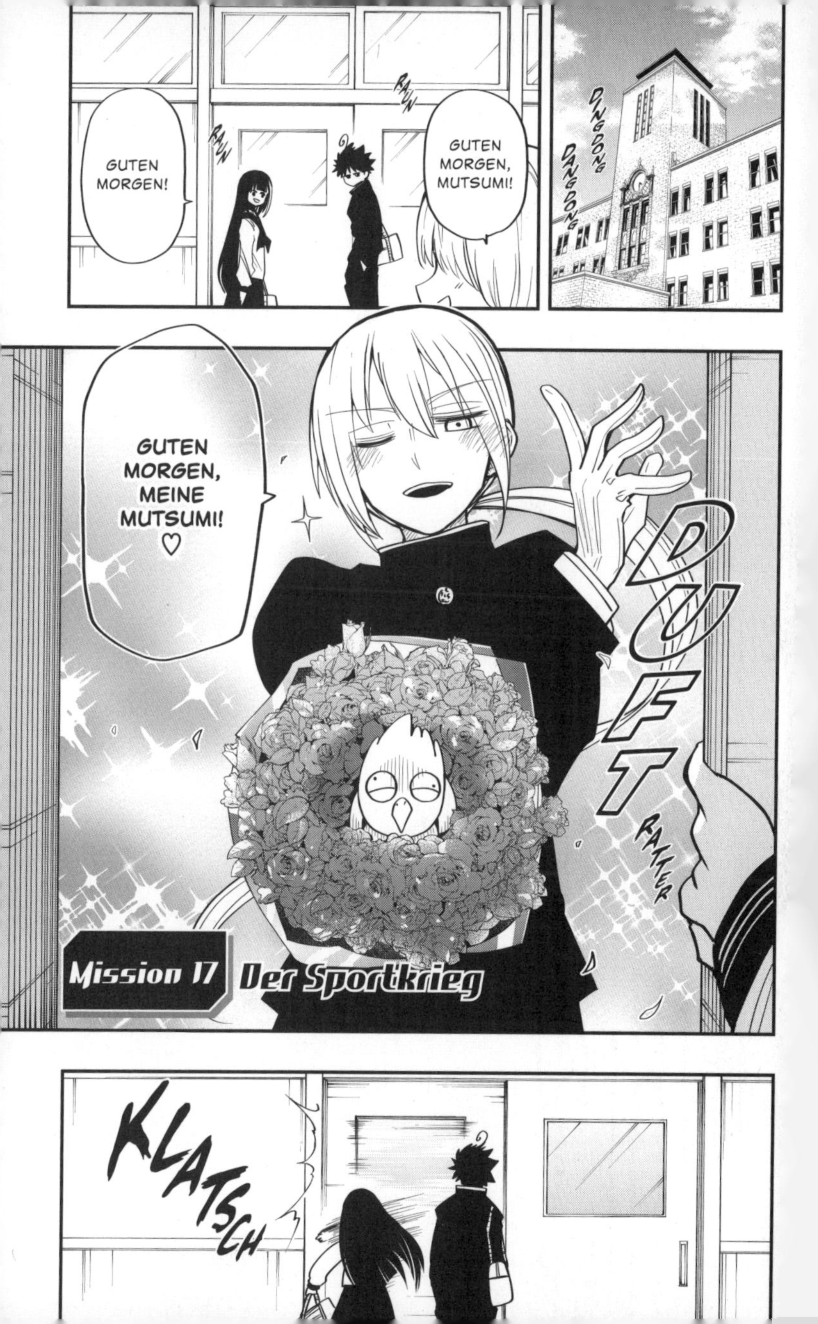
DINGDONG
DANGDONG
GUTEN MORGEN, MUTSUMI!
RAUN
RAUN
GUTEN MORGEN!
GUTEN MORGEN, MEINE MUTSUMI! ♡
DUFT
RATTER
Mission 17
Der Sportkrieg
KLATSCH

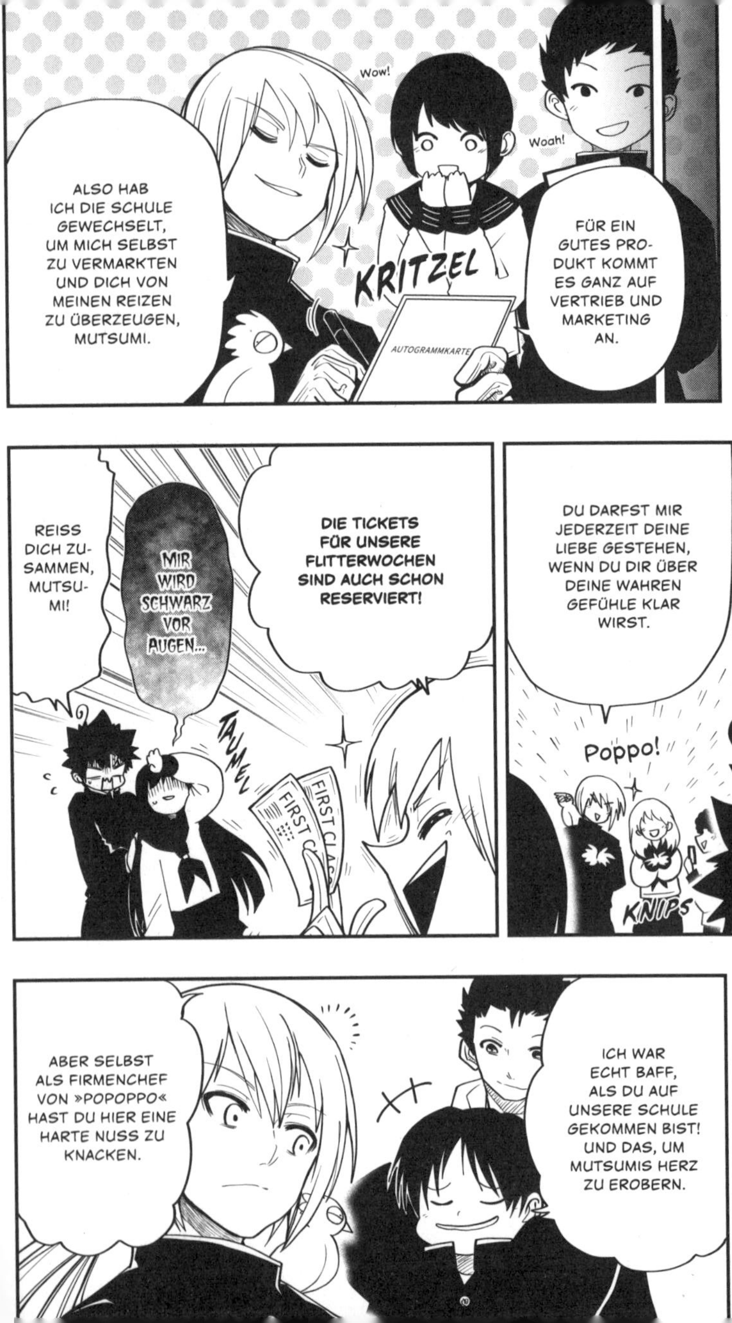
Woah!
Wow!
FÜR EIN GUTES PRODUKT KOMMT ES GANZ AUF VERTRIEB UND MARKETING AN.
KRITZEL
AUTOGRAMMKARTE
ALSO HAB ICH DIE SCHULE GEWECHSELT, UM MICH SELBST ZU VERMARKTEN UND DICH VON MEINEN REIZEN ZU ÜBERZEUGEN, MUTSUMI.
DU DARFST MIR JEDERZEIT DEINE LIEBE GESTEHEN, WENN DU DIR ÜBER DEINE WAHREN GEFÜHLE KLAR WIRST.
Poppo!
KNIPS
DIE TICKETS FÜR UNSERE FLITTERWOCHEN SIND AUCH SCHON RESERVIERT!
FIRST CLASS
TAUMEL
MIR WIRD SCHWARZ VOR AUGEN...
REISS DICH ZUSAMMEN, MUTSUMI!
ICH WAR ECHT BAFF, ALS DU AUF UNSERE SCHULE GEKOMMEN BIST! UND DAS, UM MUTSUMIS HERZ ZU EROBERN.
ABER SELBST ALS FIRMENCHEF VON »POPOPPO« HAST DU HIER EINE HARTE NUSS ZU KNACKEN.

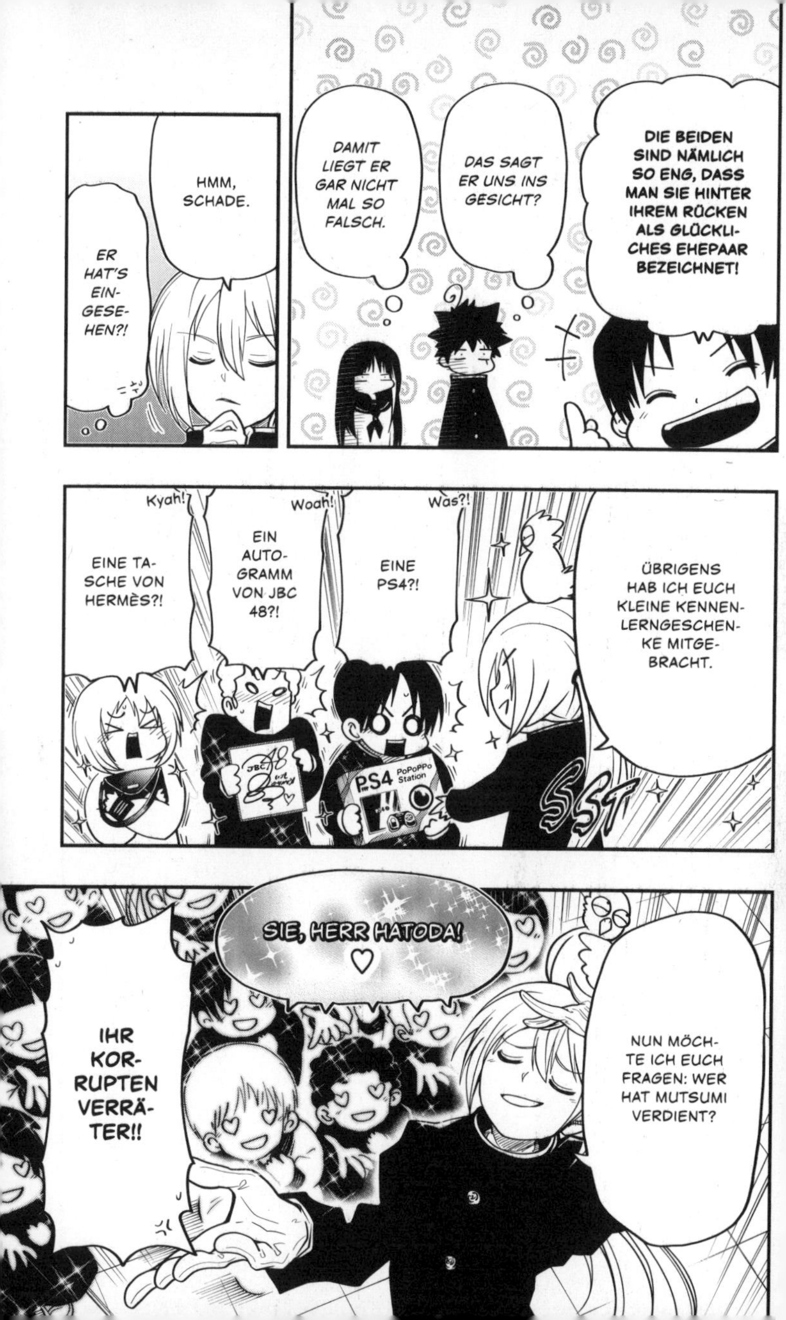
DIE BEIDEN SIND NÄMLICH SO ENG, DASS MAN SIE HINTER IHREM RÜCKEN ALS GLÜCKLICHES EHEPAAR BEZEICHNET!
DAS SAGT ER UNS INS GESICHT?
DAMIT LIEGT ER GAR NICHT MAL SO FALSCH.
HMM, SCHADE.
ER HAT'S EINGESEHEN?!
ÜBRIGENS HAB ICH EUCH KLEINE KENNENLERNGESCHENKE MITGEBRACHT.
SST
Was?!
EINE PS4?!
PS4 PoPoPPo Station
Woah!
EIN AUTOGRAMM VON JBC 48?!
Kyah!
EINE TASCHE VON HERMÈS?!
NUN MÖCHTE ICH EUCH FRAGEN: WER HAT MUTSUMI VERDIENT?
SIE, HERR HATODA! ♡
IHR KORRUPTEN VERRÄTER!!

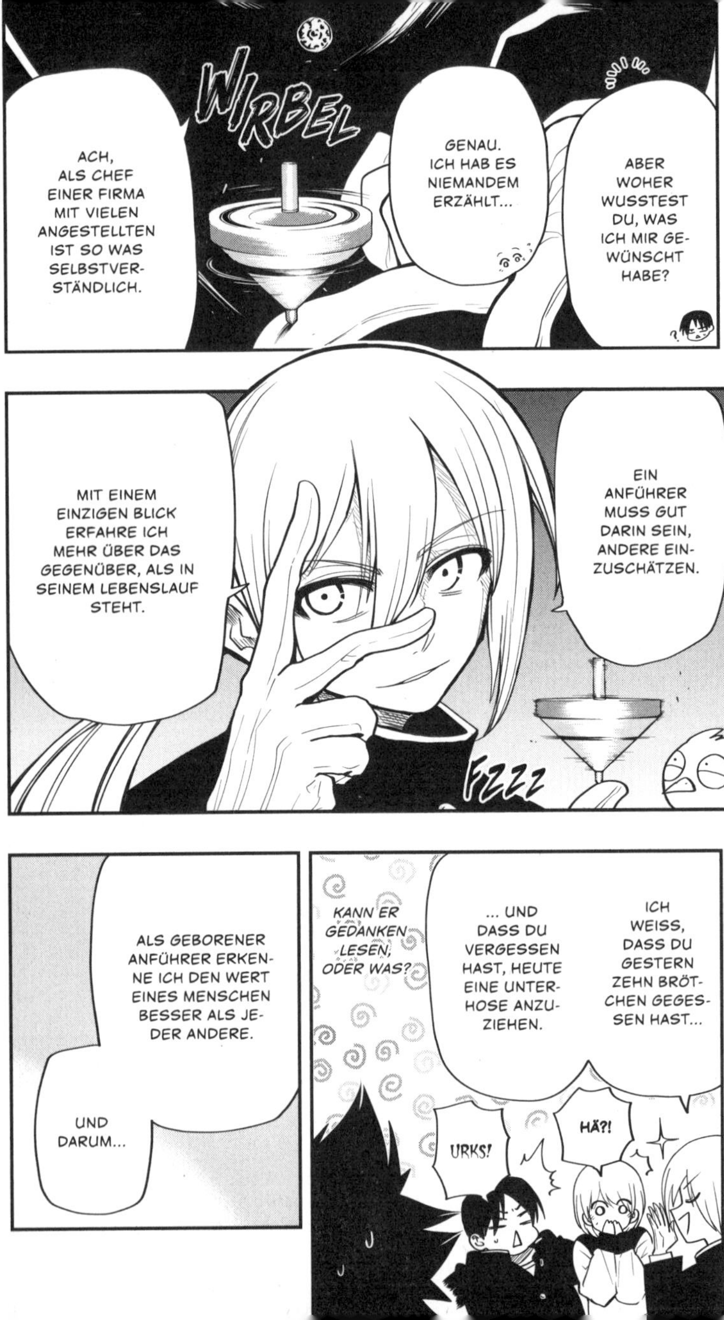
ABER WOHER WUSSTEST DU, WAS ICH MIR GEWÜNSCHT HABE?
GENAU. ICH HAB ES NIEMANDEM ERZÄHLT...
WIRBEL
ACH, ALS CHEF EINER FIRMA MIT VIELEN ANGESTELLTEN IST SO WAS SELBSTVERSTÄNDLICH.
EIN ANFÜHRER MUSS GUT DARIN SEIN, ANDERE EINZUSCHÄTZEN.
MIT EINEM EINZIGEN BLICK ERFAHRE ICH MEHR ÜBER DAS GEGENÜBER, ALS IN SEINEM LEBENSLAUF STEHT.
FZZZ
ICH WEISS, DASS DU GESTERN ZEHN BRÖTCHEN GEGESSEN HAST...
... UND DASS DU VERGESSEN HAST, HEUTE EINE UNTERHOSE ANZUZIEHEN.
KANN ER GEDANKEN LESEN, ODER WAS?
HÄ?!
URKS!
ALS GEBORENER ANFÜHRER ERKENNE ICH DEN WERT EINES MENSCHEN BESSER ALS JEDER ANDERE.
UND DARUM...

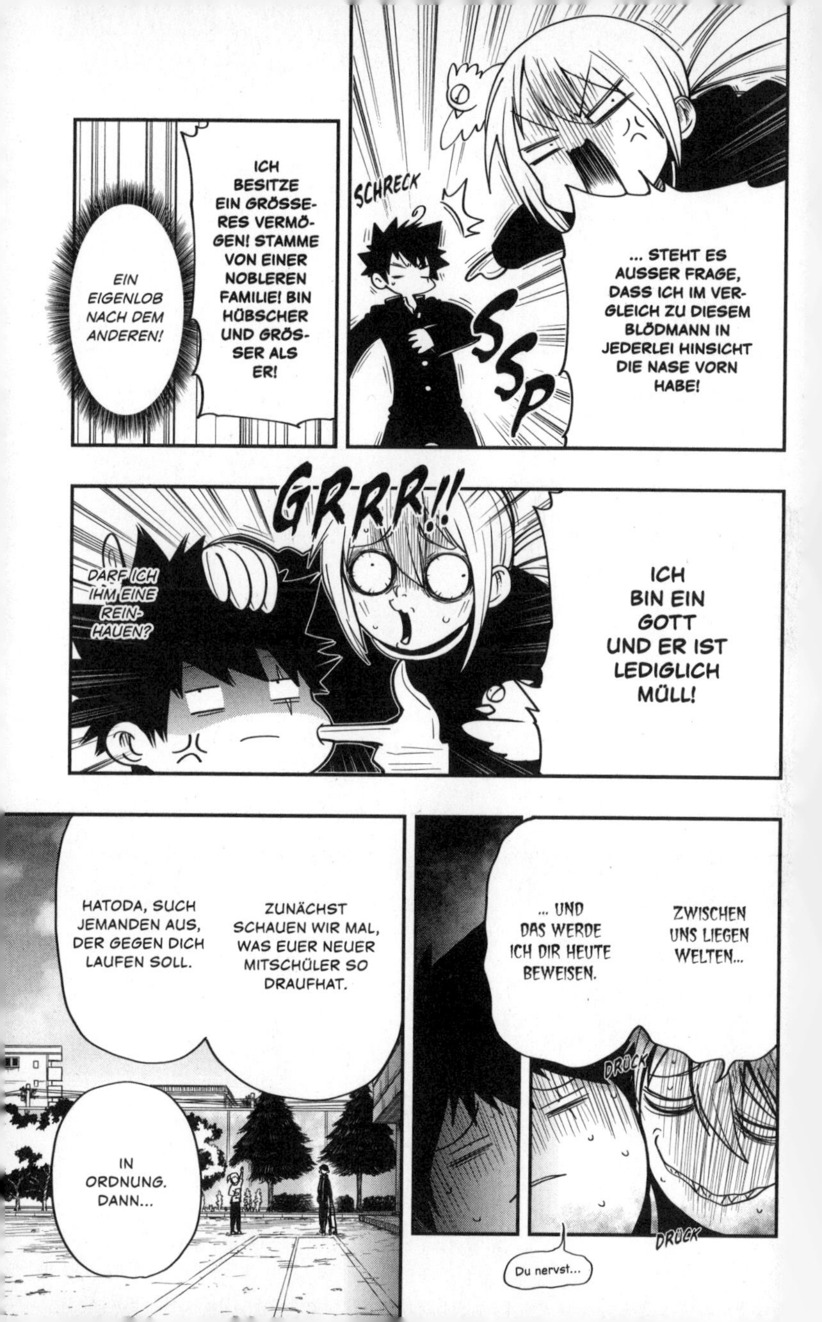
... STEHT ES AUSSER FRAGE, DASS ICH IM VERGLEICH ZU DIESEM BLÖDMANN IN JEDERLEI HINSICHT DIE NASE VORN HABE!
SCHRECK
SSP
ICH BESITZE EIN GRÖSSERES VERMÖGEN! STAMME VON EINER NOBLEREN FAMILIE! BIN HÜBSCHER UND GRÖSSER ALS ER!
EIN EIGENLOB NACH DEM ANDEREN!
ICH BIN EIN GOTT UND ER IST LEDIGLICH MÜLL!
GRRR!!
DARF ICH IHM EINE REINHAUEN?
ZWISCHEN UNS LIEGEN WELTEN...
... UND DAS WERDE ICH DIR HEUTE BEWEISEN.
DRÜCK
DRÜCK
Du nervst...
ZUNÄCHST SCHAUEN WIR MAL, WAS EUER NEUER MITSCHÜLER SO DRAUFHAT.
HATODA, SUCH JEMANDEN AUS, DER GEGEN DICH LAUFEN SOLL.
IN ORDNUNG. DANN...

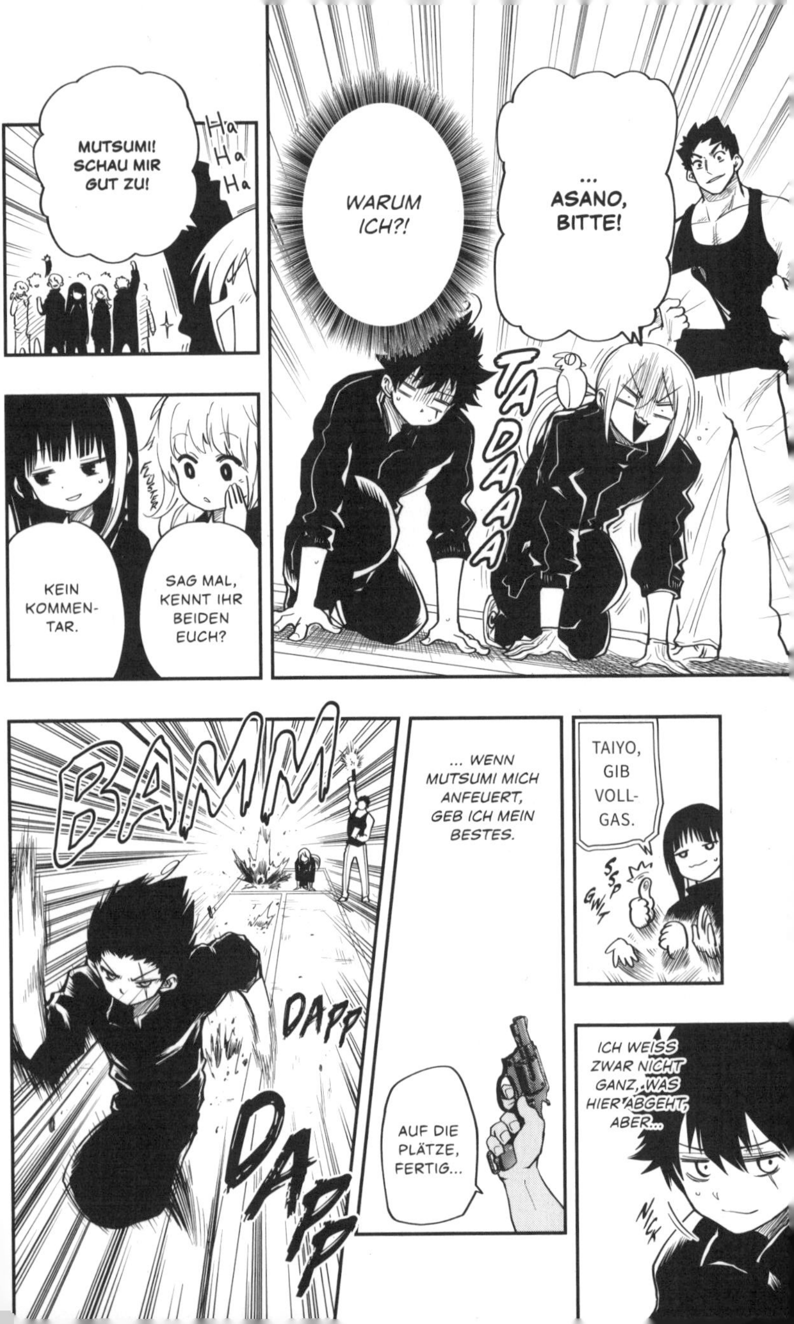
... ASANO, BITTE!
WARUM ICH?!
TADAAAA
MUTSUMI! SCHAU MIR GUT ZU!
Ha Ha Ha
SAG MAL, KENNT IHR BEIDEN EUCH?
KEIN KOMMEN-TAR.
TAIYO, GIB VOLL-GAS.
... WENN MUTSUMI MICH ANFEUERT, GEB ICH MEIN BESTES.
ICH WEISS ZWAR NICHT GANZ, WAS HIER ABGEHT, ABER...
NICK
AUF DIE PLÄTZE, FERTIG...
BAMM
DAPP
DAPP

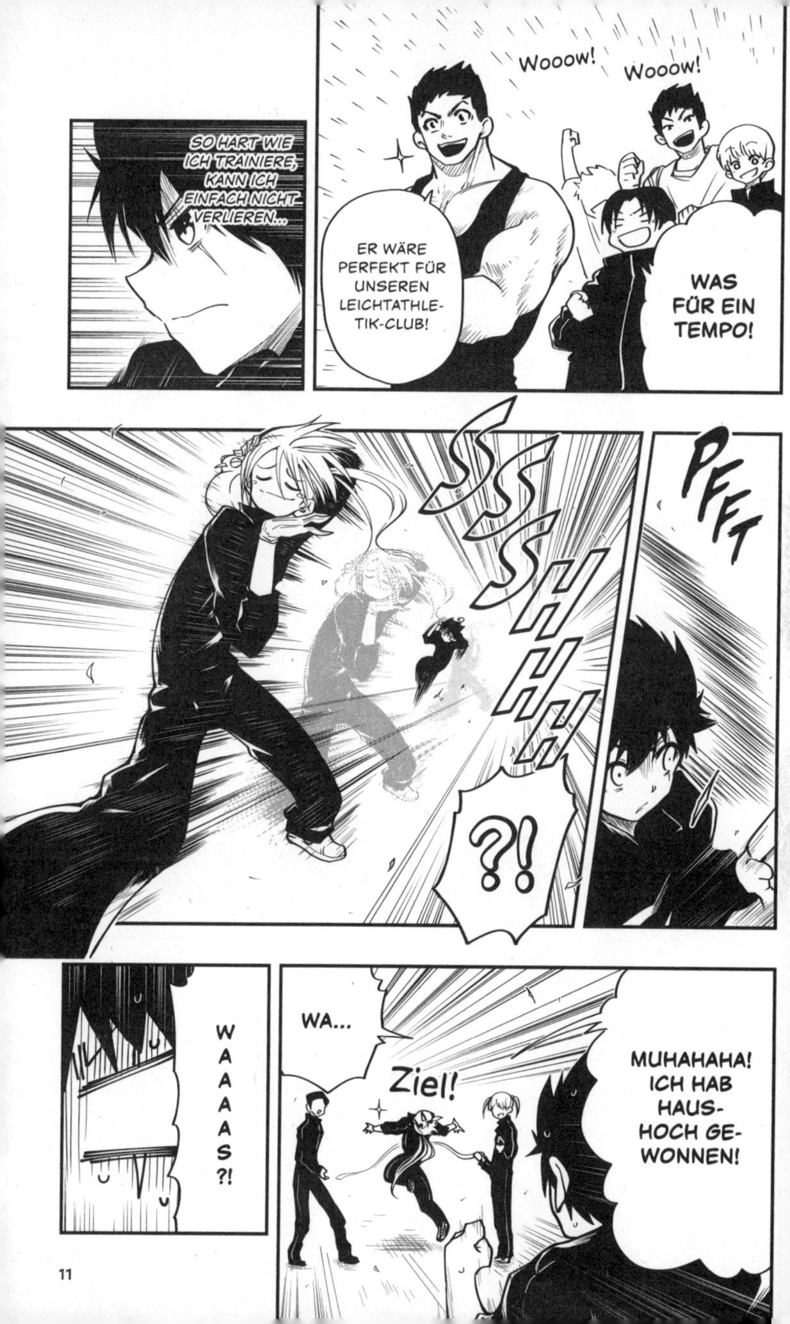
Wooow!
Wooow!
WAS FÜR EIN TEMPO!
ER WÄRE PERFEKT FÜR UNSEREN LEICHTATHLE-TIK-CLUB!
SO HART WIE ICH TRAINIERE, KANN ICH EINFACH NICHT VERLIEREN...
PFFFT
SSSHHHH
?!
MUHAHAHA! ICH HAB HAUS-HOCH GE-WONNEN!
Ziel!
WA...
WAAAAAS?!

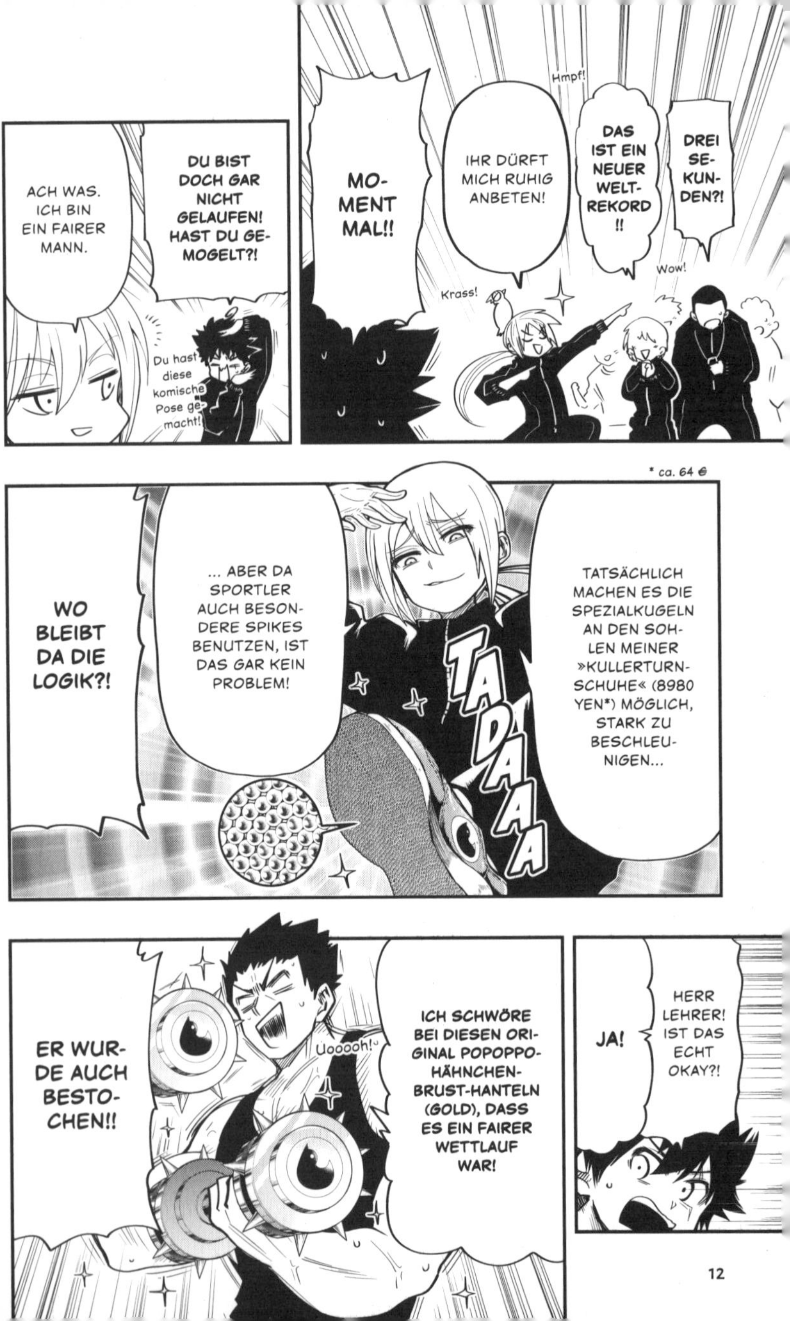
DREI SEKUNDEN?!
DAS IST EIN NEUER WELTREKORD !!
Hmpf!
IHR DÜRFT MICH RUHIG ANBETEN!
Wow!
Krass!
MOMENT MAL!!
DU BIST DOCH GAR NICHT GELAUFEN! HAST DU GEMOGELT?!
Du hast diese komische Pose gemacht!
ACH WAS. ICH BIN EIN FAIRER MANN.
TATSÄCHLICH MACHEN ES DIE SPEZIALKUGELN AN DEN SOHLEN MEINER »KULLERTURNSCHUHE« (8980 YEN*) MÖGLICH, STARK ZU BESCHLEUNIGEN...
TADAAAA
... ABER DA SPORTLER AUCH BESONDERE SPIKES BENUTZEN, IST DAS GAR KEIN PROBLEM!
WO BLEIBT DA DIE LOGIK?!
HERR LEHRER! IST DAS ECHT OKAY?!
JA!
Uoooh!
ICH SCHWÖRE BEI DIESEN ORIGINAL POPOPPO-HÄHNCHENBRUST-HANTELN (GOLD), DASS ES EIN FAIRER WETTLAUF WAR!
ER WURDE AUCH BESTOCHEN!!

* ca. 64 €

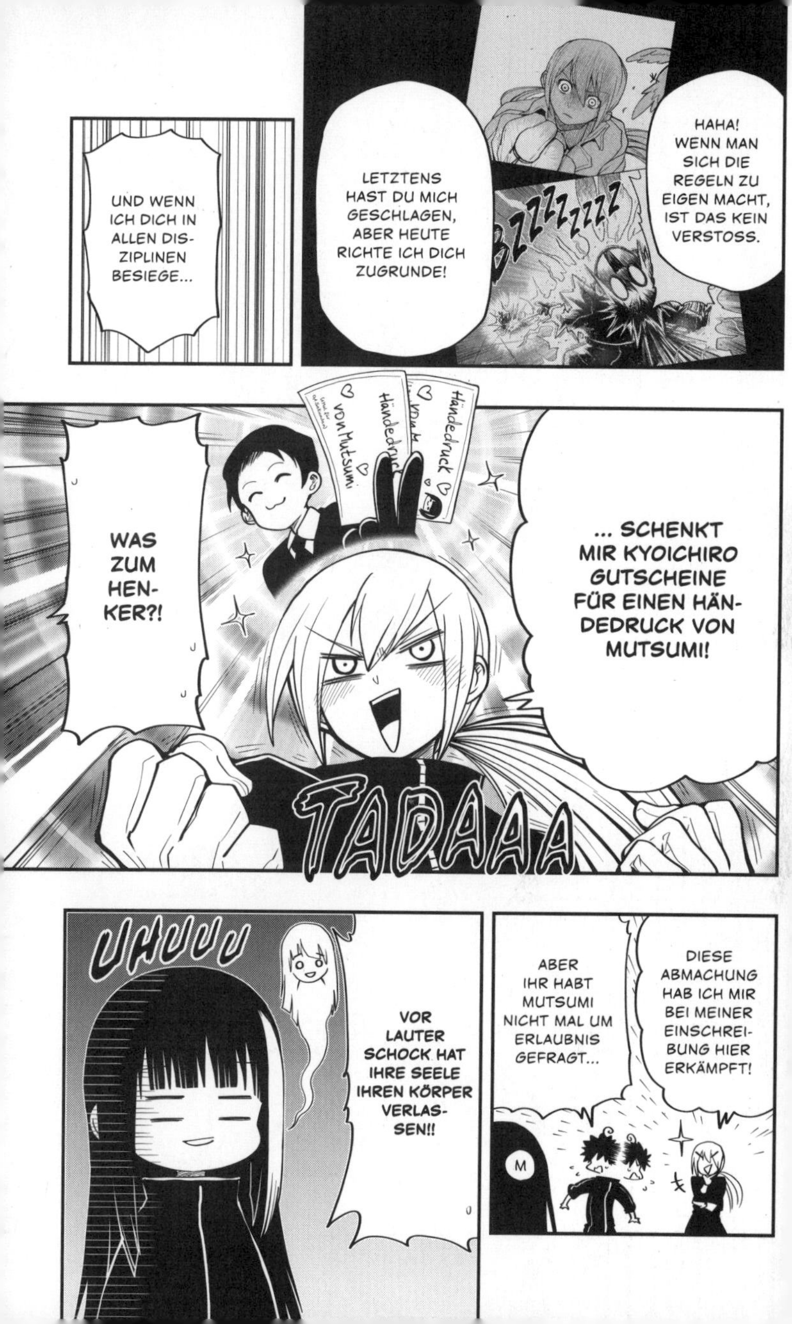
HAHA! WENN MAN SICH DIE REGELN ZU EIGEN MACHT, IST DAS KEIN VERSTOSS.
BZZZZZZZZ
LETZTENS HAST DU MICH GESCHLAGEN, ABER HEUTE RICHTE ICH DICH ZUGRUNDE!
UND WENN ICH DICH IN ALLEN DIS- ZIPLINEN BESIEGE...
... SCHENKT MIR KYOICHIRO GUTSCHEINE FÜR EINEN HÄN- DEDRUCK VON MUTSUMI!
Händedruck
Händedruck von Mutsumi
WAS ZUM HEN- KER?!
TADAAA
DIESE ABMACHUNG HAB ICH MIR BEI MEINER EINSCHREI- BUNG HIER ERKÄMPFT!
ABER IHR HABT MUTSUMI NICHT MAL UM ERLAUBNIS GEFRAGT...
M
UHUUU
VOR LAUTER SCHOCK HAT IHRE SEELE IHREN KÖRPER VERLAS- SEN!!

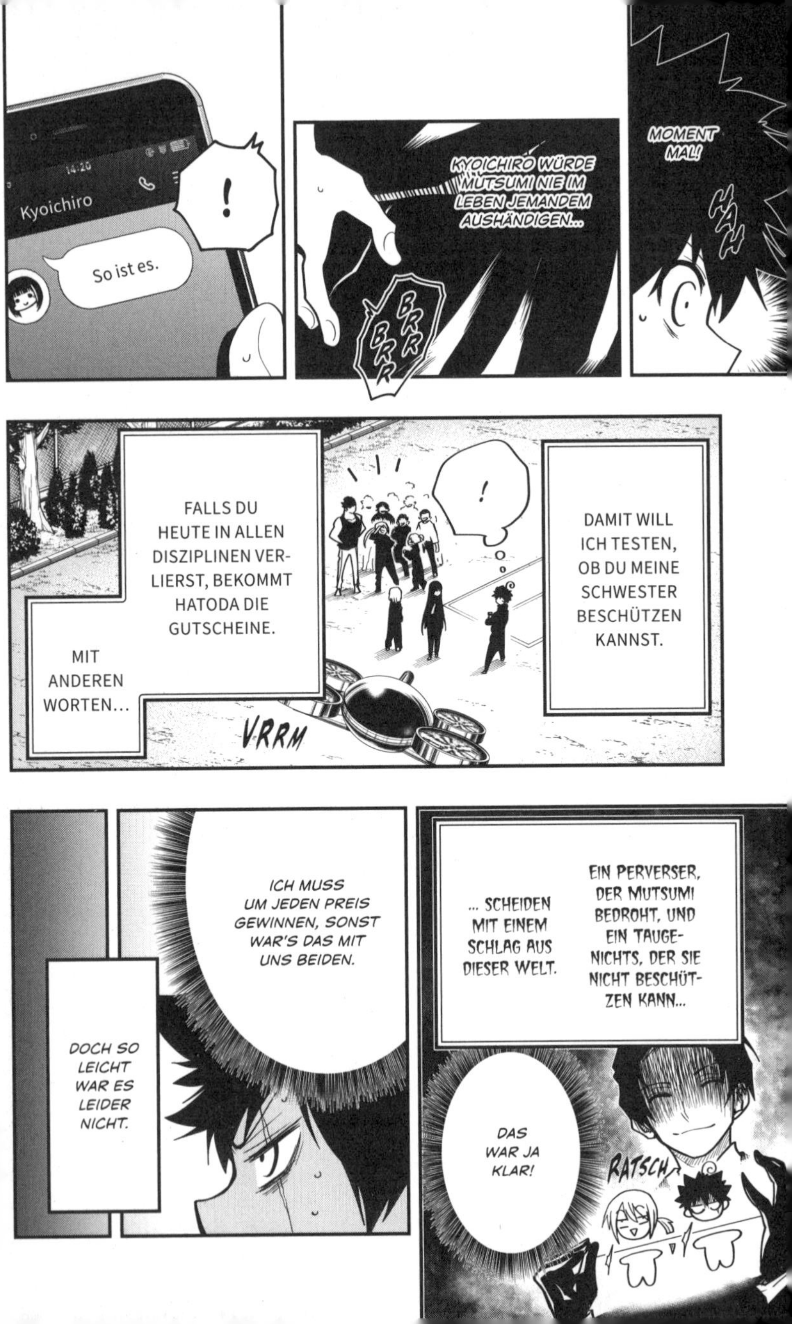
MOMENT MAL!
HAH
KYOICHIRO WÜRDE MUTSUMI NIE IM LEBEN JEMANDEM AUSHÄNDIGEN...
BRR BRR
!
Kyoichiro
14:20
So ist es.
DAMIT WILL ICH TESTEN, OB DU MEINE SCHWESTER BESCHÜTZEN KANNST.
!
FALLS DU HEUTE IN ALLEN DISZIPLINEN VERLIERST, BEKOMMT HATODA DIE GUTSCHEINE.
MIT ANDEREN WORTEN...
VRRM
EIN PERVERSER, DER MUTSUMI BEDROHT, UND EIN TAUGENICHTS, DER SIE NICHT BESCHÜTZEN KANN...
... SCHEIDEN MIT EINEM SCHLAG AUS DIESER WELT.
DAS WAR JA KLAR!
RATSCH
ICH MUSS UM JEDEN PREIS GEWINNEN, SONST WAR'S DAS MIT UNS BEIDEN.
DOCH SO LEICHT WAR ES LEIDER NICHT.

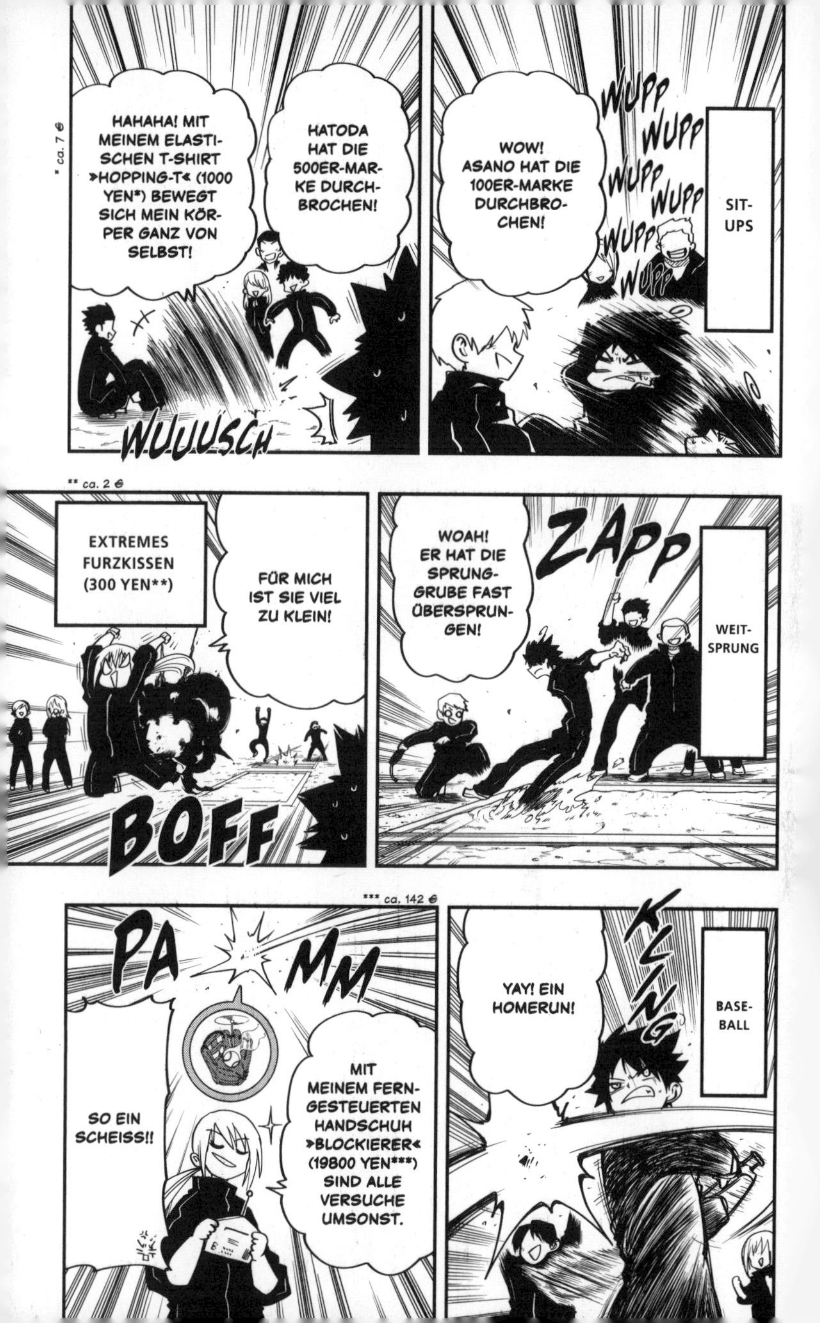
SIT-UPS
WUPP WUPP WUPP WUPP WUPP WUPP
WOW! ASANO HAT DIE 100ER-MARKE DURCHBROCHEN!
HATODA HAT DIE 500ER-MARKE DURCHBROCHEN!
HAHAHA! MIT MEINEM ELASTISCHEN T-SHIRT »HOPPING-T« (1000 YEN*) BEWEGT SICH MEIN KÖRPER GANZ VON SELBST!
WUUUSCH
* ca. 7 €
WEITSPRUNG
ZAPP
WOAH! ER HAT DIE SPRUNGGRUBE FAST ÜBERSPRUNGEN!
FÜR MICH IST SIE VIEL ZU KLEIN!
EXTREMES FURZKISSEN (300 YEN**)
BOFF
** ca. 2 €
BASEBALL
KLING
YAY! EIN HOMERUN!
PAMM
MIT MEINEM FERNGESTEUERTEN HANDSCHUH »BLOCKIERER« (19800 YEN***) SIND ALLE VERSUCHE UMSONST.
SO EIN SCHEISS!!
*** ca. 142 €

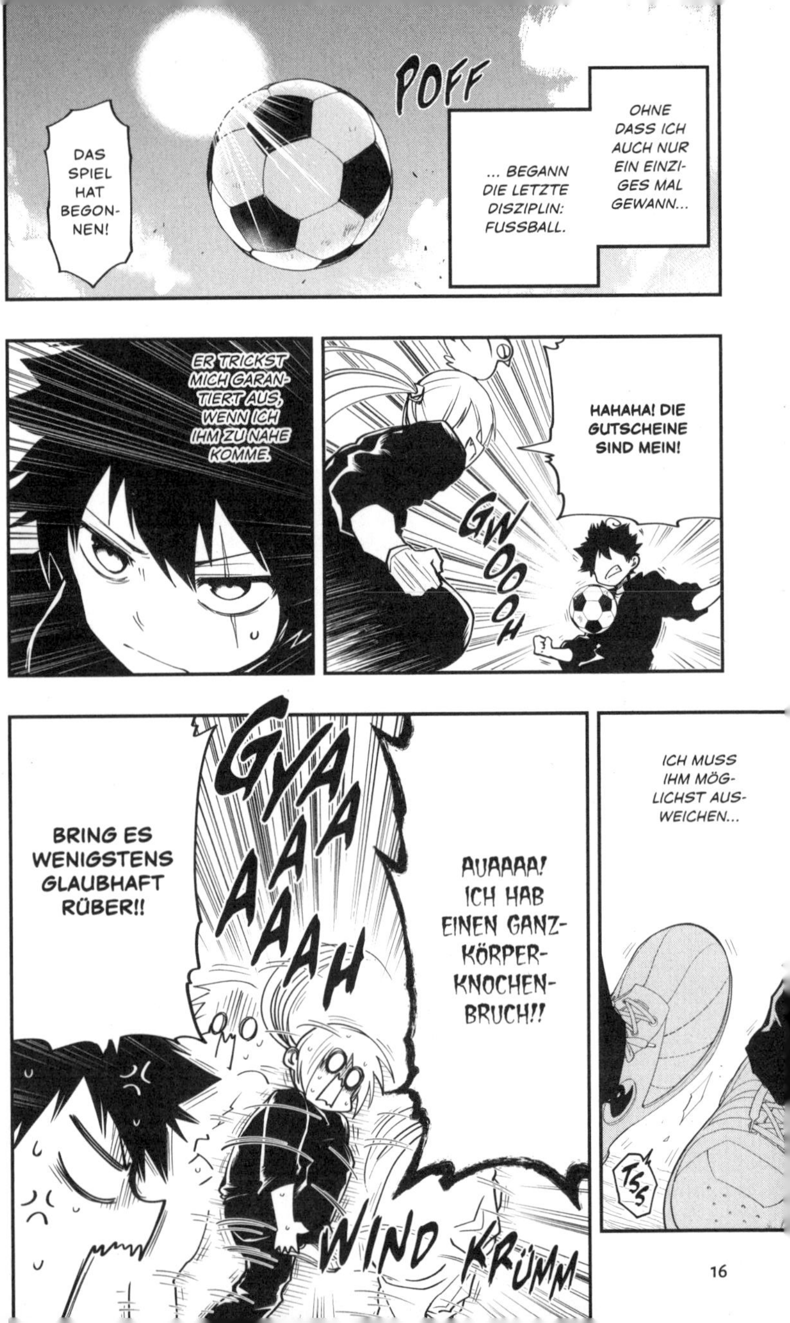
OHNE DASS ICH AUCH NUR EIN EINZIGES MAL GEWANN...
... BEGANN DIE LETZTE DISZIPLIN: FUSSBALL.
POFF
DAS SPIEL HAT BEGONNEN!
HAHAHA! DIE GUTSCHEINE SIND MEIN!
GWOOOOH
ER TRICKST MICH GARANTIERT AUS, WENN ICH IHM ZU NAHE KOMME.
ICH MUSS IHM MÖGLICHST AUSWEICHEN...
TSS
GYAAAAAAH
AUAAAA! ICH HAB EINEN GANZKÖRPERKNOCHENBRUCH!!
BRING ES WENIGSTENS GLAUBHAFT RÜBER!!
WIND
KRÜMM

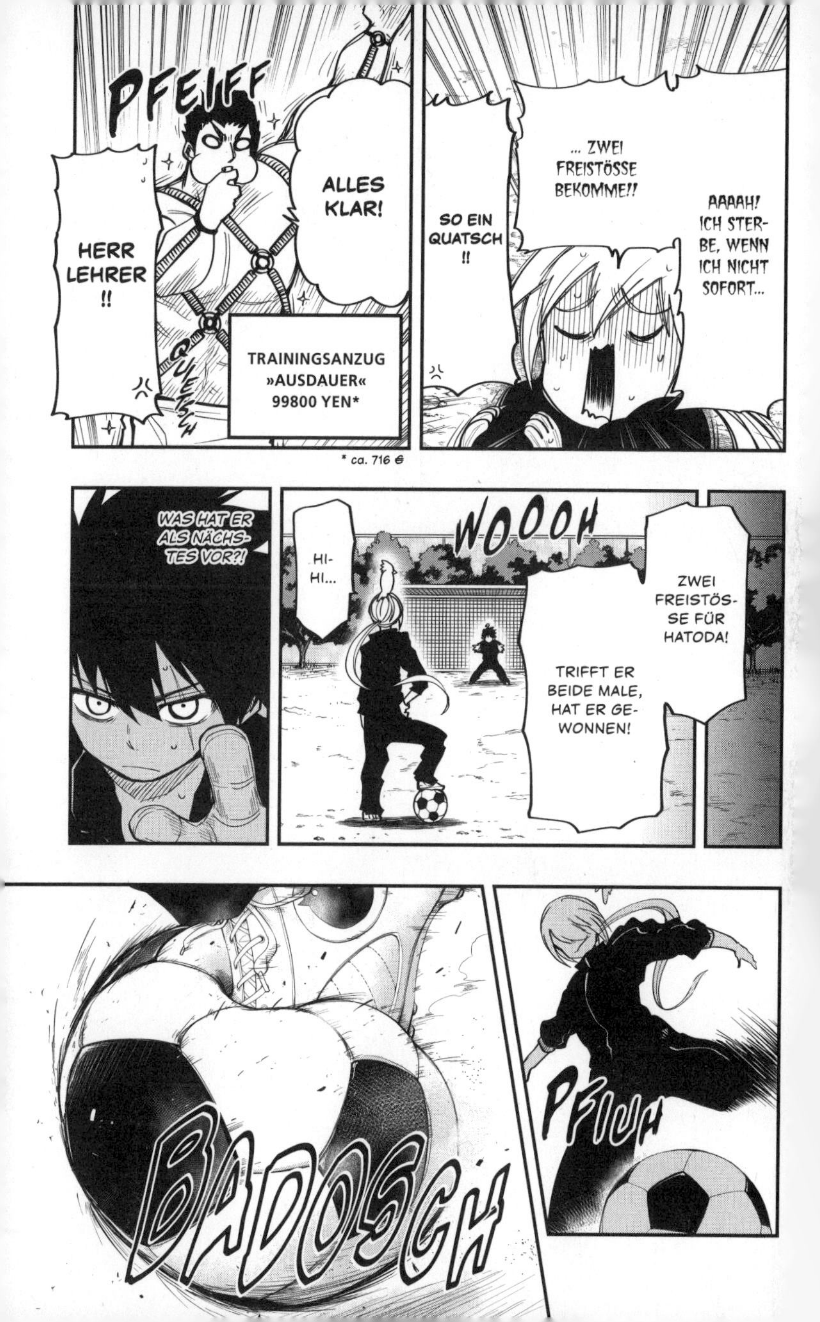
AAAAH! ICH STERBE, WENN ICH NICHT SOFORT...
... ZWEI FREISTÖSSE BEKOMME!!
SO EIN QUATSCH!!
ALLES KLAR!
PFEIFF
HERR LEHRER!!
QUIETSCH
TRAININGSANZUG »AUSDAUER« 99800 YEN*
ZWEI FREISTÖSSE FÜR HATODA!
TRIFFT ER BEIDE MALE, HAT ER GEWONNEN!
WOOOH
HI-HI...
WAS HAT ER ALS NÄCHSTES VOR?!
PFIUH
BADOSCH

* ca. 716 €

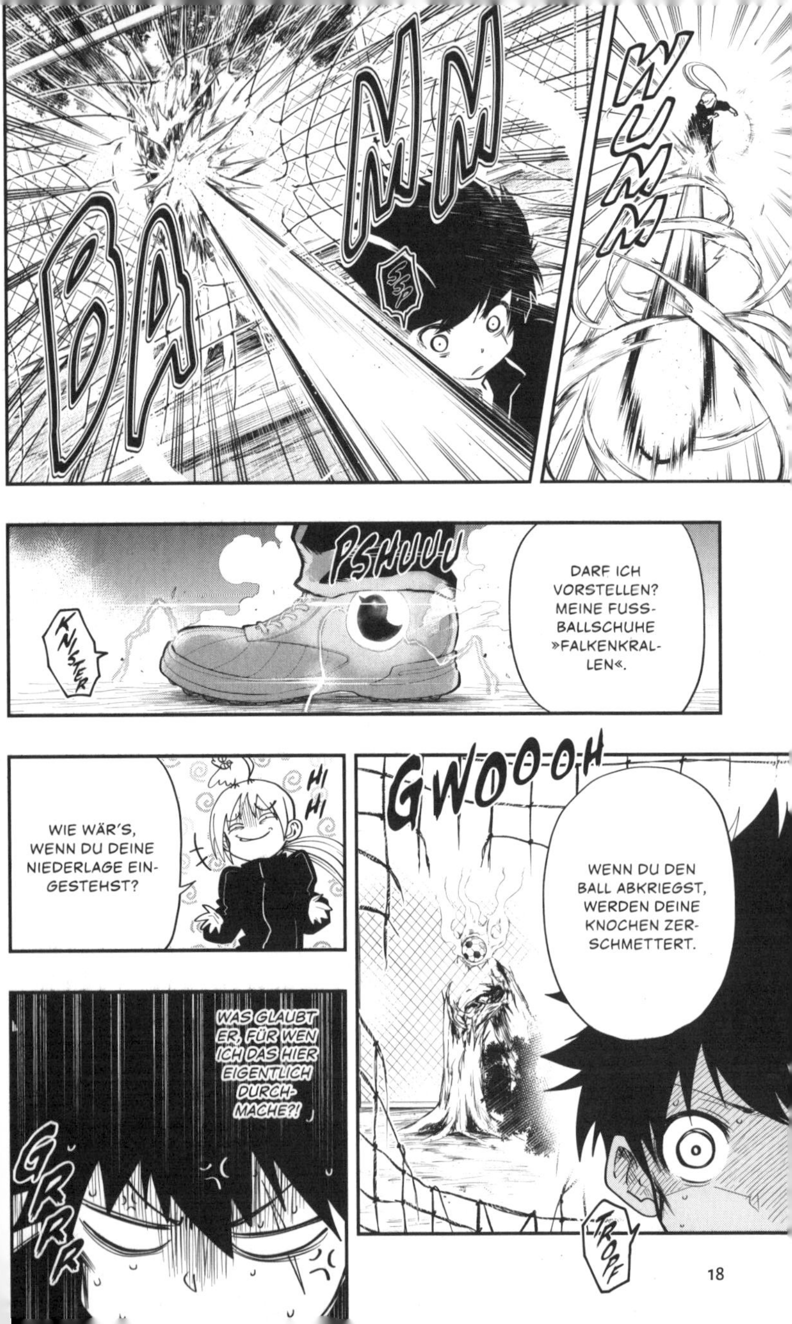
WUMM
BAMM
DARF ICH VORSTELLEN? MEINE FUSS-BALLSCHUHE »FALKENKRAL-LEN«.
PSHUUU
KNISTER
GWOOOH
WENN DU DEN BALL ABKRIEGST, WERDEN DEINE KNOCHEN ZER-SCHMETTERT.
TROPF
WIE WÄR'S, WENN DU DEINE NIEDERLAGE EIN-GESTEHST?
HI HI
WAS GLAUBT ER, FÜR WEN ICH DAS HIER EIGENTLICH DURCH-MACHE?!
GRRR

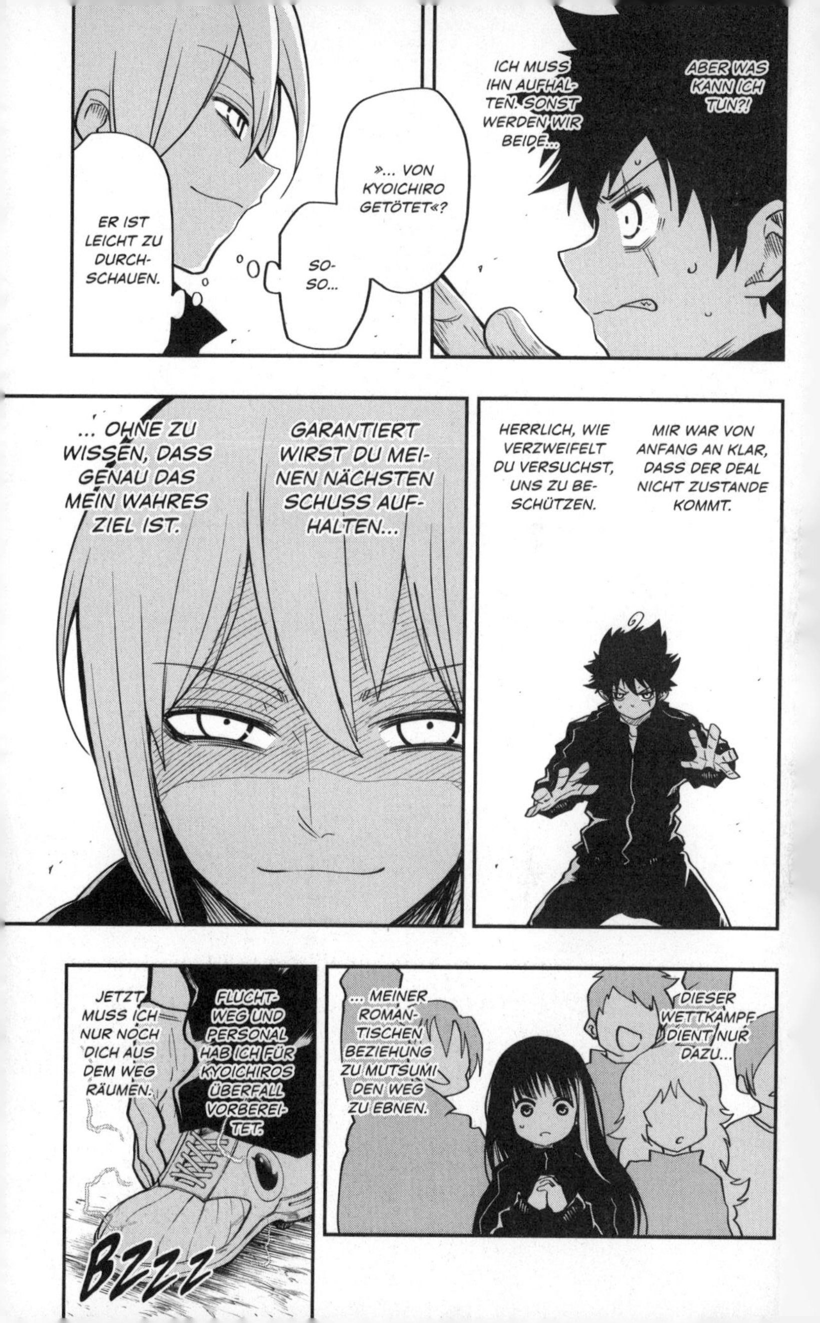
ICH MUSS IHN AUFHALTEN. SONST WERDEN WIR BEIDE...
ABER WAS KANN ICH TUN?!
»... VON KYOICHIRO GETÖTET«?
SO-SO...
ER IST LEICHT ZU DURCHSCHAUEN.
MIR WAR VON ANFANG AN KLAR, DASS DER DEAL NICHT ZUSTANDE KOMMT.
HERRLICH, WIE VERZWEIFELT DU VERSUCHST, UNS ZU BESCHÜTZEN.
GARANTIERT WIRST DU MEINEN NÄCHSTEN SCHUSS AUFHALTEN...
... OHNE ZU WISSEN, DASS GENAU DAS MEIN WAHRES ZIEL IST.
DIESER WETTKAMPF DIENT NUR DAZU...
... MEINER ROMANTISCHEN BEZIEHUNG ZU MUTSUMI DEN WEG ZU EBNEN.
FLUCHTWEG UND PERSONAL HAB ICH FÜR KYOICHIROS ÜBERFALL VORBEREITET.
JETZT MUSS ICH NUR NOCH DICH AUS DEM WEG RÄUMEN.
BZZZ

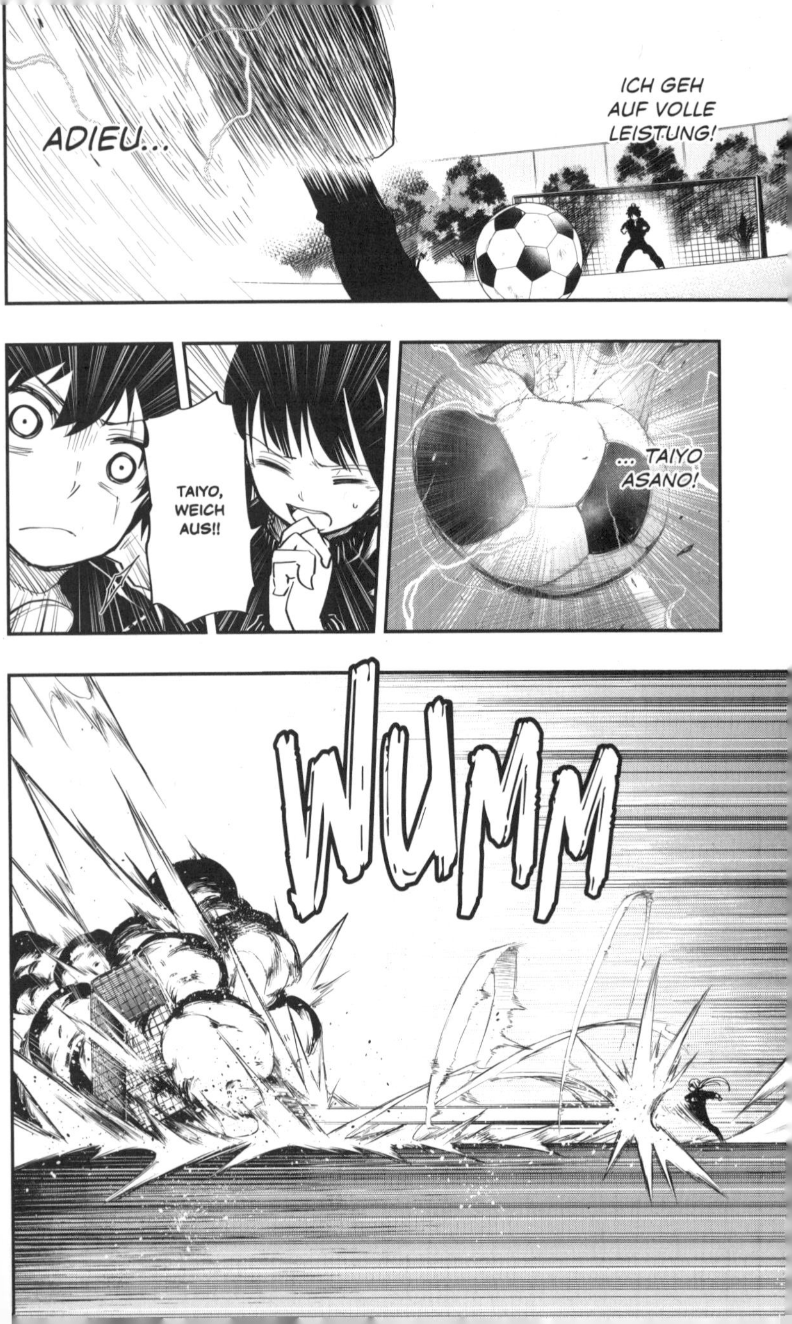
ICH GEH AUF VOLLE LEISTUNG!
ADIEU...
... TAIYO ASANO!
TAIYO, WEICH AUS!!
WUMM

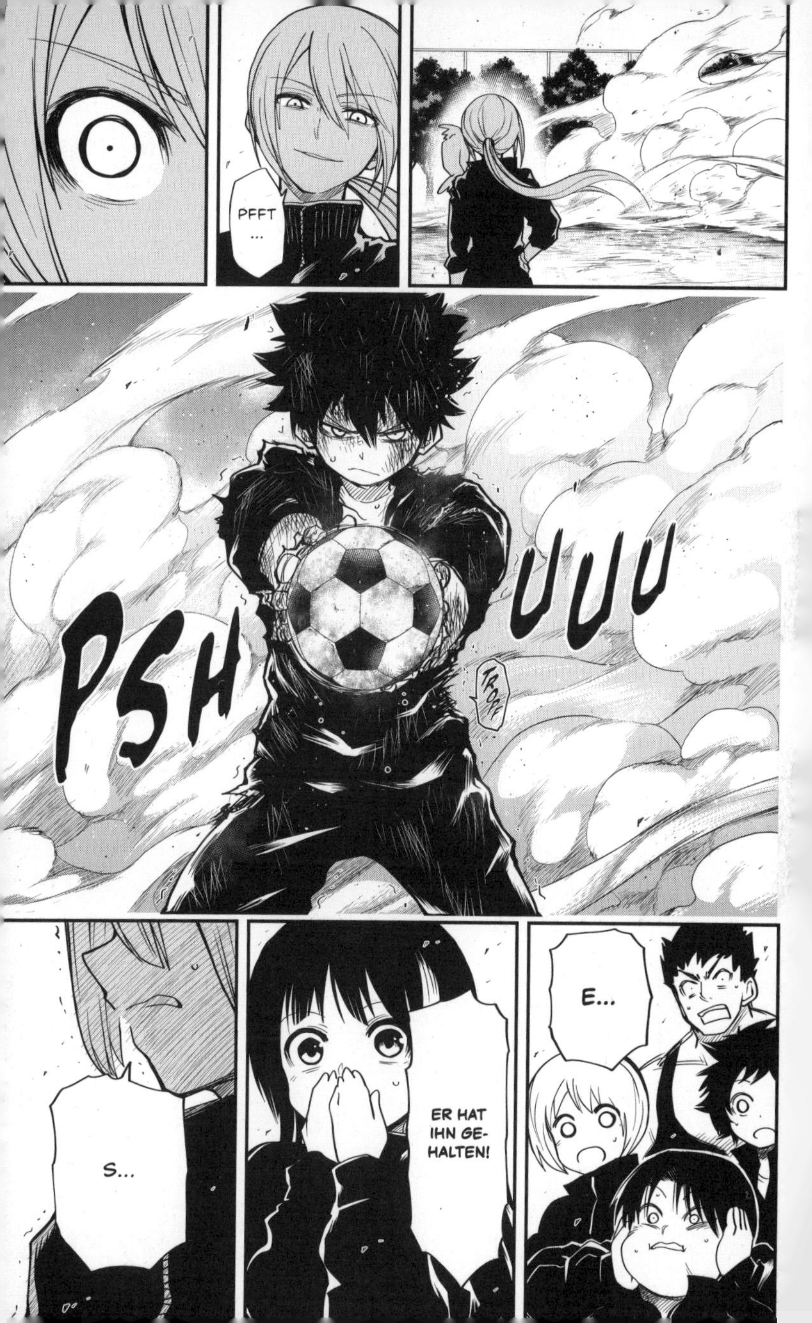
PFFT ...
PSHUUUU
TROPF
E...
ER HAT IHN GE-HALTEN!
S...

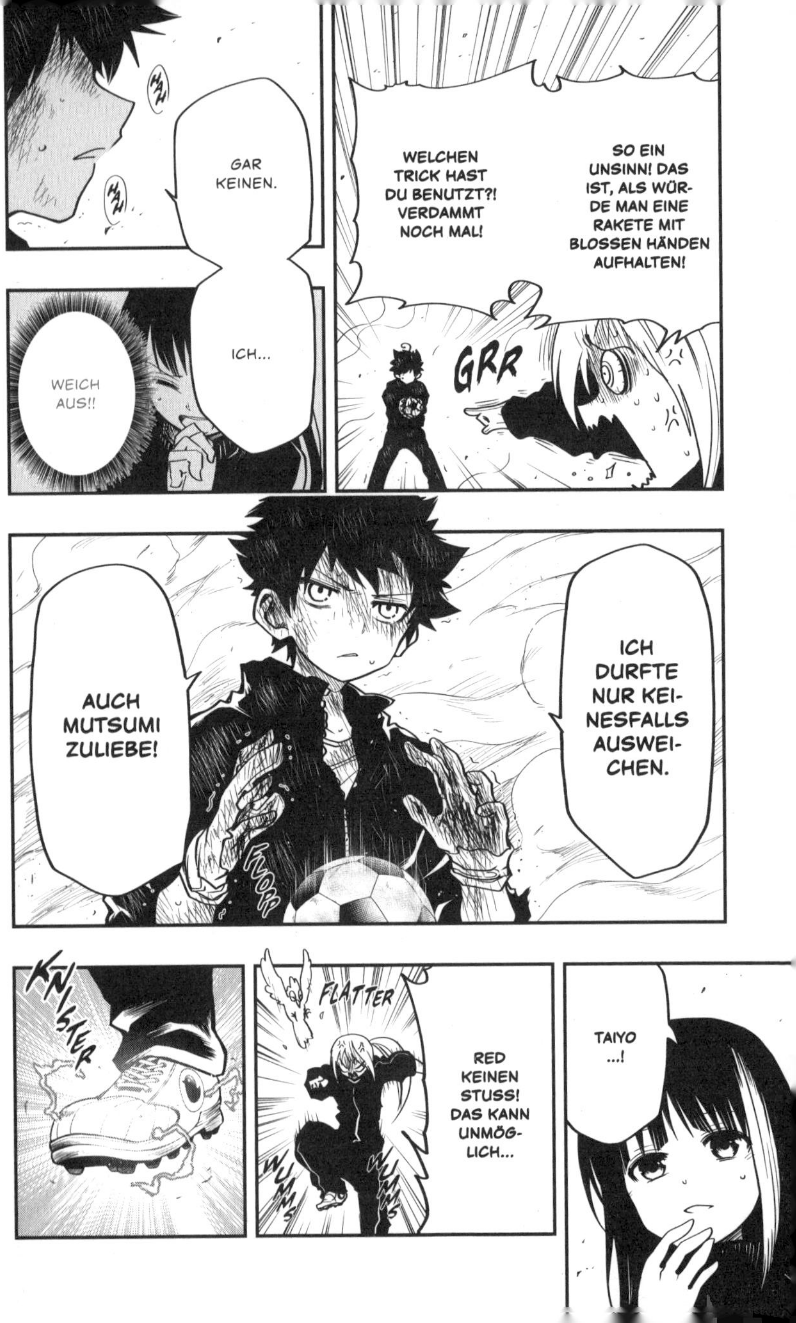
SO EIN UNSINN! DAS IST, ALS WÜRDE MAN EINE RAKETE MIT BLOSSEN HÄNDEN AUFHALTEN!
WELCHEN TRICK HAST DU BENUTZT?! VERDAMMT NOCH MAL!
GRR
HAH
HAH
GAR KEINEN.
ICH...
WEICH AUS!!
ICH DURFTE NUR KEINESFALLS AUSWEICHEN.
AUCH MUTSUMI ZULIEBE!
TAIYO ...!
FLATTER
RED KEINEN STUSS! DAS KANN UNMÖGLICH...
WUMMS
WUMMS
KNISTER

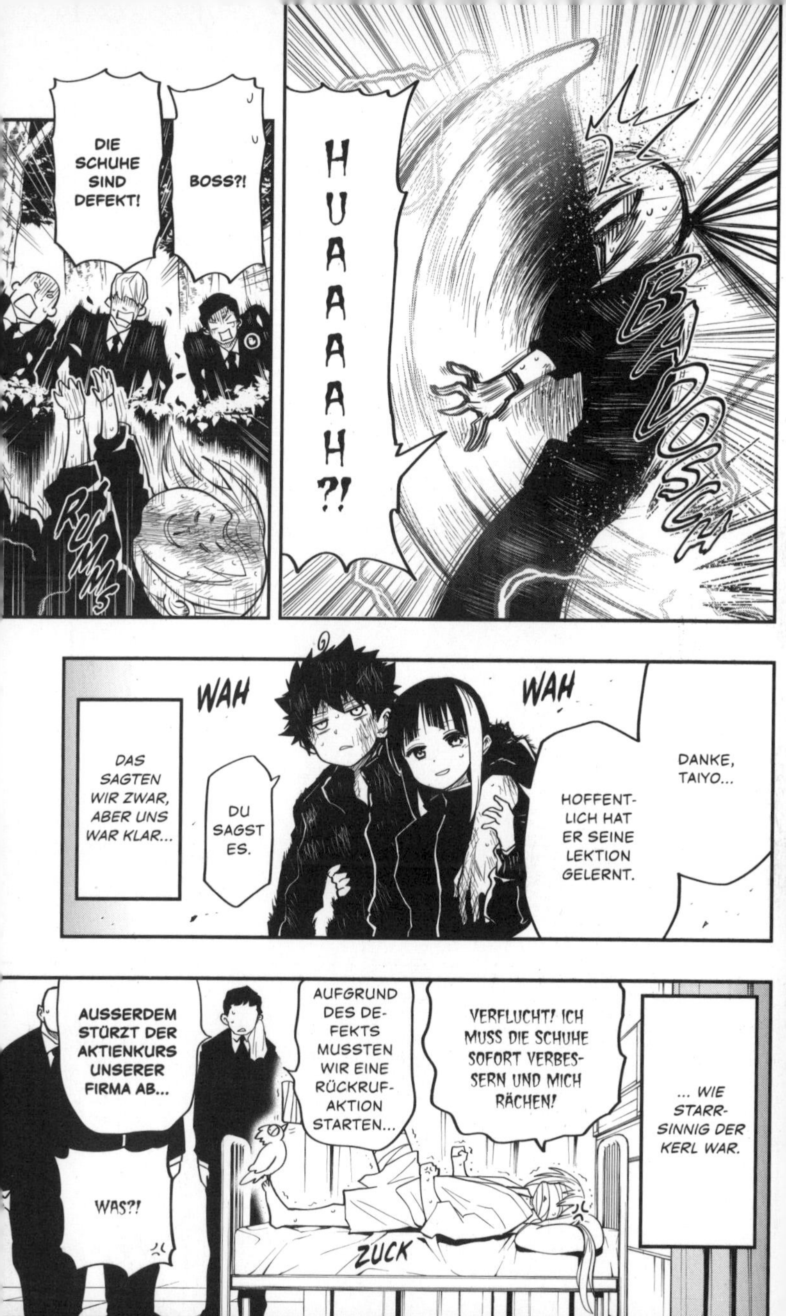
HUAAAAAAH?!
BADOOSCH
BOSS?!
DIE SCHUHE SIND DEFEKT!
RUMMS
WAH
WAH
DANKE, TAIYO...
HOFFENTLICH HAT ER SEINE LEKTION GELERNT.
DU SAGST ES.
DAS SAGTEN WIR ZWAR, ABER UNS WAR KLAR...
... WIE STARRSINNIG DER KERL WAR.
VERFLUCHT! ICH MUSS DIE SCHUHE SOFORT VERBESSERN UND MICH RÄCHEN!
AUFGRUND DES DEFEKTS MUSSTEN WIR EINE RÜCKRUFAKTION STARTEN...
AUSSERDEM STÜRZT DER AKTIENKURS UNSERER FIRMA AB...
WAS?!
ZUCK

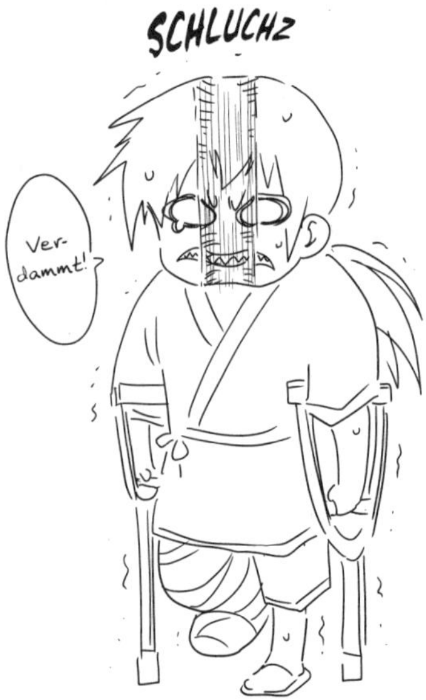
SCHLUCHZ
Ver-
dammt!

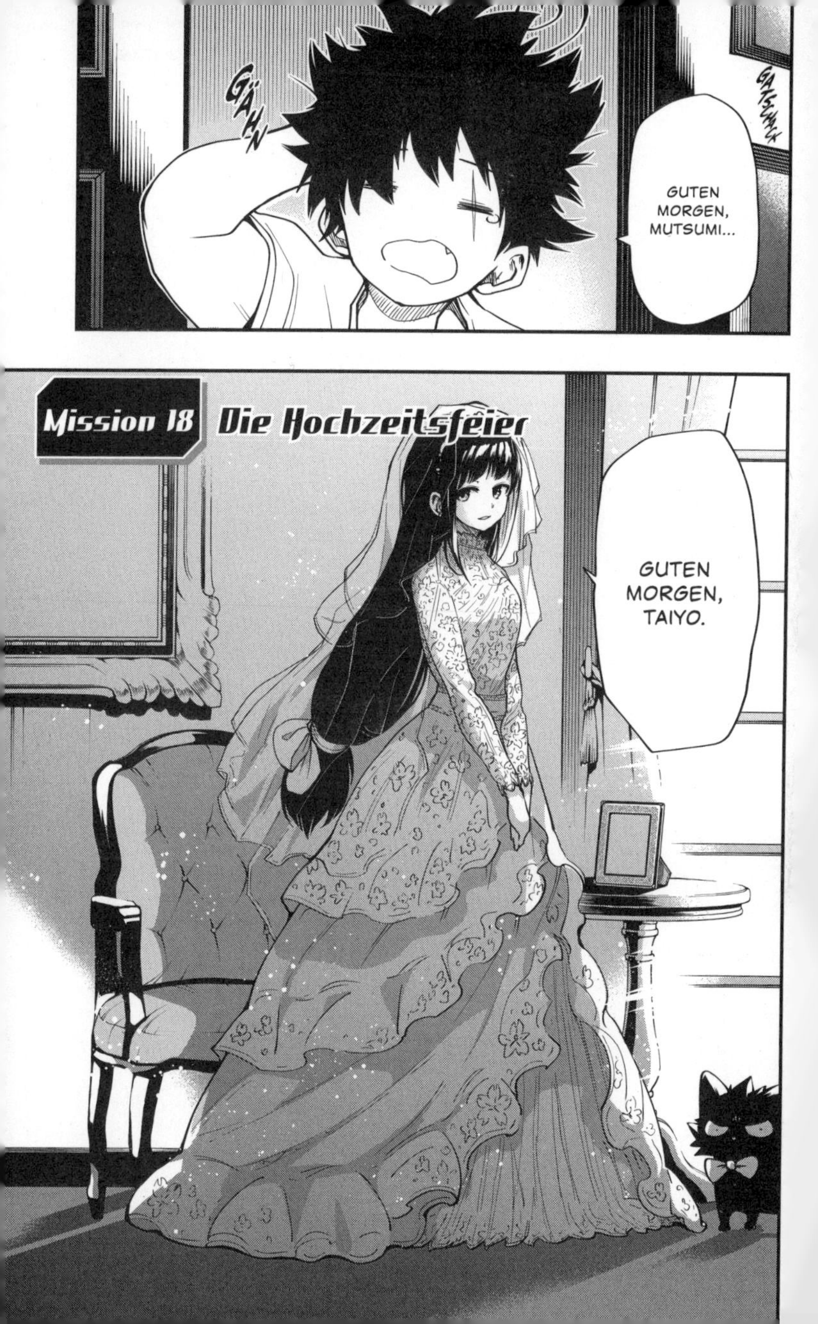
GATSCHACK
GÄHN
GUTEN MORGEN, MUTSUMI...
Mission 18 Die Hochzeitsfeier
GUTEN MORGEN, TAIYO.

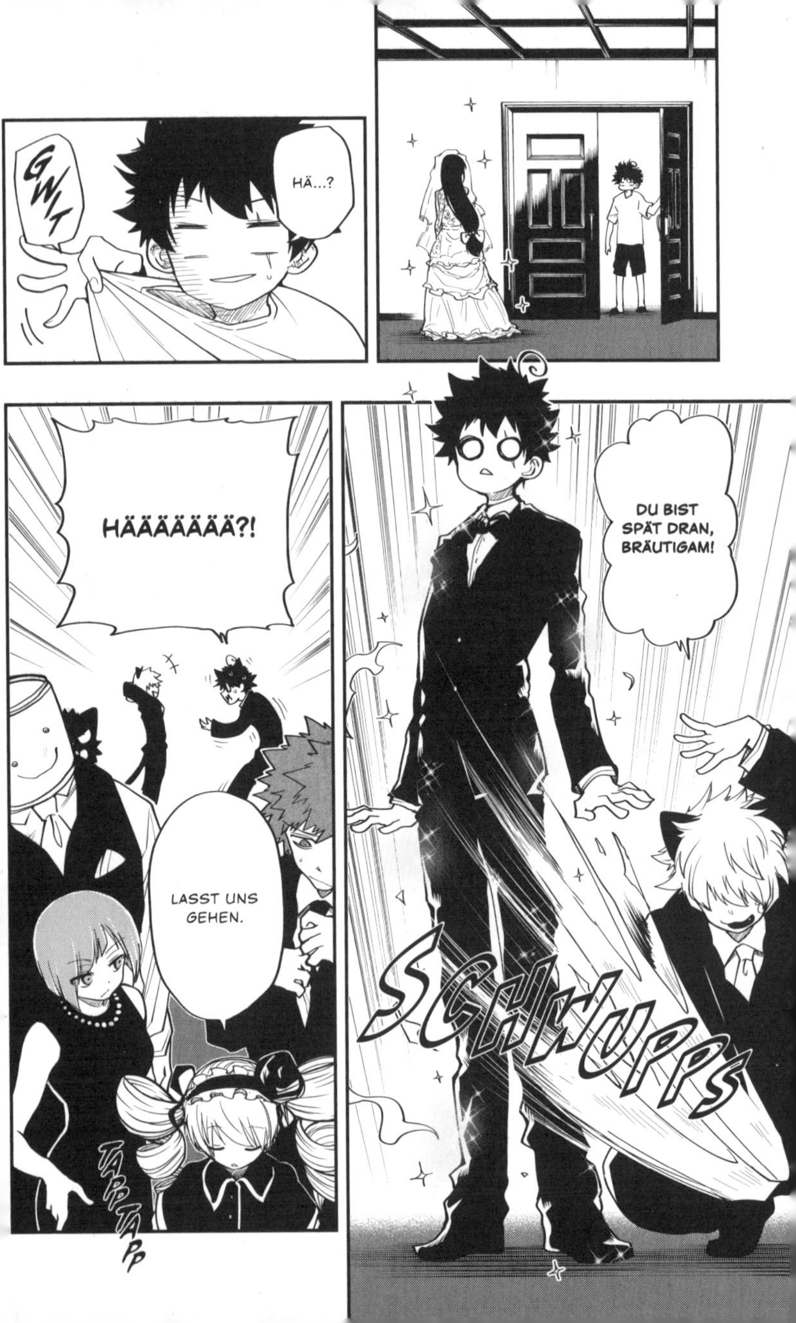

HÄ...?
DU BIST SPÄT DRAN, BRÄUTIGAM!
SCHWUPPS
HÄÄÄÄÄÄÄ?!
LASST UNS GEHEN.
TAPPTAPP

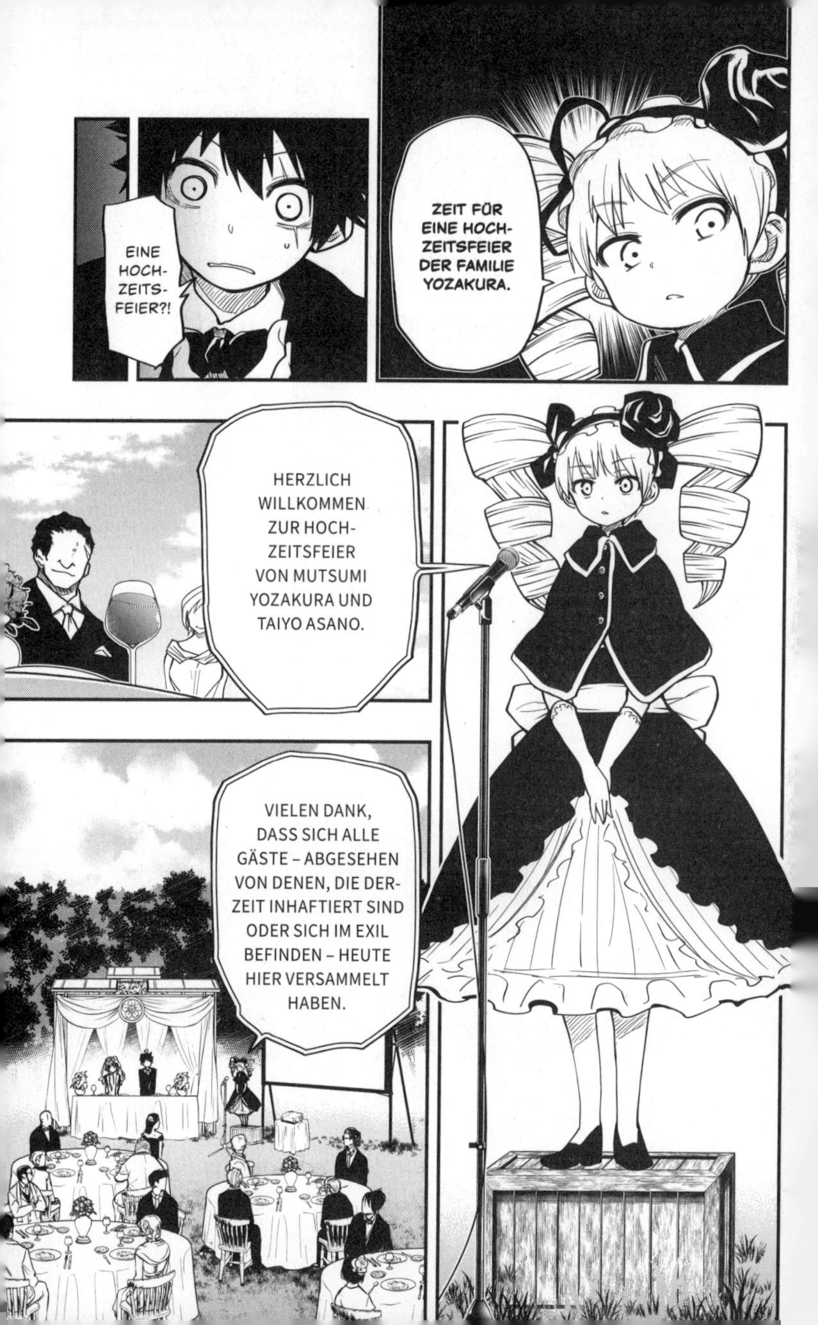
ZEIT FÜR EINE HOCH-ZEITSFEIER DER FAMILIE YOZAKURA.
EINE HOCH-ZEITS-FEIER?!
HERZLICH WILLKOMMEN ZUR HOCH-ZEITSFEIER VON MUTSUMI YOZAKURA UND TAIYO ASANO.
VIELEN DANK, DASS SICH ALLE GÄSTE – ABGESEHEN VON DENEN, DIE DER-ZEIT INHAFTIERT SIND ODER SICH IM EXIL BEFINDEN – HEUTE HIER VERSAMMELT HABEN.

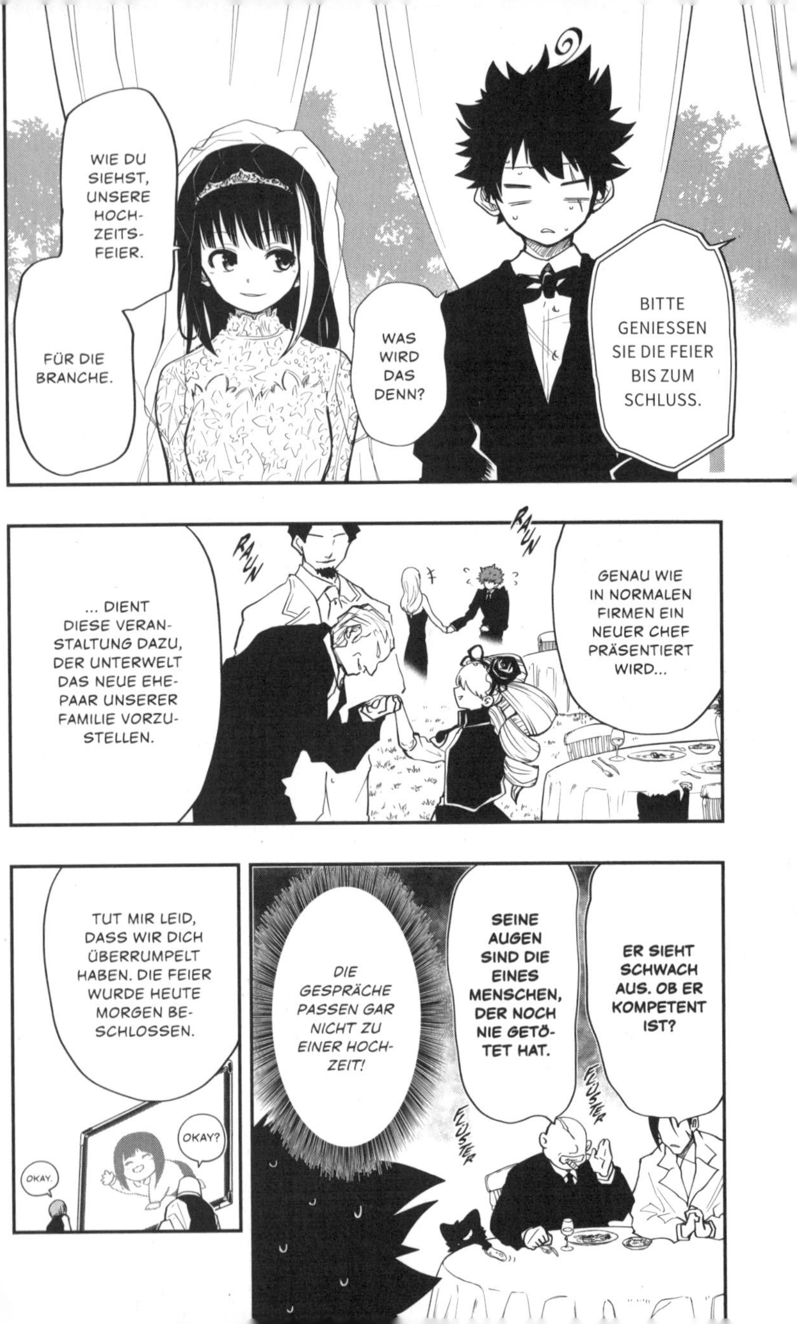

BITTE GENIESSEN SIE DIE FEIER BIS ZUM SCHLUSS.
WAS WIRD DAS DENN?
WIE DU SIEHST, UNSERE HOCHZEITSFEIER.
FÜR DIE BRANCHE.
RAUN
GENAU WIE IN NORMALEN FIRMEN EIN NEUER CHEF PRÄSENTIERT WIRD...
RAUN
... DIENT DIESE VERANSTALTUNG DAZU, DER UNTERWELT DAS NEUE EHEPAAR UNSERER FAMILIE VORZUSTELLEN.
ER SIEHT SCHWACH AUS. OB ER KOMPETENT IST?
SEINE AUGEN SIND DIE EINES MENSCHEN, DER NOCH NIE GETÖTET HAT.
FLÜSTER
FLÜSTER
DIE GESPRÄCHE PASSEN GAR NICHT ZU EINER HOCHZEIT!
TUT MIR LEID, DASS WIR DICH ÜBERRUMPELT HABEN. DIE FEIER WURDE HEUTE MORGEN BESCHLOSSEN.
OKAY?
OKAY.

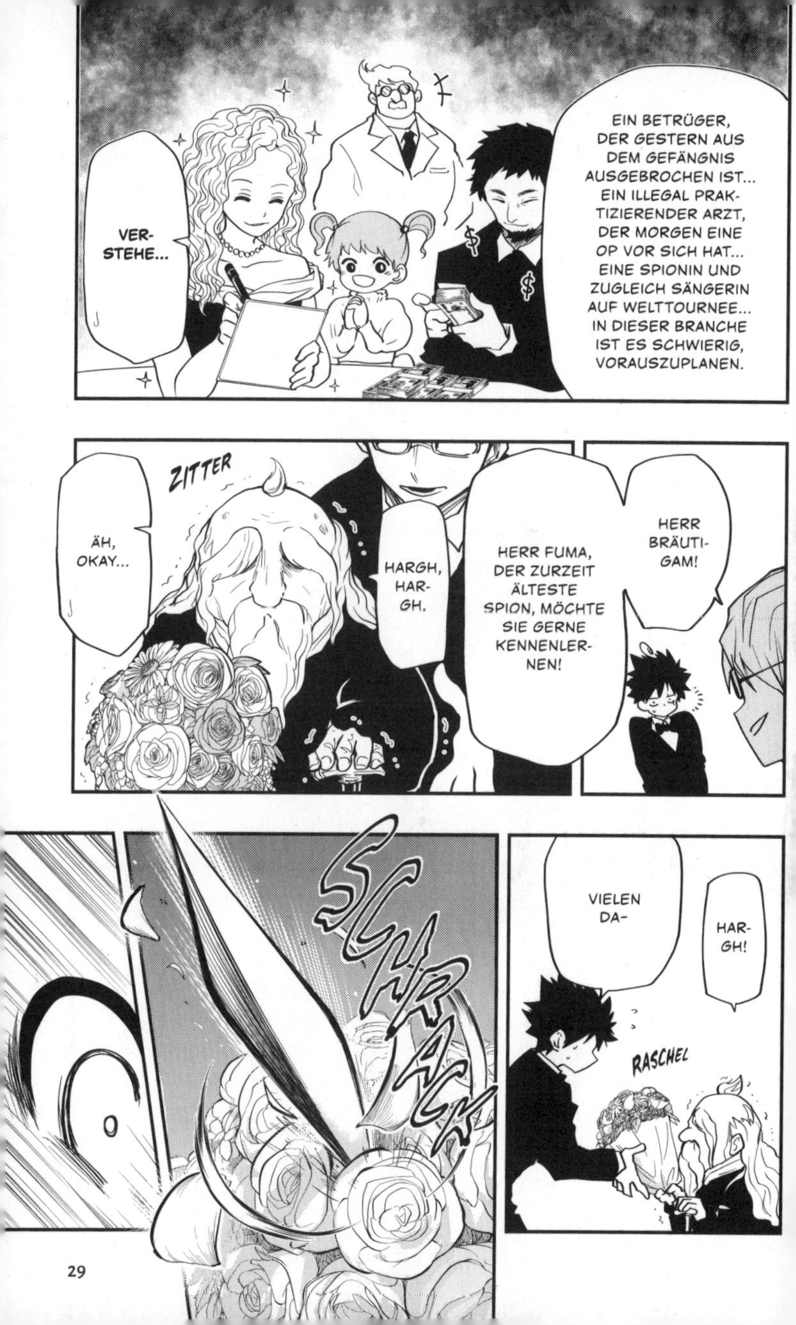
EIN BETRÜGER, DER GESTERN AUS DEM GEFÄNGNIS AUSGEBROCHEN IST... EIN ILLEGAL PRAKTIZIERENDER ARZT, DER MORGEN EINE OP VOR SICH HAT... EINE SPIONIN UND ZUGLEICH SÄNGERIN AUF WELTTOURNEE... IN DIESER BRANCHE IST ES SCHWIERIG, VORAUSZUPLANEN.
VERSTEHE...
HERR BRÄUTIGAM!
HERR FUMA, DER ZURZEIT ÄLTESTE SPION, MÖCHTE SIE GERNE KENNENLERNEN!
HARGH, HARGH.
ZITTER
ÄH, OKAY...
HARGH!
VIELEN DA-
RASCHEL
SCHWACK

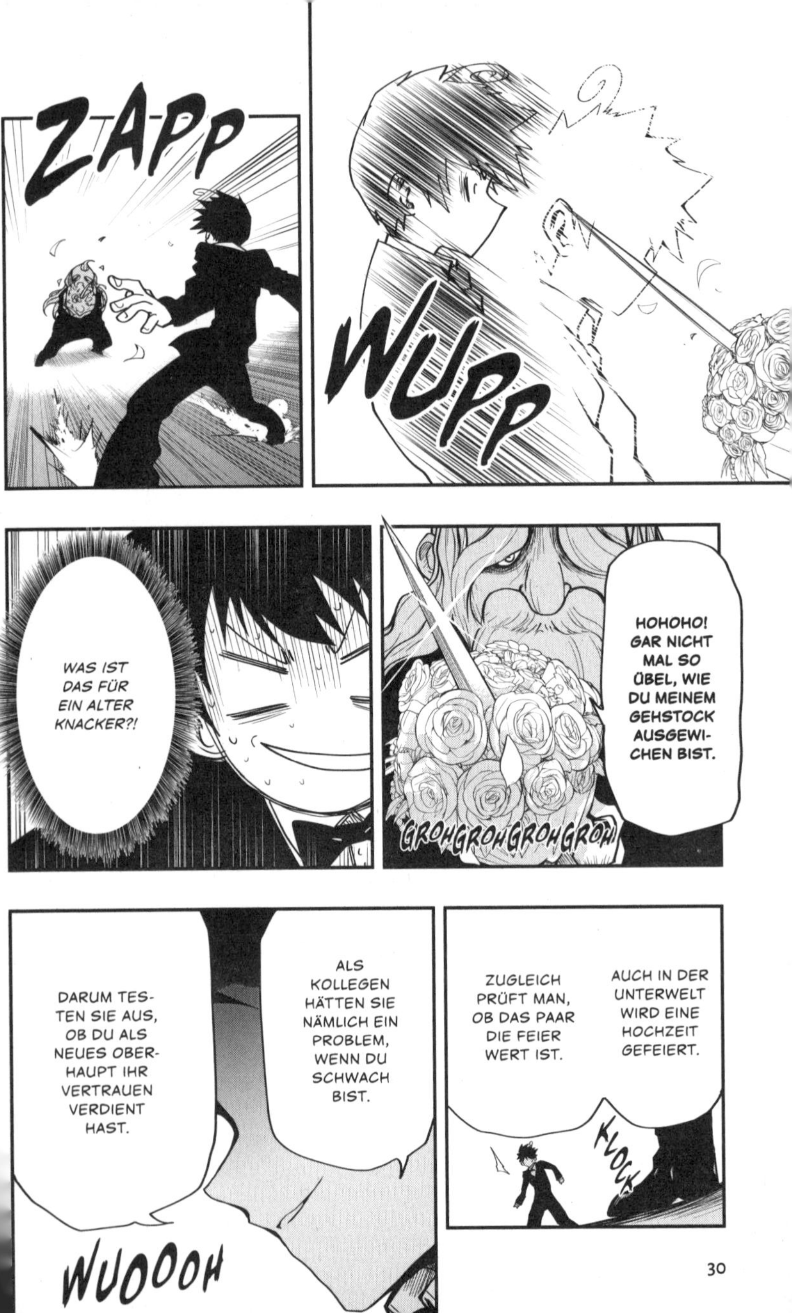
WUPP
ZAPP
HOHOHO! GAR NICHT MAL SO ÜBEL, WIE DU MEINEM GEHSTOCK AUSGEWI-CHEN BIST.
GROHGROHGROHGROH
WAS IST DAS FÜR EIN ALTER KNACKER?!
AUCH IN DER UNTERWELT WIRD EINE HOCHZEIT GEFEIERT.
ZUGLEICH PRÜFT MAN, OB DAS PAAR DIE FEIER WERT IST.
KLOCK
ALS KOLLEGEN HÄTTEN SIE NÄMLICH EIN PROBLEM, WENN DU SCHWACH BIST.
DARUM TES-TEN SIE AUS, OB DU ALS NEUES OBER-HAUPT IHR VERTRAUEN VERDIENT HAST.
WUOOOH

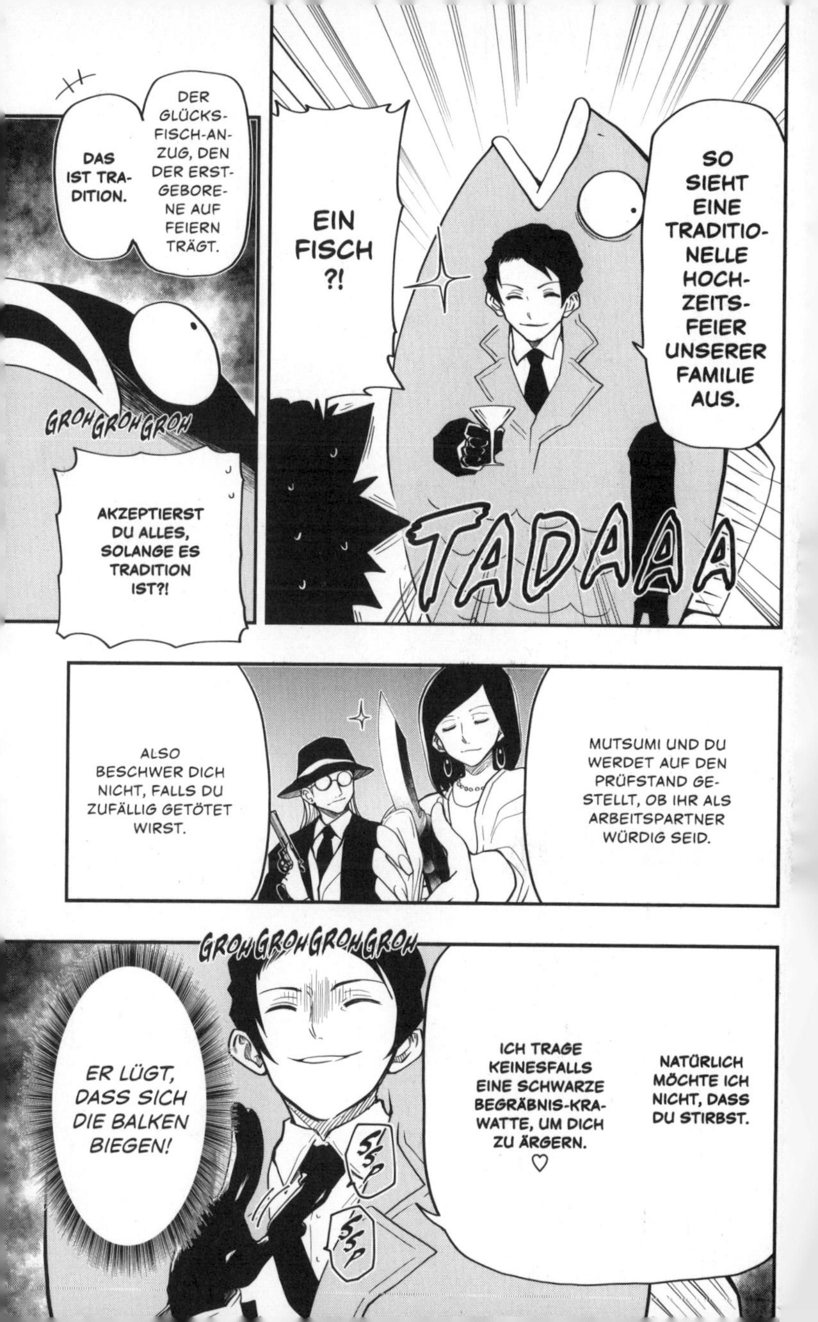
SO SIEHT EINE TRADITIONELLE HOCHZEITSFEIER UNSERER FAMILIE AUS.
TADAAA
EIN FISCH ?!
DER GLÜCKSFISCH-ANZUG, DEN DER ERSTGEBORENE AUF FEIERN TRÄGT.
DAS IST TRADITION.
GROH GROH GROH
AKZEPTIERST DU ALLES, SOLANGE ES TRADITION IST?!
MUTSUMI UND DU WERDET AUF DEN PRÜFSTAND GESTELLT, OB IHR ALS ARBEITSPARTNER WÜRDIG SEID.
ALSO BESCHWER DICH NICHT, FALLS DU ZUFÄLLIG GETÖTET WIRST.
NATÜRLICH MÖCHTE ICH NICHT, DASS DU STIRBST.
ICH TRAGE KEINESFALLS EINE SCHWARZE BEGRÄBNIS-KRAWATTE, UM DICH ZU ÄRGERN. ♡
GROH GROH GROH GROH
ER LÜGT, DASS SICH DIE BALKEN BIEGEN!

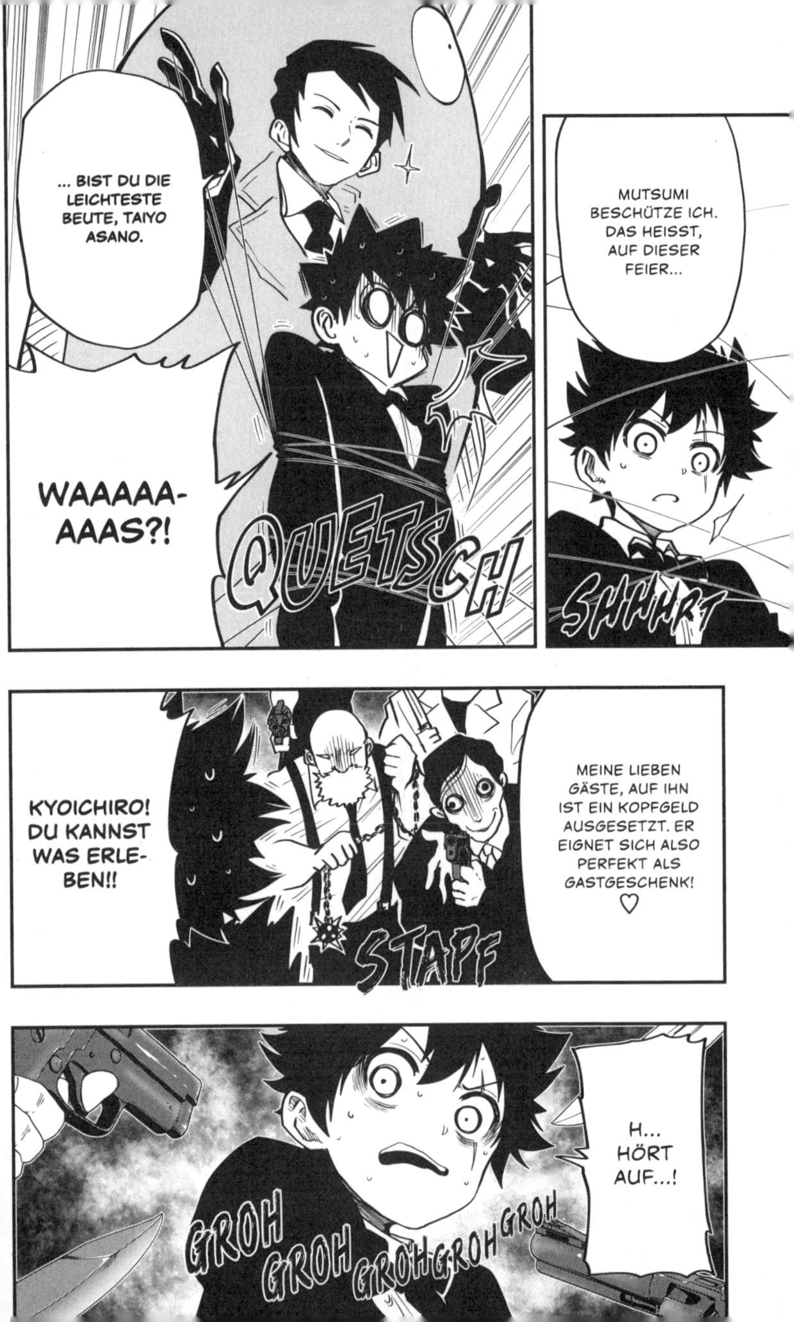
MUTSUMI BESCHÜTZE ICH. DAS HEISST, AUF DIESER FEIER...
SHHHRT
... BIST DU DIE LEICHTESTE BEUTE, TAIYO ASANO.
QUETSCH
WAAAAA-AAAS?!
MEINE LIEBEN GÄSTE, AUF IHN IST EIN KOPFGELD AUSGESETZT. ER EIGNET SICH ALSO PERFEKT ALS GASTGESCHENK! ♡
STAPF
KYOICHIRO! DU KANNST WAS ERLE-BEN!!
H... HÖRT AUF...!
GROH GROH GROH GROH GROH

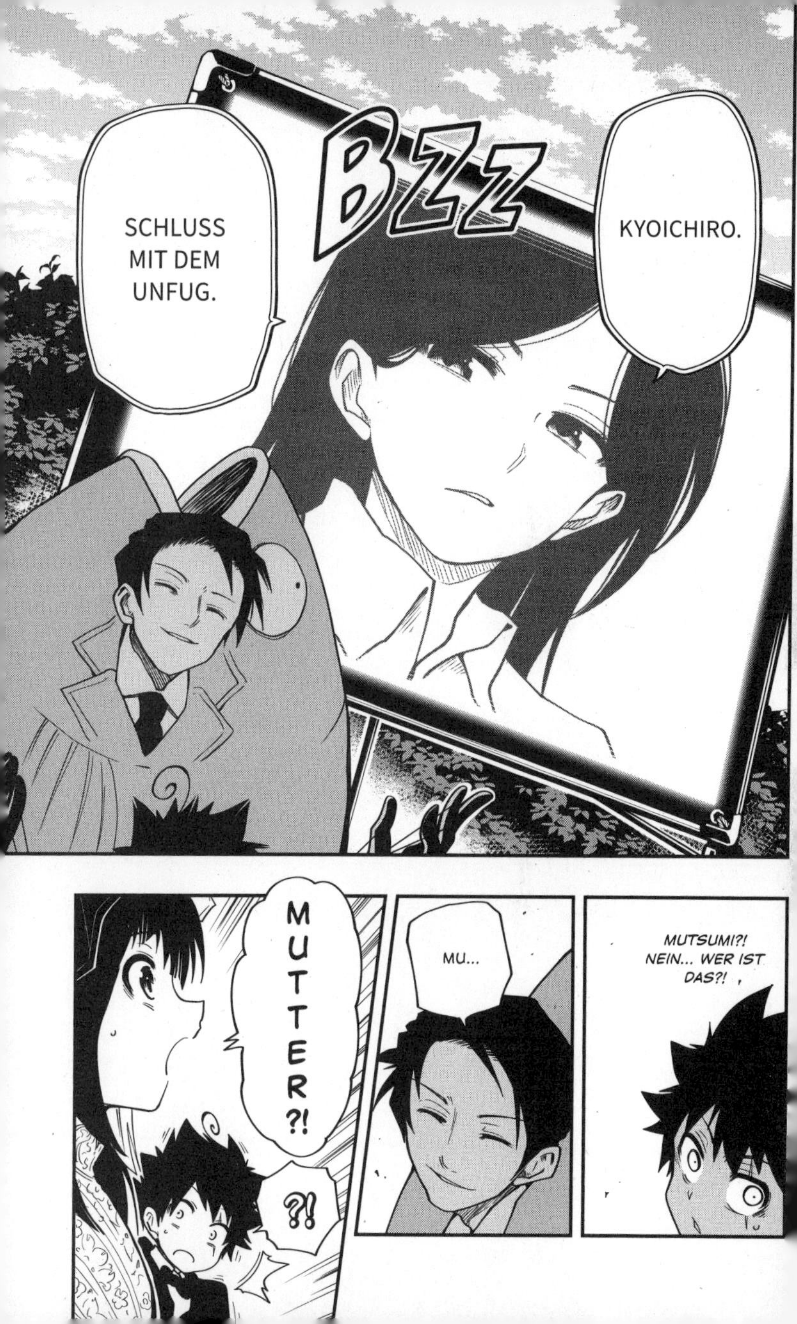
KYOICHIRO.
BZZ
SCHLUSS MIT DEM UNFUG.
MUTSUMI?! NEIN... WER IST DAS?!
MU...
MUTTER?!
?!

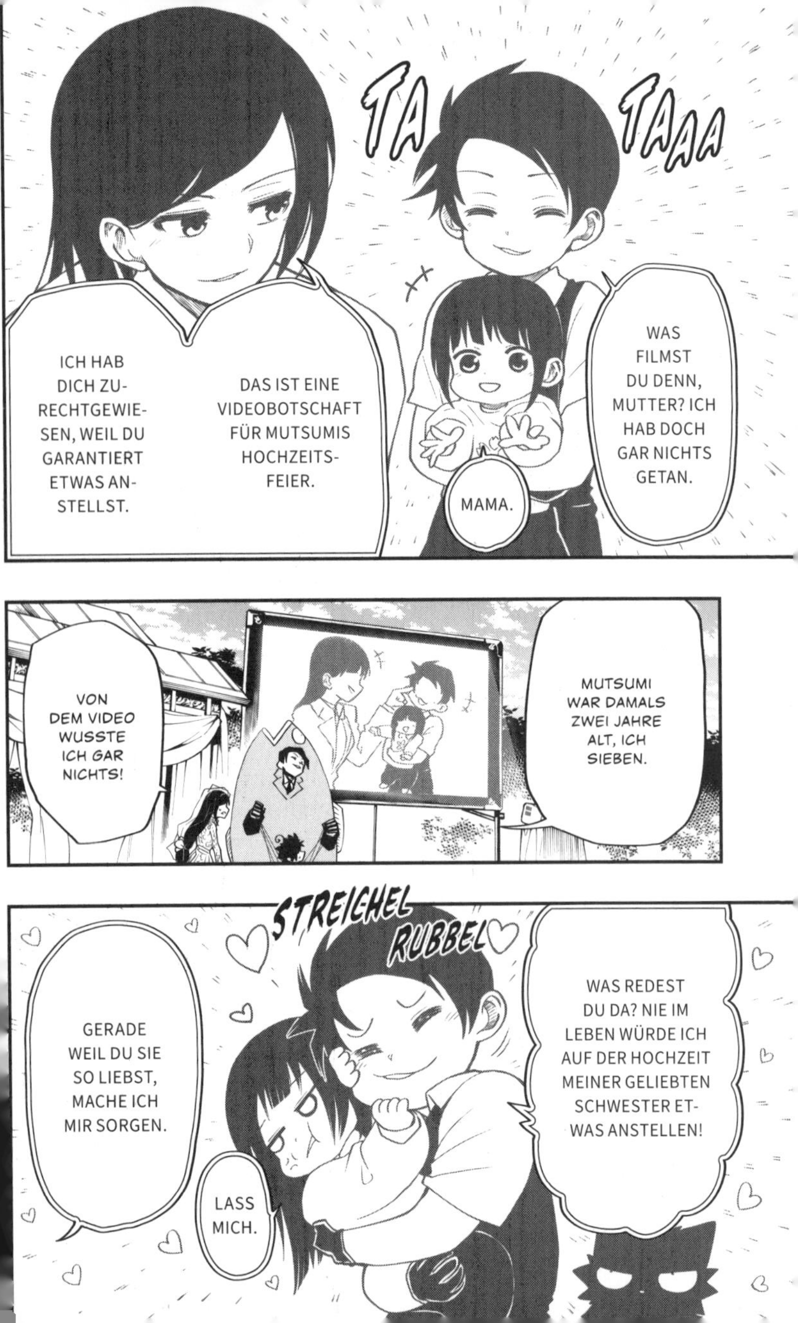
TA TAAA
WAS FILMST DU DENN, MUTTER? ICH HAB DOCH GAR NICHTS GETAN.
MAMA.
DAS IST EINE VIDEOBOTSCHAFT FÜR MUTSUMIS HOCHZEITSFEIER.
ICH HAB DICH ZURECHTGEWIESEN, WEIL DU GARANTIERT ETWAS ANSTELLST.
MUTSUMI WAR DAMALS ZWEI JAHRE ALT, ICH SIEBEN.
VON DEM VIDEO WUSSTE ICH GAR NICHTS!
STREICHEL
RUBBEL
WAS REDEST DU DA? NIE IM LEBEN WÜRDE ICH AUF DER HOCHZEIT MEINER GELIEBTEN SCHWESTER ETWAS ANSTELLEN!
LASS MICH.
GERADE WEIL DU SIE SO LIEBST, MACHE ICH MIR SORGEN.

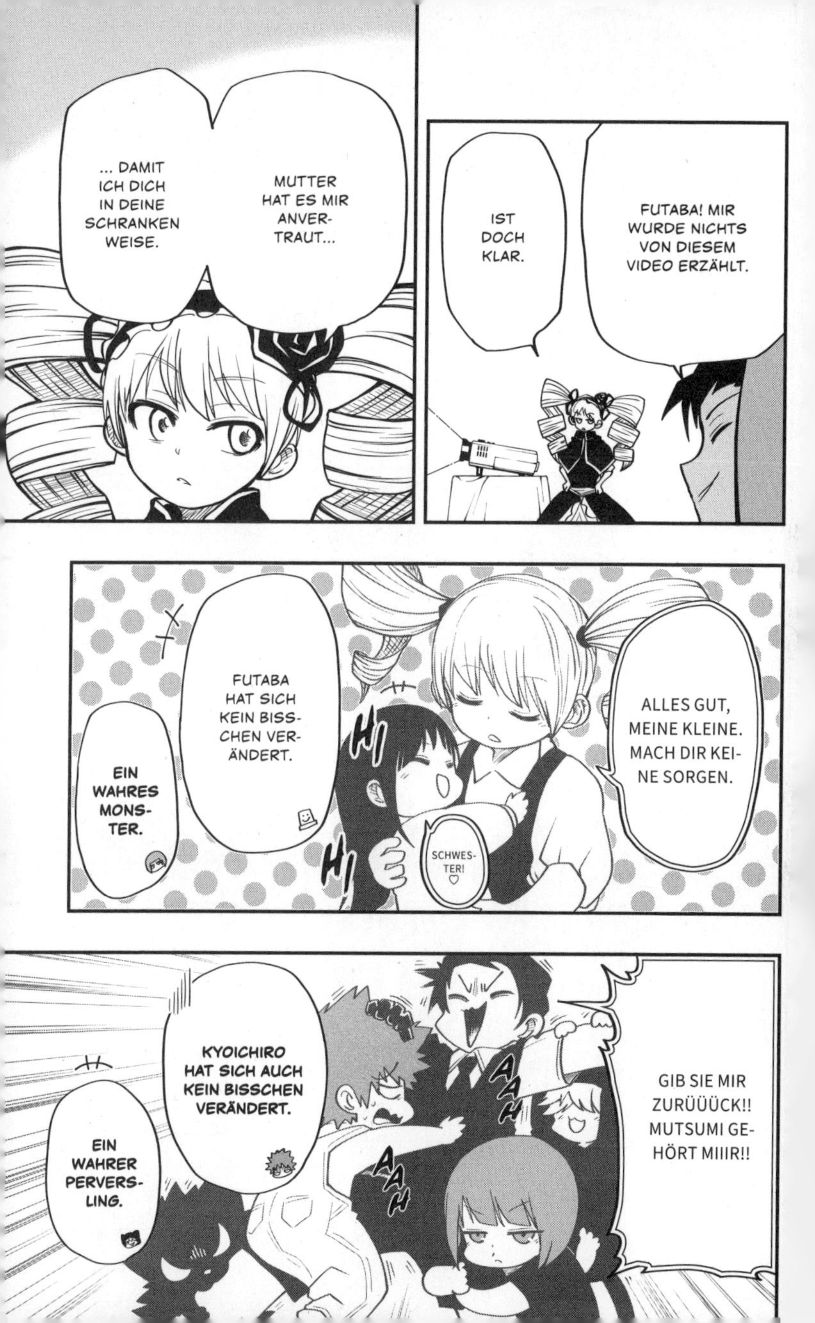
FUTABA! MIR WURDE NICHTS VON DIESEM VIDEO ERZÄHLT.
IST DOCH KLAR.
MUTTER HAT ES MIR ANVERTRAUT...
... DAMIT ICH DICH IN DEINE SCHRANKEN WEISE.
ALLES GUT, MEINE KLEINE. MACH DIR KEINE SORGEN.
SCHWESTER! ♡
HI HI
FUTABA HAT SICH KEIN BISSCHEN VERÄNDERT.
EIN WAHRES MONSTER.
GIB SIE MIR ZURÜÜÜCK!! MUTSUMI GEHÖRT MIIIR!!
AAH AAH
KYOICHIRO HAT SICH AUCH KEIN BISSCHEN VERÄNDERT.
EIN WAHRER PERVERSLING.

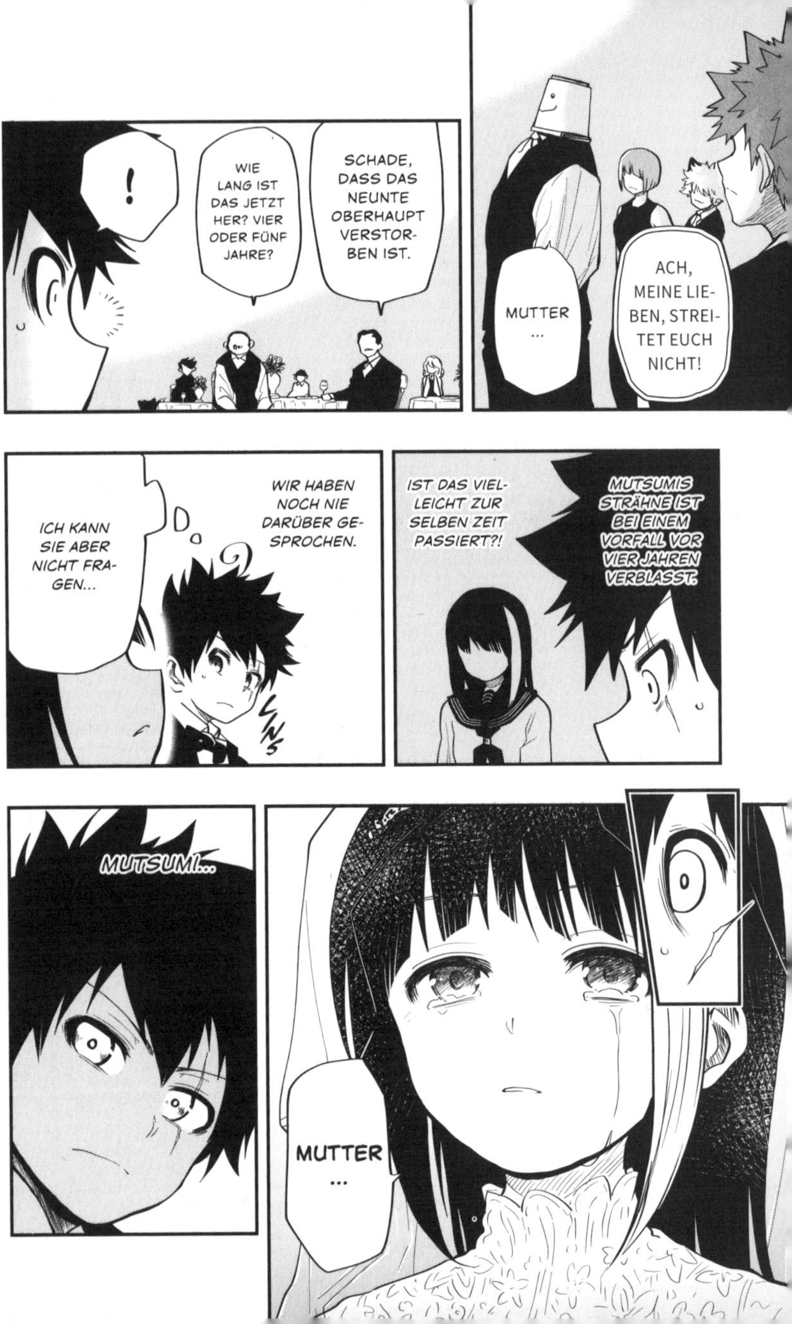
ACH, MEINE LIEBEN, STREITET EUCH NICHT!
MUTTER …
SCHADE, DASS DAS NEUNTE OBERHAUPT VERSTORBEN IST.
WIE LANG IST DAS JETZT HER? VIER ODER FÜNF JAHRE?
!
MUTSUMIS STRÄHNE IST BEI EINEM VORFALL VOR VIER JAHREN VERBLASST.
IST DAS VIELLEICHT ZUR SELBEN ZEIT PASSIERT?!
WIR HABEN NOCH NIE DARÜBER GESPROCHEN.
ICH KANN SIE ABER NICHT FRAGEN…
MUTTER …
MUTSUMI…

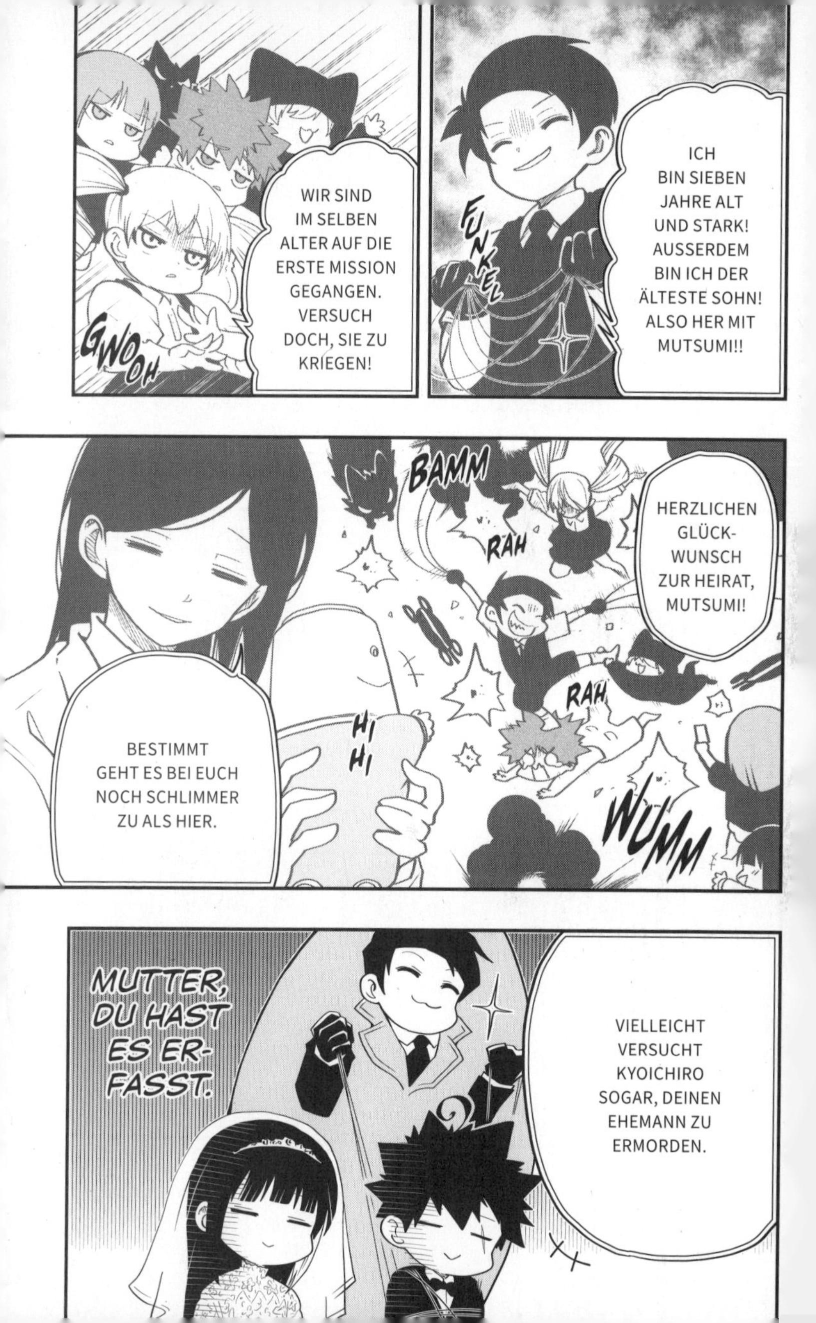
ICH BIN SIEBEN JAHRE ALT UND STARK! AUSSERDEM BIN ICH DER ÄLTESTE SOHN! ALSO HER MIT MUTSUMI!!
FUNKEL
WIR SIND IM SELBEN ALTER AUF DIE ERSTE MISSION GEGANGEN. VERSUCH DOCH, SIE ZU KRIEGEN!
GWOOOH
HERZLICHEN GLÜCKWUNSCH ZUR HEIRAT, MUTSUMI!
BAMM
RAH
RAH
WUMM
HI HI
BESTIMMT GEHT ES BEI EUCH NOCH SCHLIMMER ZU ALS HIER.
VIELLEICHT VERSUCHT KYOICHIRO SOGAR, DEINEN EHEMANN ZU ERMORDEN.
MUTTER, DU HAST ES ERFASST.

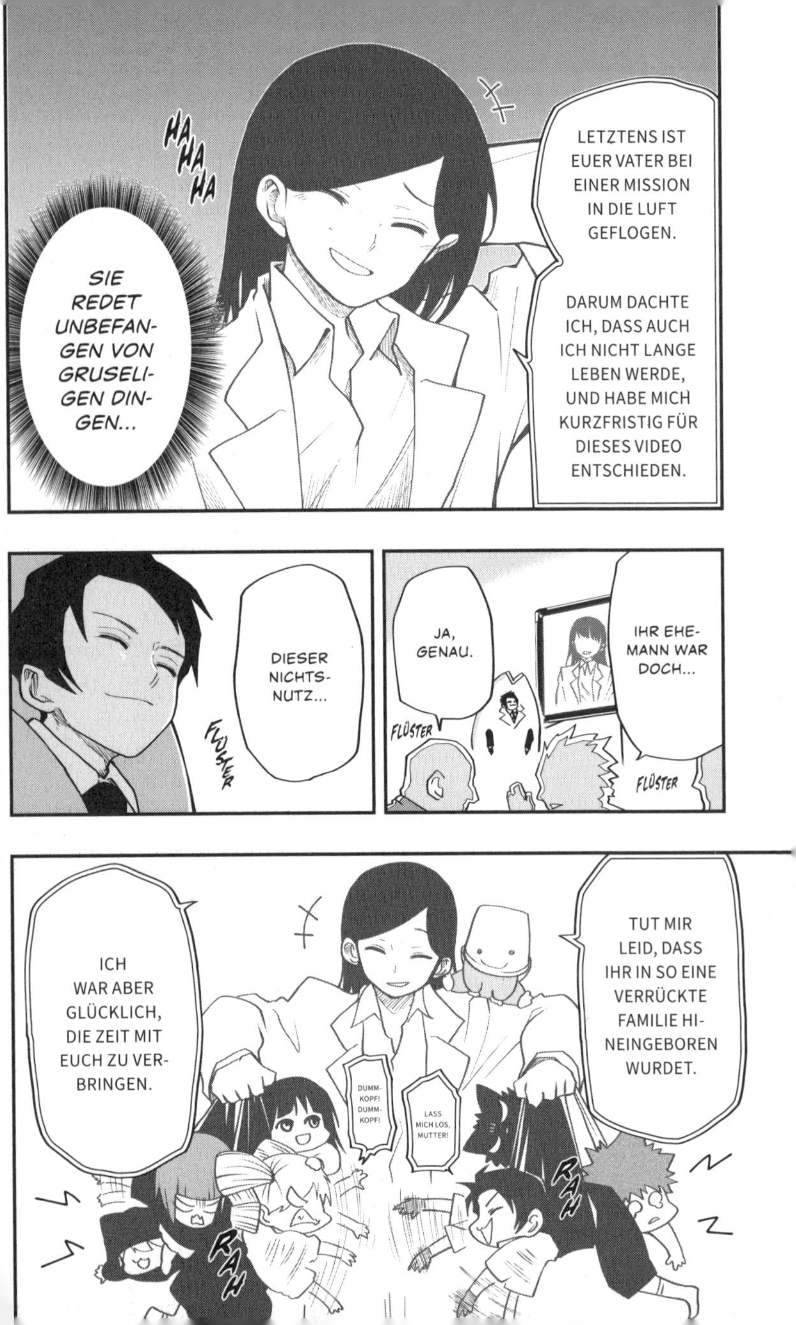
LETZTENS IST EUER VATER BEI EINER MISSION IN DIE LUFT GEFLOGEN.
DARUM DACHTE ICH, DASS AUCH ICH NICHT LANGE LEBEN WERDE, UND HABE MICH KURZFRISTIG FÜR DIESES VIDEO ENTSCHIEDEN.
HA HA HA
SIE REDET UNBEFANGEN VON GRUSELIGEN DINGEN...
IHR EHEMANN WAR DOCH...
FLÜSTER
JA, GENAU.
FLÜSTER
DIESER NICHTSNUTZ...
FLÜSTER
TUT MIR LEID, DASS IHR IN SO EINE VERRÜCKTE FAMILIE HINEINGEBOREN WURDET.
ICH WAR ABER GLÜCKLICH, DIE ZEIT MIT EUCH ZU VERBRINGEN.
LASS MICH LOS, MUTTER!
DUMMKOPF! DUMMKOPF!
RAH
RAH

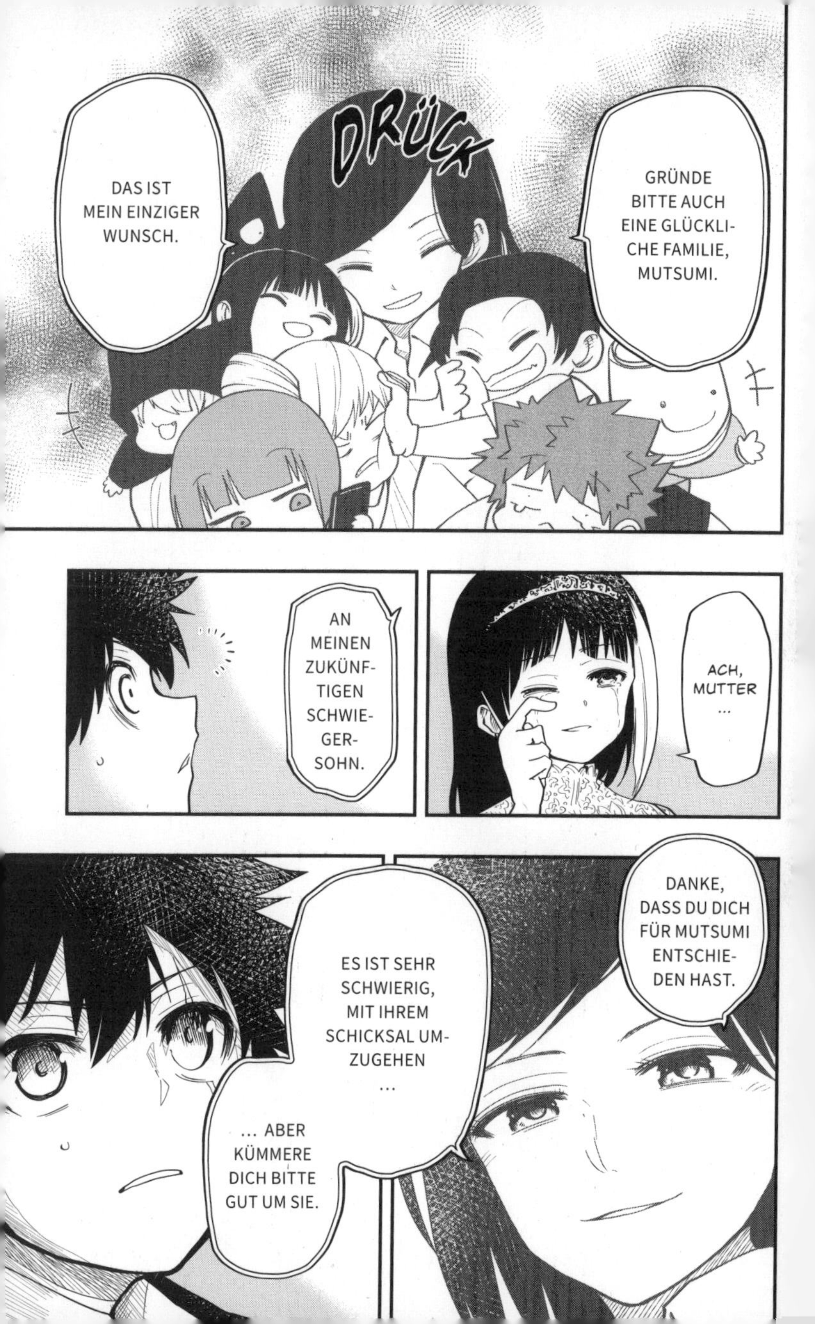
GRÜNDE BITTE AUCH EINE GLÜCKLICHE FAMILIE, MUTSUMI.
DRÜCK
DAS IST MEIN EINZIGER WUNSCH.
ACH, MUTTER ...
AN MEINEN ZUKÜNFTIGEN SCHWIEGERSOHN.
DANKE, DASS DU DICH FÜR MUTSUMI ENTSCHIEDEN HAST.
ES IST SEHR SCHWIERIG, MIT IHREM SCHICKSAL UMZUGEHEN ...
... ABER KÜMMERE DICH BITTE GUT UM SIE.

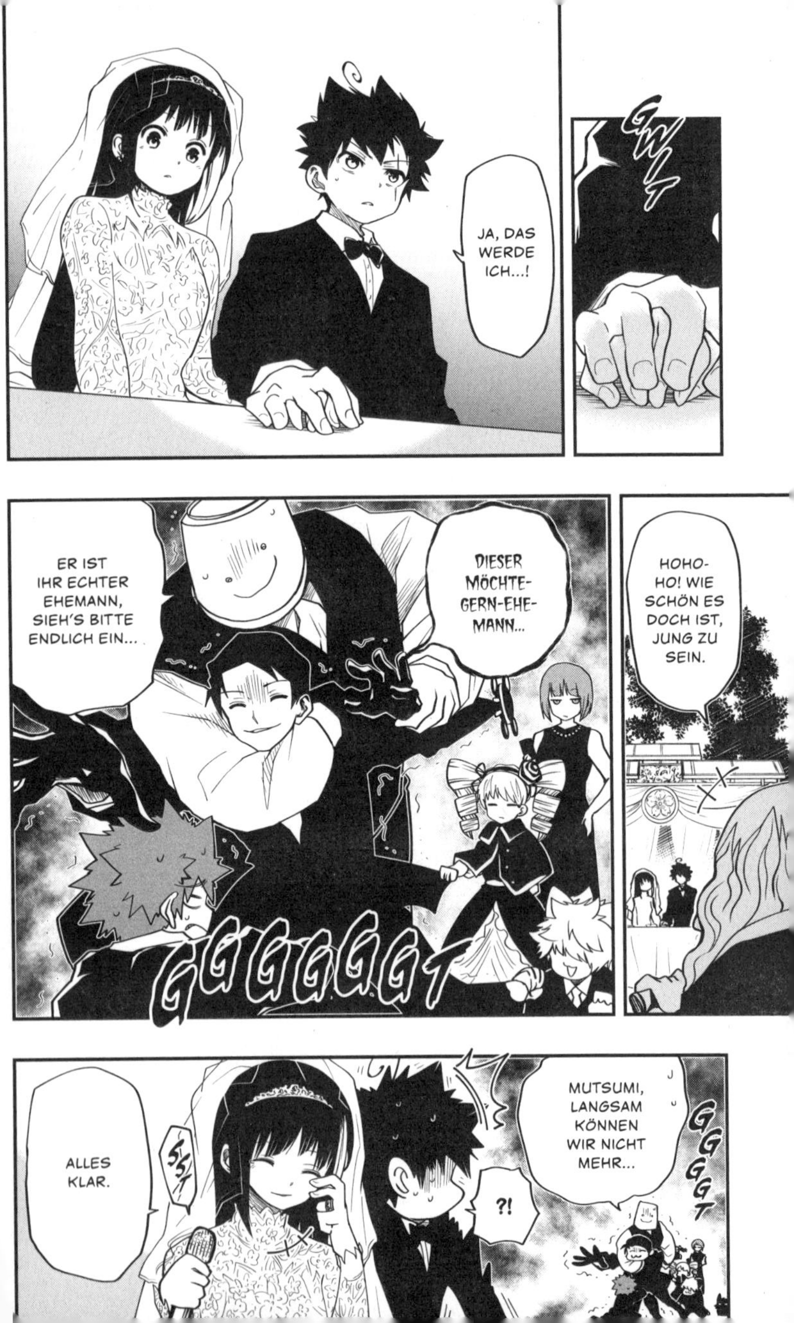
JA, DAS WERDE ICH...!
HOHO-HO! WIE SCHÖN ES DOCH IST, JUNG ZU SEIN.
DIESER MÖCHTE-GERN-EHE-MANN...
ER IST IHR ECHTER EHEMANN, SIEH'S BITTE ENDLICH EIN...
MUTSUMI, LANGSAM KÖNNEN WIR NICHT MEHR...
?!
ALLES KLAR.

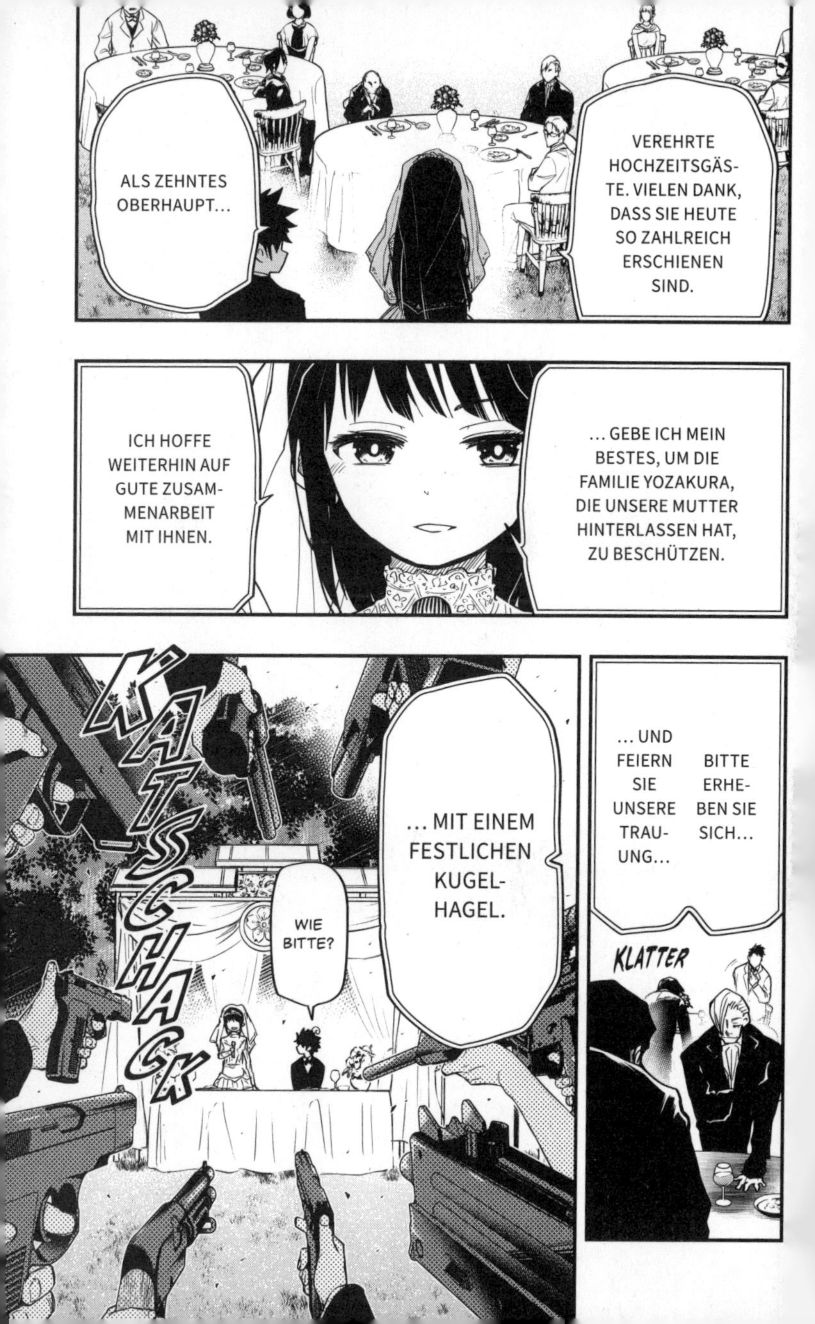
VEREHRTE HOCHZEITSGÄSTE. VIELEN DANK, DASS SIE HEUTE SO ZAHLREICH ERSCHIENEN SIND.
ALS ZEHNTES OBERHAUPT…
… GEBE ICH MEIN BESTES, UM DIE FAMILIE YOZAKURA, DIE UNSERE MUTTER HINTERLASSEN HAT, ZU BESCHÜTZEN.
ICH HOFFE WEITERHIN AUF GUTE ZUSAMMENARBEIT MIT IHNEN.
BITTE ERHEBEN SIE SICH…
… UND FEIERN SIE UNSERE TRAUUNG…
KLATTER
… MIT EINEM FESTLICHEN KUGELHAGEL.
WIE BITTE?
KATSCHACK

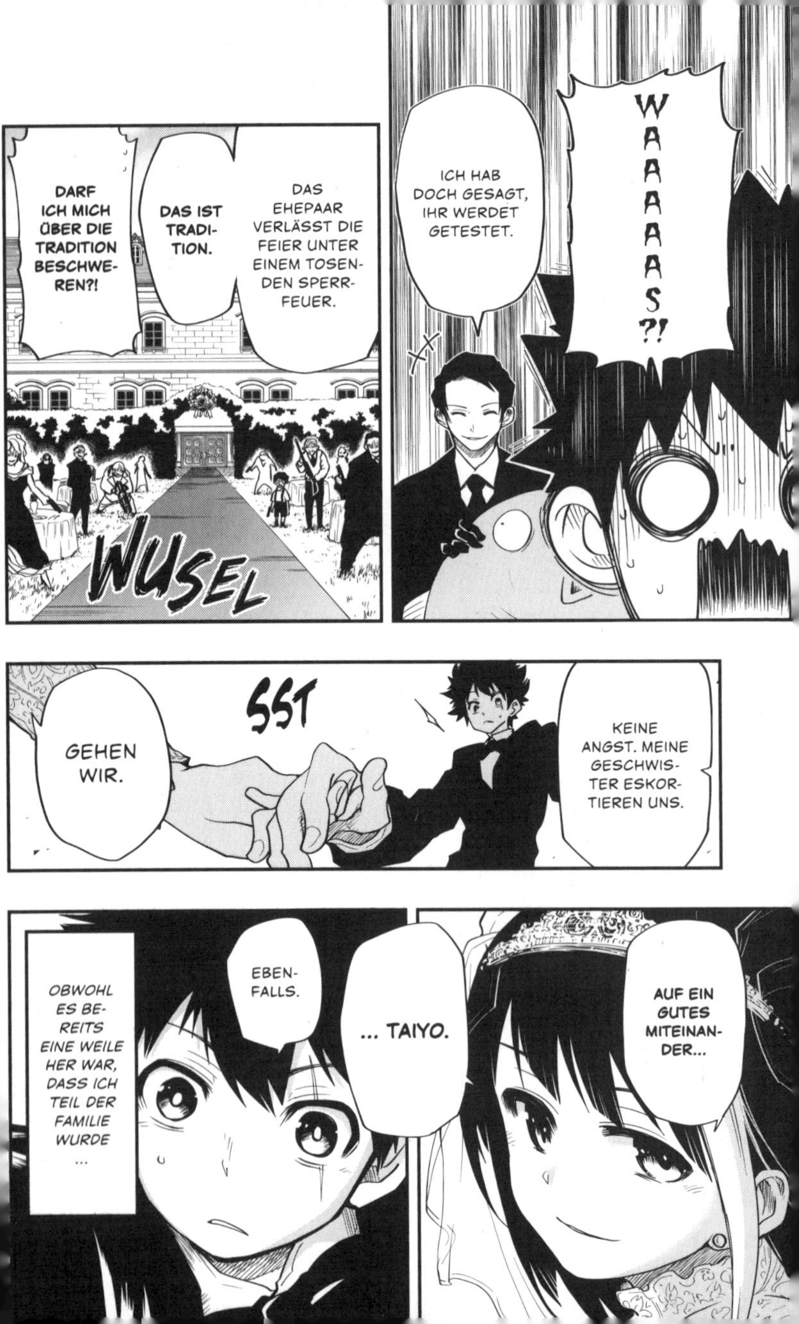
WAAAAAS?!
ICH HAB DOCH GESAGT, IHR WERDET GETESTET.
DAS EHEPAAR VERLÄSST DIE FEIER UNTER EINEM TOSENDEN SPERRFEUER.
DAS IST TRADITION.
DARF ICH MICH ÜBER DIE TRADITION BESCHWEREN?!
WUSEL
KEINE ANGST. MEINE GESCHWISTER ESKORTIEREN UNS.
SST
GEHEN WIR.
AUF EIN GUTES MITEINANDER...
... TAIYO.
EBENFALLS.
OBWOHL ES BEREITS EINE WEILE HER WAR, DASS ICH TEIL DER FAMILIE WURDE ...

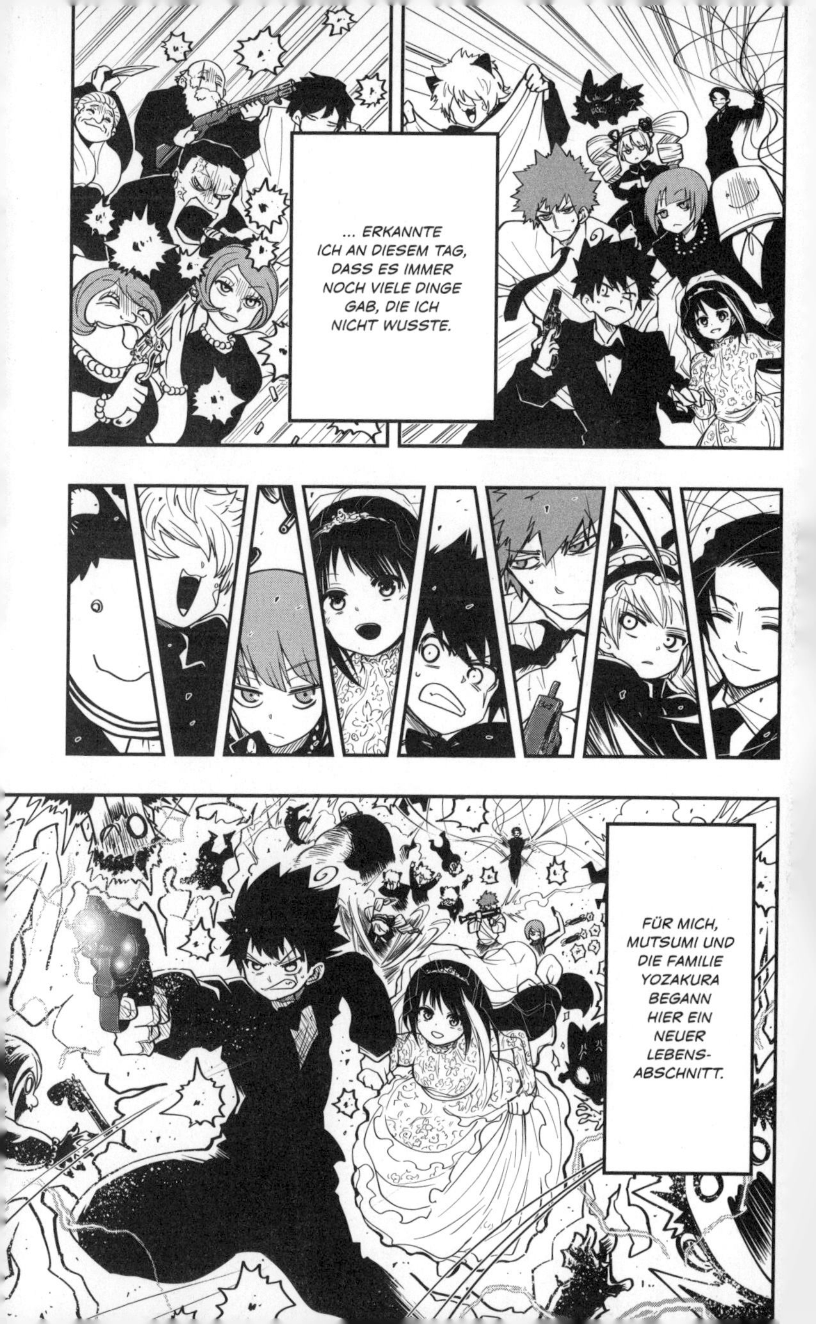
... ERKANNTE ICH AN DIESEM TAG, DASS ES IMMER NOCH VIELE DINGE GAB, DIE ICH NICHT WUSSTE.
FÜR MICH, MUTSUMI UND DIE FAMILIE YOZAKURA BEGANN HIER EIN NEUER LEBENS-ABSCHNITT.

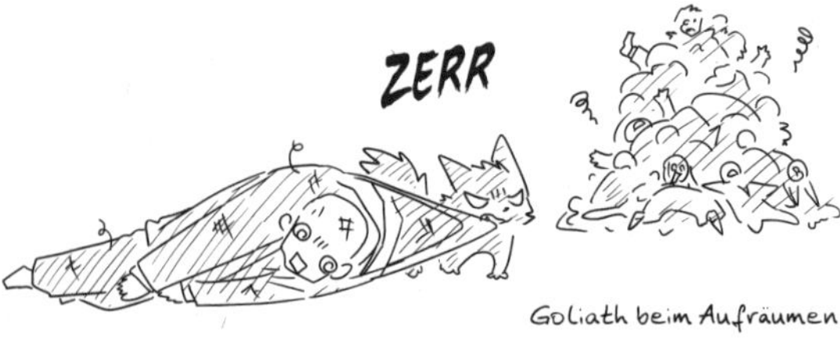

Goliath beim Aufräumen

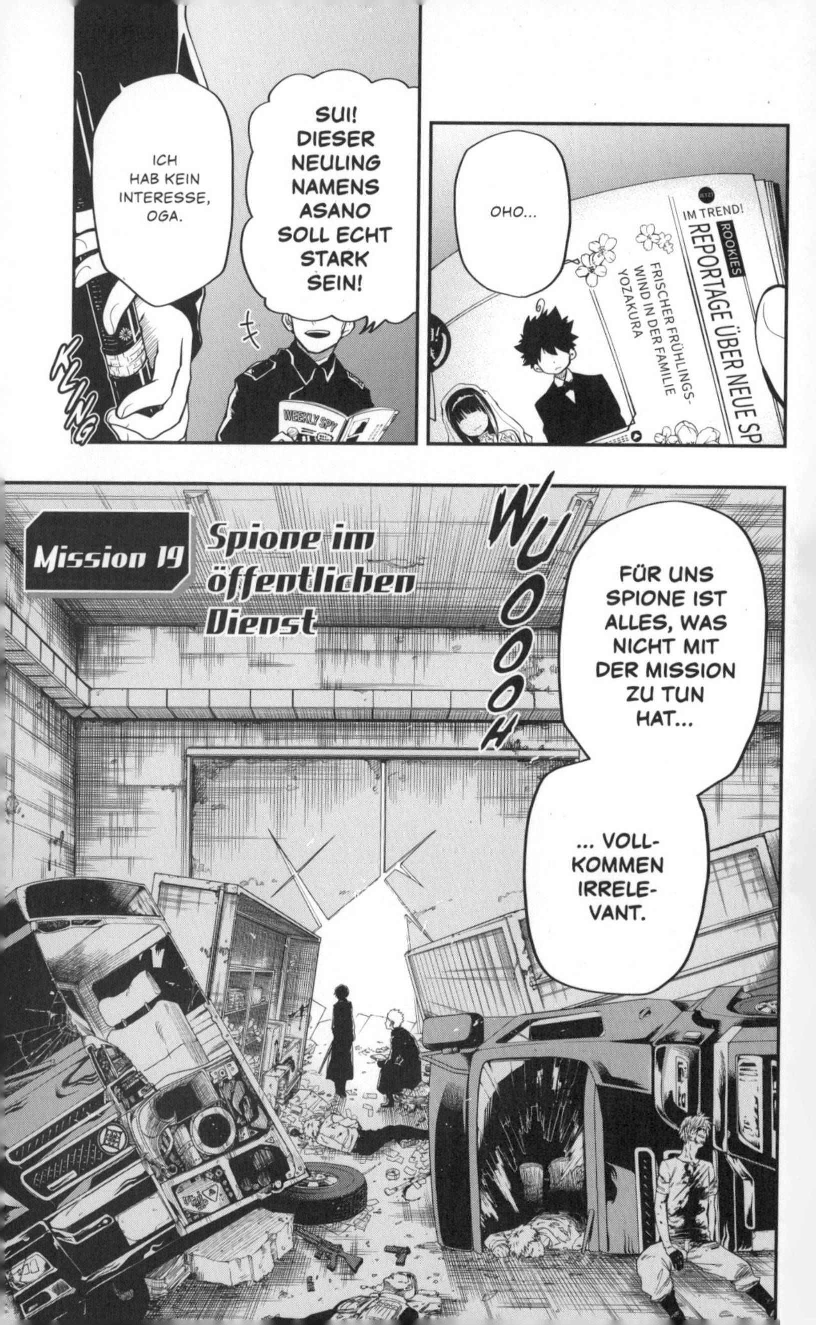
OHO...
JETZT
IM TREND!
ROOKIES
REPORTAGE ÜBER NEUE SP
FRISCHER FRÜHLINGS-WIND IN DER FAMILIE YOZAKURA
SUI! DIESER NEULING NAMENS ASANO SOLL ECHT STARK SEIN!
WEEKLY SPY
ICH HAB KEIN INTERESSE, OGA.
KLING
Mission 19
Spione im öffentlichen Dienst
WUOOOOH
FÜR UNS SPIONE IST ALLES, WAS NICHT MIT DER MISSION ZU TUN HAT...
... VOLL-KOMMEN IRRELE-VANT.

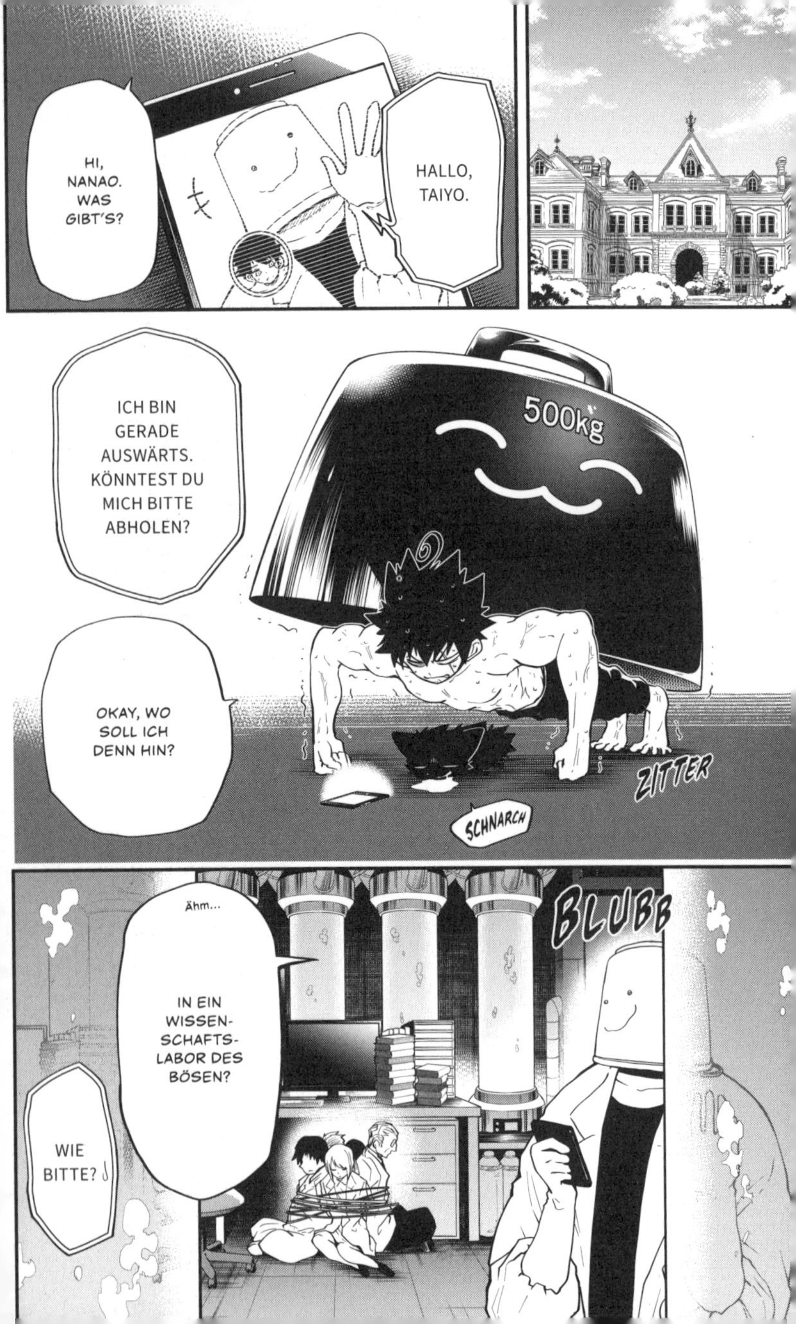
HALLO, TAIYO.
HI, NANAO. WAS GIBT'S?
500kg
ICH BIN GERADE AUSWÄRTS. KÖNNTEST DU MICH BITTE ABHOLEN?
OKAY, WO SOLL ICH DENN HIN?
ZITTER
SCHNARCH
BLUBB
Ähm...
IN EIN WISSEN-SCHAFTS-LABOR DES BÖSEN?
WIE BITTE?

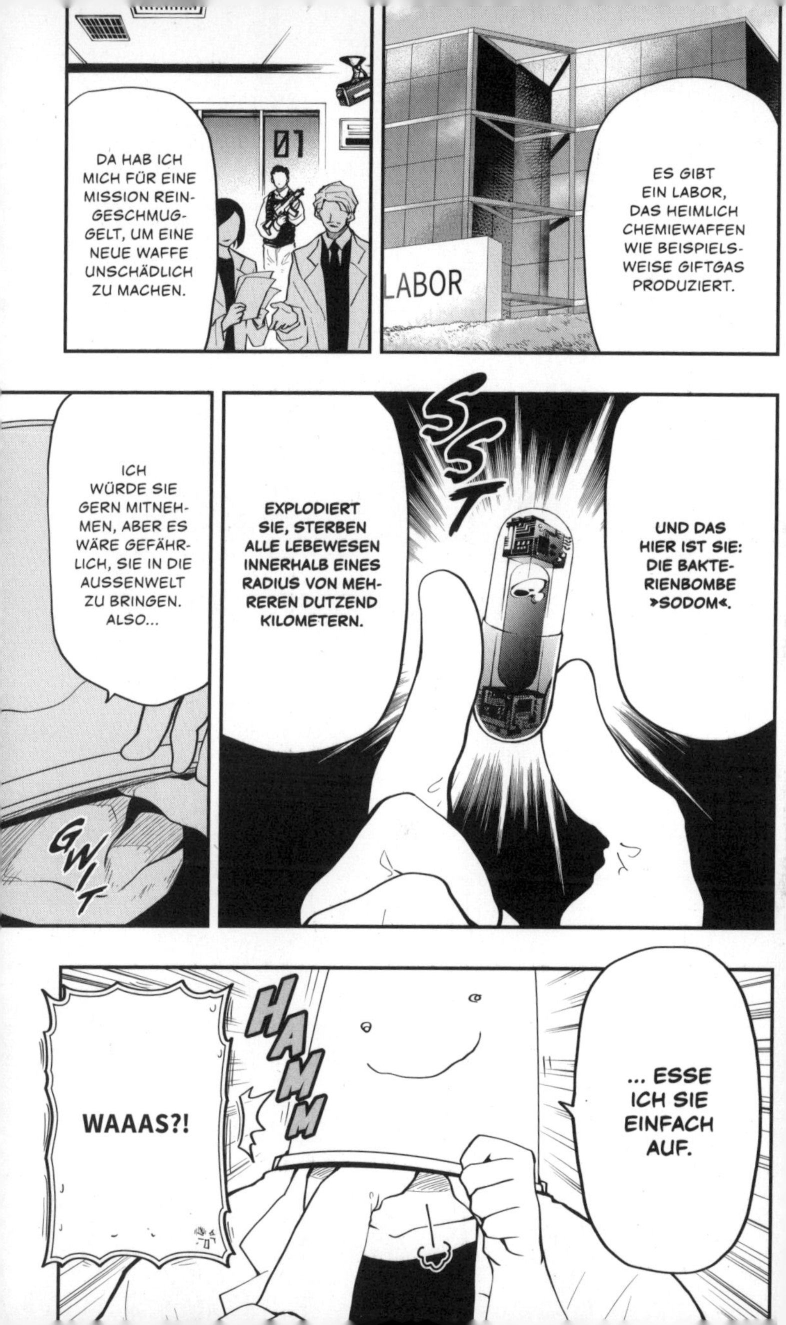
ES GIBT EIN LABOR, DAS HEIMLICH CHEMIEWAFFEN WIE BEISPIELSWEISE GIFTGAS PRODUZIERT.
LABOR
01
DA HAB ICH MICH FÜR EINE MISSION REINGESCHMUGGELT, UM EINE NEUE WAFFE UNSCHÄDLICH ZU MACHEN.
UND DAS HIER IST SIE: DIE BAKTERIENBOMBE »SODOM«.
SST
EXPLODIERT SIE, STERBEN ALLE LEBEWESEN INNERHALB EINES RADIUS VON MEHREREN DUTZEND KILOMETERN.
ICH WÜRDE SIE GERN MITNEHMEN, ABER ES WÄRE GEFÄHRLICH, SIE IN DIE AUSSENWELT ZU BRINGEN. ALSO...
GWIT
... ESSE ICH SIE EINFACH AUF.
HAMM
WAAAS?!

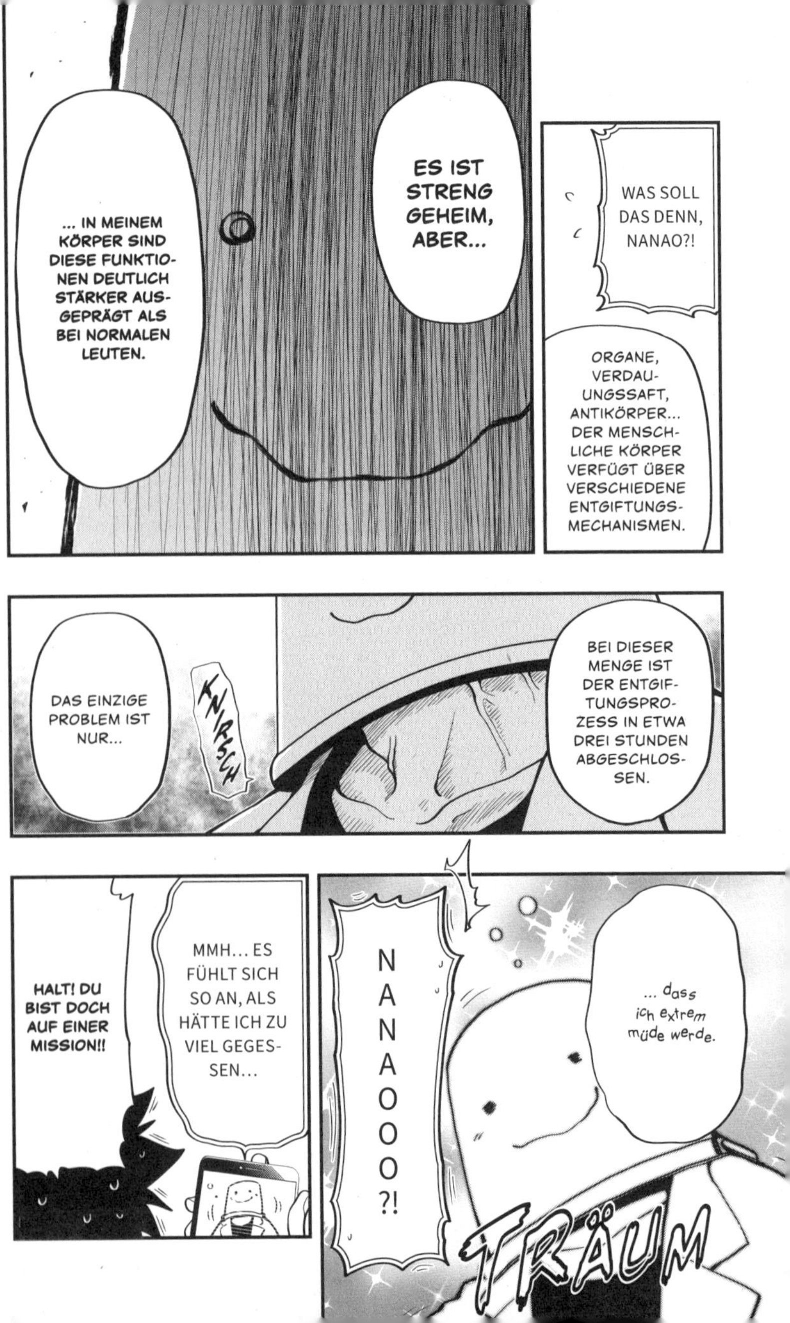
WAS SOLL DAS DENN, NANAO?!
ORGANE, VERDAUUNGSSAFT, ANTIKÖRPER... DER MENSCHLICHE KÖRPER VERFÜGT ÜBER VERSCHIEDENE ENTGIFTUNGSMECHANISMEN.
ES IST STRENG GEHEIM, ABER...
... IN MEINEM KÖRPER SIND DIESE FUNKTIONEN DEUTLICH STÄRKER AUSGEPRÄGT ALS BEI NORMALEN LEUTEN.
BEI DIESER MENGE IST DER ENTGIFTUNGSPROZESS IN ETWA DREI STUNDEN ABGESCHLOSSEN.
KNIRSCH
DAS EINZIGE PROBLEM IST NUR...
... dass ich extrem müde werde.
TRÄUM
NANAOOOO?!
MMH... ES FÜHLT SICH SO AN, ALS HÄTTE ICH ZU VIEL GEGESSEN...
HALT! DU BIST DOCH AUF EINER MISSION!!

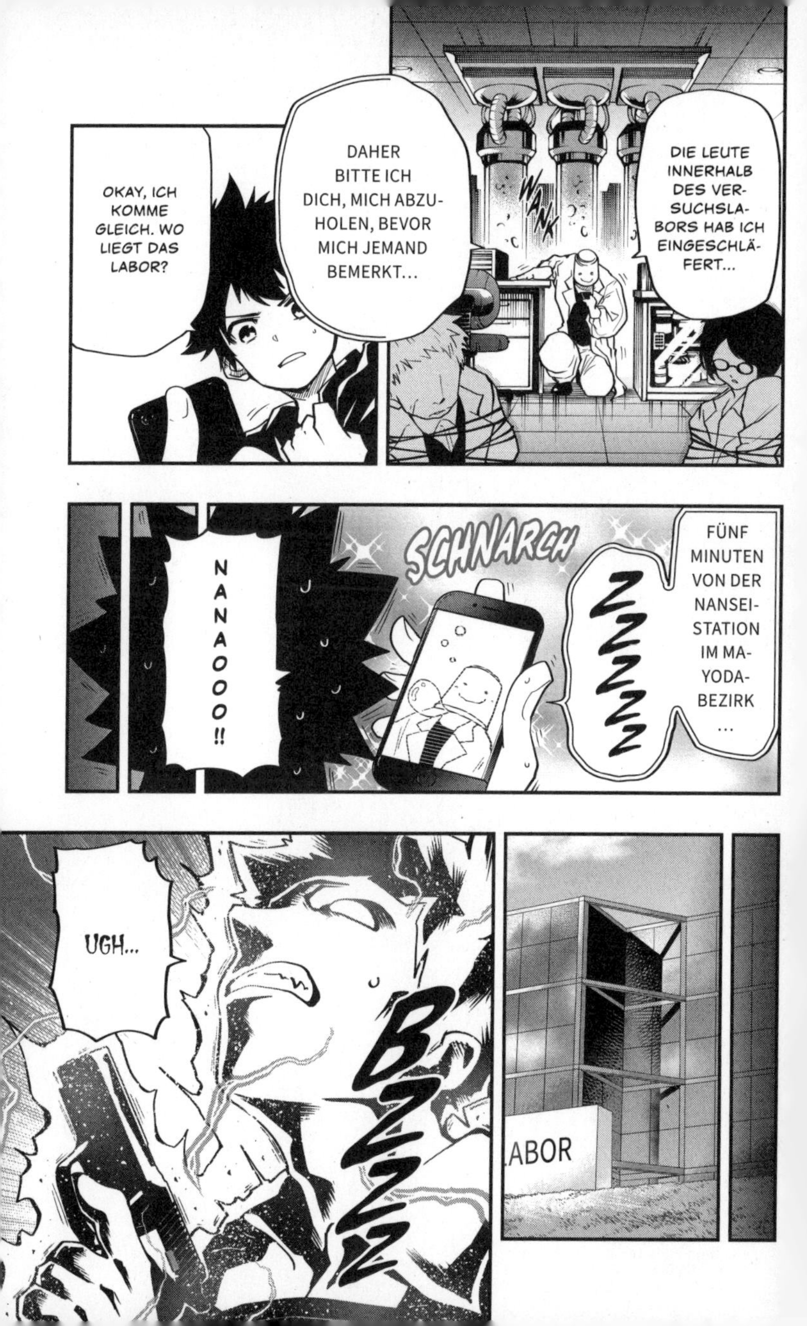
DIE LEUTE INNERHALB DES VERSUCHSLABORS HAB ICH EINGESCHLÄFERT…
WANK
DAHER BITTE ICH DICH, MICH ABZUHOLEN, BEVOR MICH JEMAND BEMERKT…
OKAY, ICH KOMME GLEICH. WO LIEGT DAS LABOR?
FÜNF MINUTEN VON DER NANSEI-STATION IM MAYODA-BEZIRK …
ZZZZZ
SCHNARCH
NANAOOOO!!
LABOR
UGH…
BZZZZ

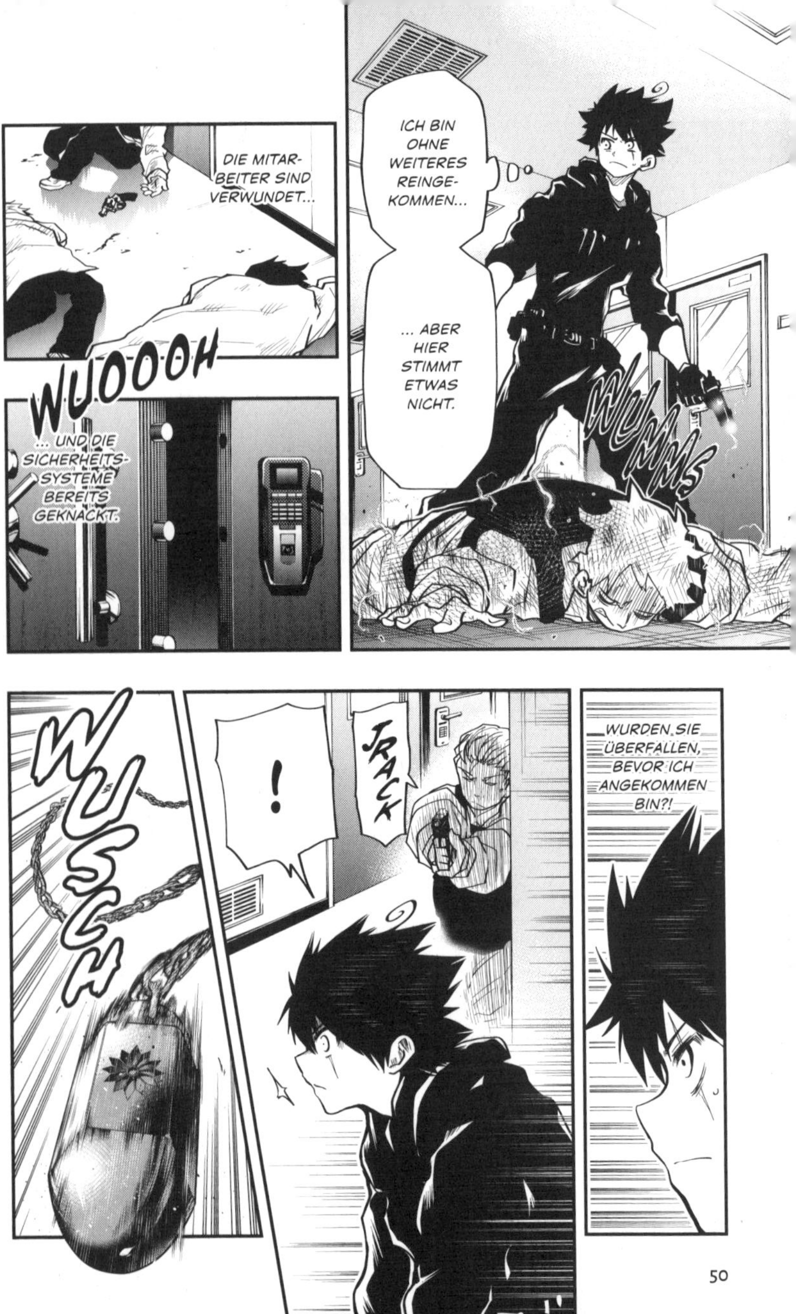
ICH BIN OHNE WEITERES REINGE- KOMMEN...
... ABER HIER STIMMT ETWAS NICHT.
WUMMS
DIE MITAR- BEITER SIND VERWUNDET...
WUOOOH
... UND DIE SICHERHEITS- SYSTEME BEREITS GEKNACKT.
WURDEN SIE ÜBERFALLEN, BEVOR ICH ANGEKOMMEN BIN?!
JRACK
!
WUSCH

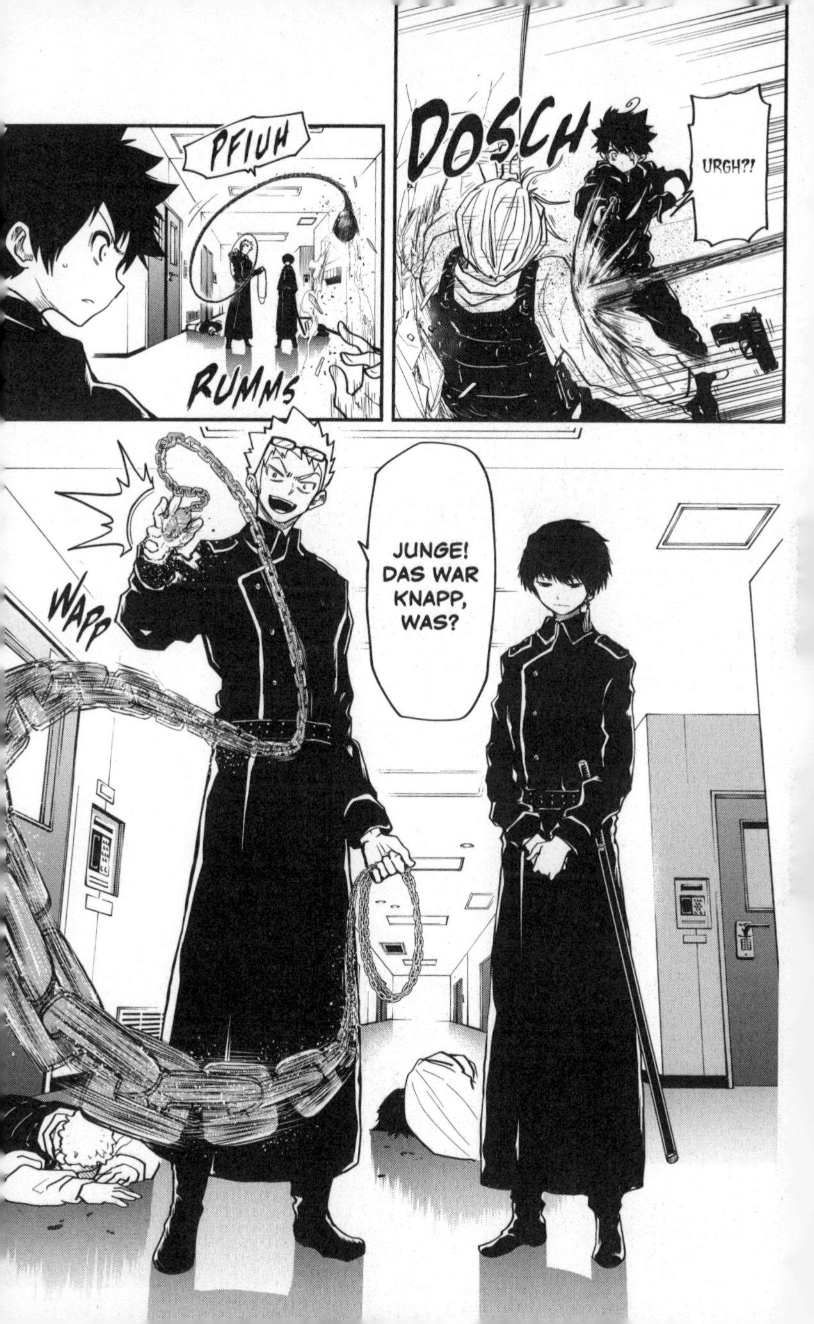
DOSCH
URGH?!
PFIUH
RUMMS
WAPP
JUNGE! DAS WAR KNAPP, WAS?

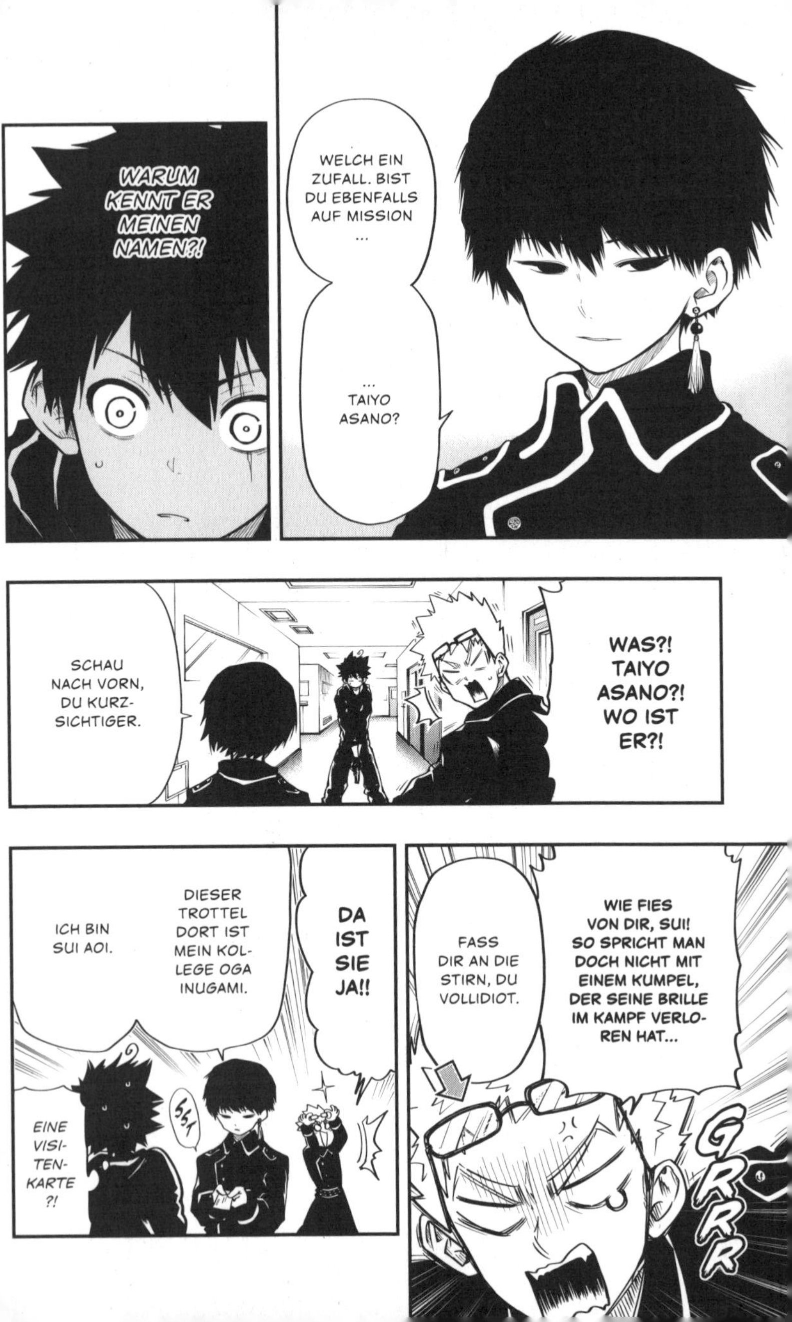
WELCH EIN ZUFALL. BIST DU EBENFALLS AUF MISSION ...
... TAIYO ASANO?
WARUM KENNT ER MEINEN NAMEN?!
WAS?! TAIYO ASANO?! WO IST ER?!
SCHAU NACH VORN, DU KURZSICHTIGER.
WIE FIES VON DIR, SUI! SO SPRICHT MAN DOCH NICHT MIT EINEM KUMPEL, DER SEINE BRILLE IM KAMPF VERLOREN HAT...
FASS DIR AN DIE STIRN, DU VOLLIDIOT.
GRRR
DA IST SIE JA!!
DIESER TROTTEL DORT IST MEIN KOLLEGE OGA INUGAMI.
ICH BIN SUI AOI.
EINE VISITENKARTE?!

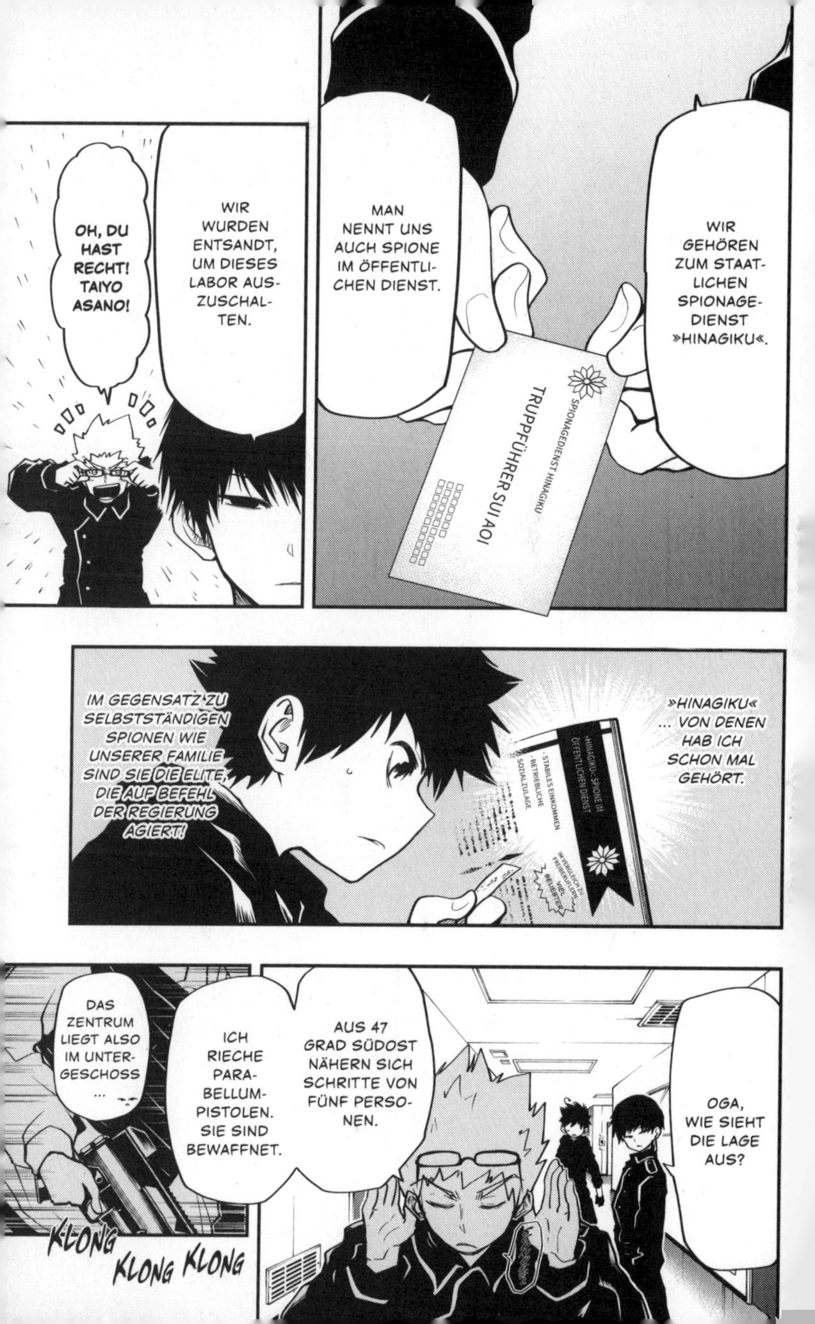
WIR GEHÖREN ZUM STAATLICHEN SPIONAGEDIENST »HINAGIKU«.
MAN NENNT UNS AUCH SPIONE IM ÖFFENTLICHEN DIENST.
SPIONAGEDIENST HINAGIKU
TRUPPFÜHRER SUI AOI
WIR WURDEN ENTSANDT, UM DIESES LABOR AUSZUSCHALTEN.
OH, DU HAST RECHT! TAIYO ASANO!
»HINAGIKU« ... VON DENEN HAB ICH SCHON MAL GEHÖRT.
»HINAGIKU«- SPIONE IM ÖFFENTLICHEN DIENST
- STABILES EINKOMMEN
- BETRIEBLICHE SOZIALZULAGE
IM VERGLEICH ZU FREIBERUFLERN VIEL BELIEBTER!
IM GEGENSATZ ZU SELBSTSTÄNDIGEN SPIONEN WIE UNSERER FAMILIE SIND SIE DIE ELITE, DIE AUF BEFEHL DER REGIERUNG AGIERT!
OGA, WIE SIEHT DIE LAGE AUS?
AUS 47 GRAD SÜDOST NÄHERN SICH SCHRITTE VON FÜNF PERSONEN.
ICH RIECHE PARABELLUMPISTOLEN. SIE SIND BEWAFFNET.
DAS ZENTRUM LIEGT ALSO IM UNTERGESCHOSS ...
KLONG
KLONG KLONG

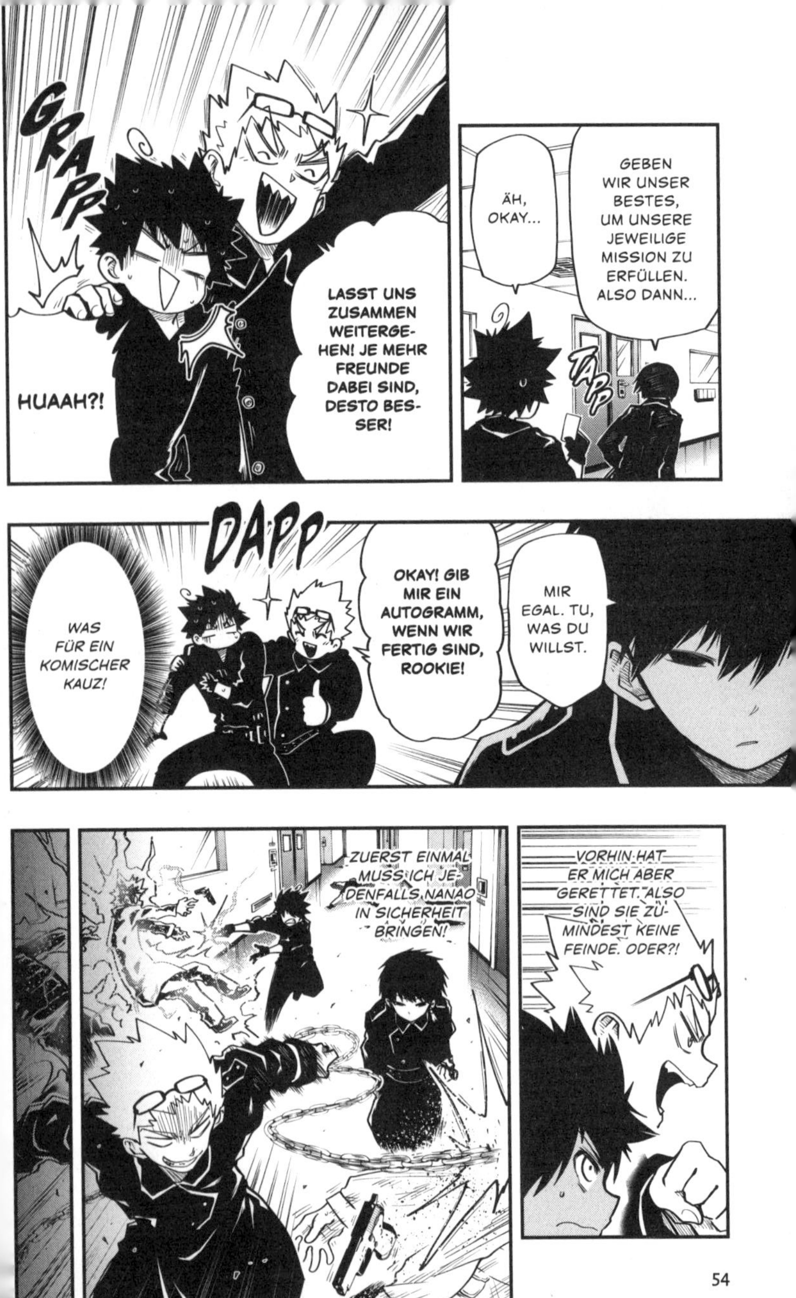
GEBEN WIR UNSER BESTES, UM UNSERE JEWEILIGE MISSION ZU ERFÜLLEN. ALSO DANN...
ÄH, OKAY...
TAPP
GRAPP
LASST UNS ZUSAMMEN WEITERGEHEN! JE MEHR FREUNDE DABEI SIND, DESTO BESSER!
HUAAH?!
MIR EGAL. TU, WAS DU WILLST.
OKAY! GIB MIR EIN AUTOGRAMM, WENN WIR FERTIG SIND, ROOKIE!
DAPP
WAS FÜR EIN KOMISCHER KAUZ!
VORHIN HAT ER MICH ABER GERETTET. ALSO SIND SIE ZUMINDEST KEINE FEINDE. ODER?!
ZUERST EINMAL MUSS ICH JEDENFALLS NANAO IN SICHERHEIT BRINGEN!

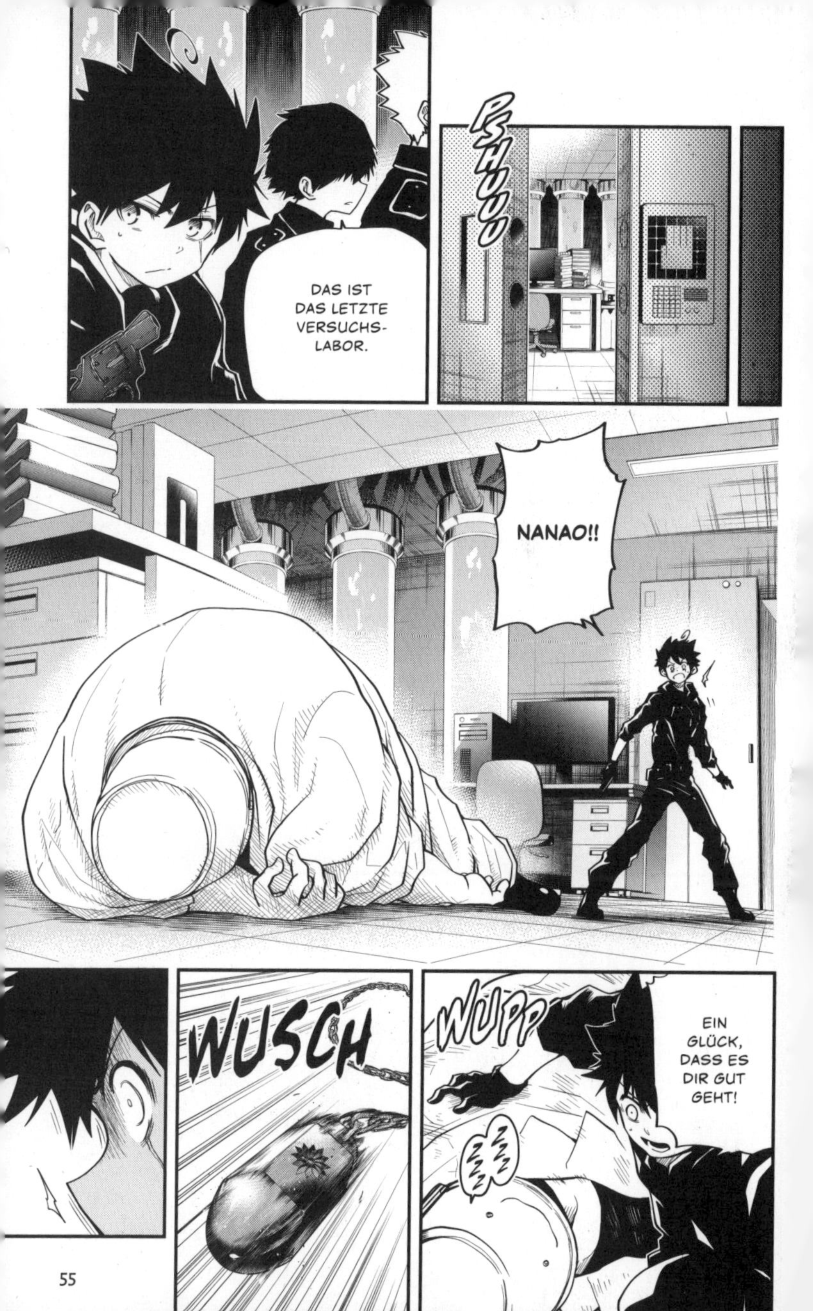
PSHUUU
DAS IST DAS LETZTE VERSUCHS-LABOR.
NANAO!!
EIN GLÜCK, DASS ES DIR GUT GEHT!
WUPP
ZZZ
WUSCH

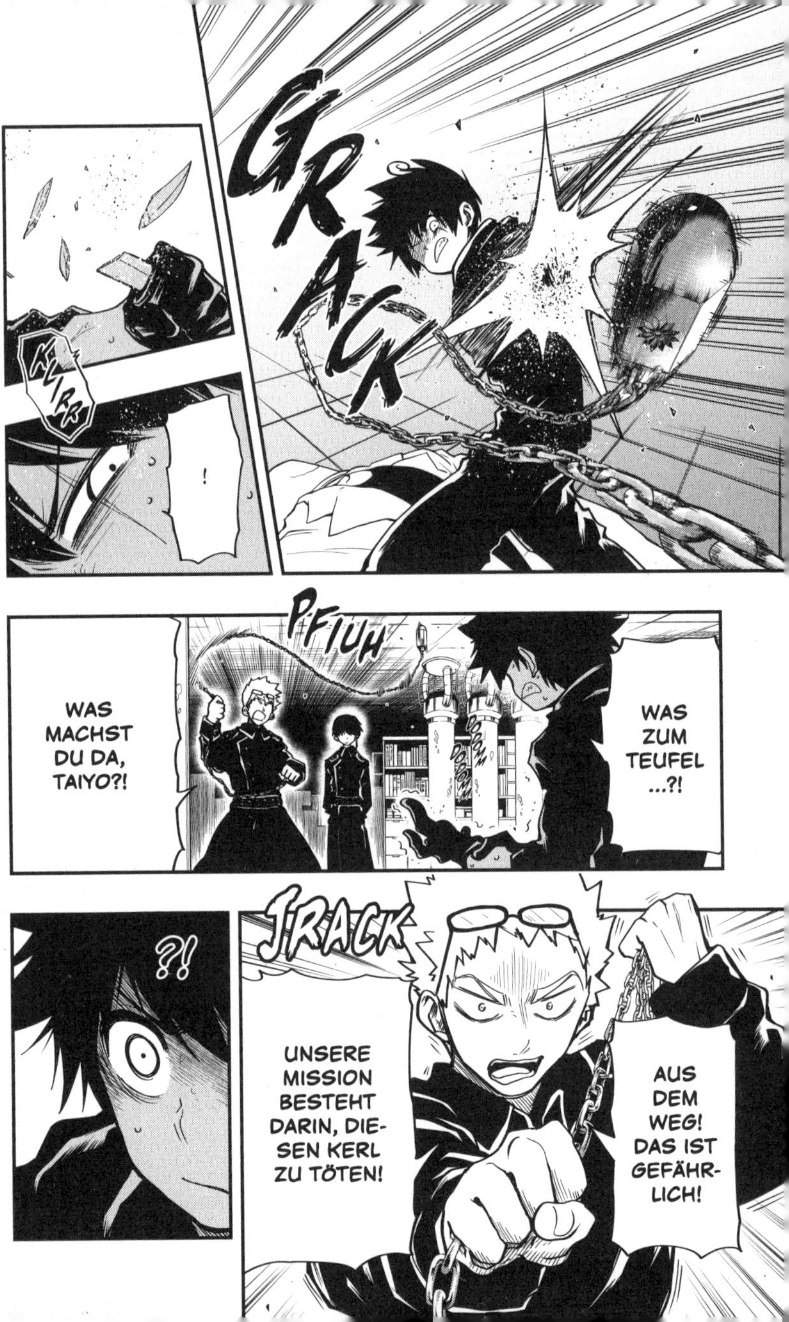
GRACK
KLIRR
!
PFIUH
WAS ZUM TEUFEL ...?!
WAS MACHST DU DA, TAIYO?!
JRACK
?!
AUS DEM WEG! DAS IST GEFÄHR-LICH!
UNSERE MISSION BESTEHT DARIN, DIE-SEN KERL ZU TÖTEN!

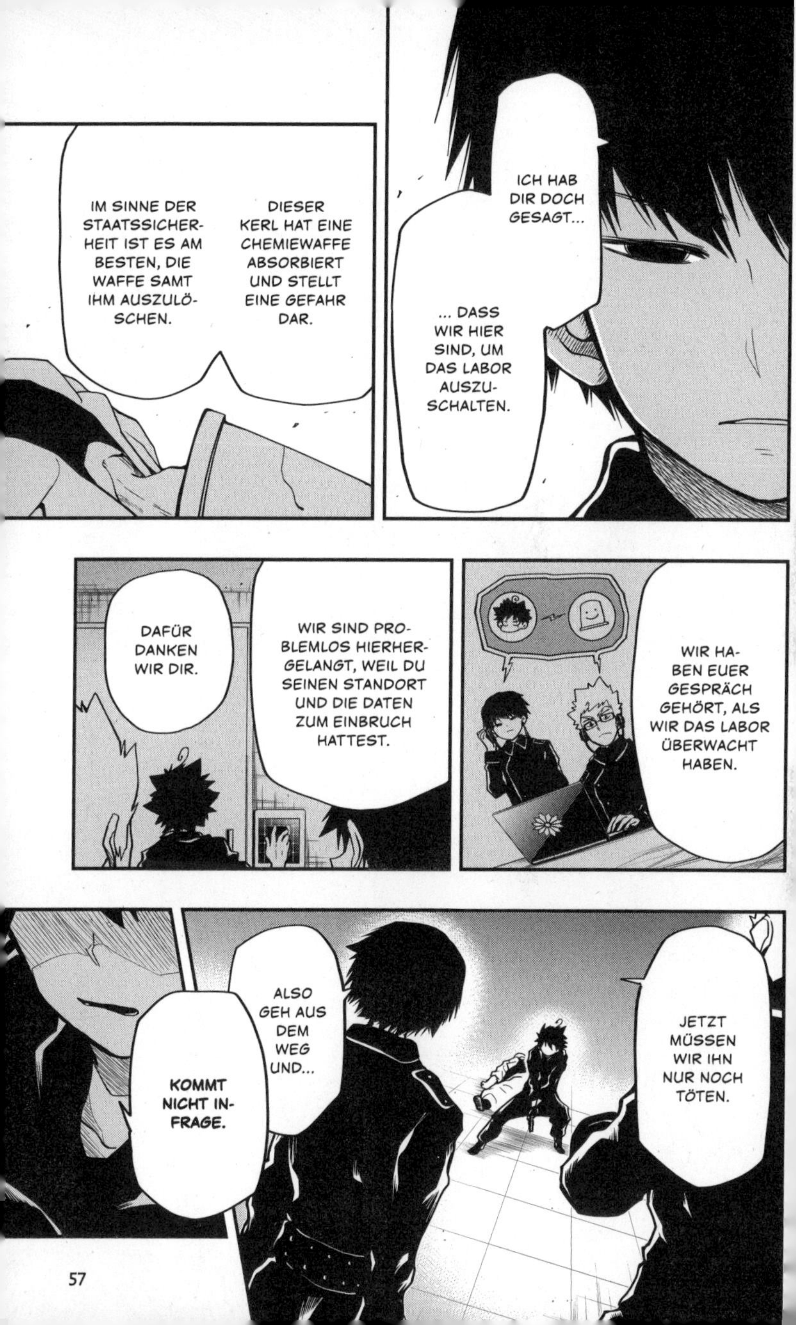
ICH HAB DIR DOCH GESAGT...
... DASS WIR HIER SIND, UM DAS LABOR AUSZU-SCHALTEN.
DIESER KERL HAT EINE CHEMIEWAFFE ABSORBIERT UND STELLT EINE GEFAHR DAR.
IM SINNE DER STAATSSICHER-HEIT IST ES AM BESTEN, DIE WAFFE SAMT IHM AUSZULÖ-SCHEN.
WIR HA-BEN EUER GESPRÄCH GEHÖRT, ALS WIR DAS LABOR ÜBERWACHT HABEN.
WIR SIND PRO-BLEMLOS HIERHER-GELANGT, WEIL DU SEINEN STANDORT UND DIE DATEN ZUM EINBRUCH HATTEST.
DAFÜR DANKEN WIR DIR.
JETZT MÜSSEN WIR IHN NUR NOCH TÖTEN.
ALSO GEH AUS DEM WEG UND...
KOMMT NICHT IN-FRAGE.

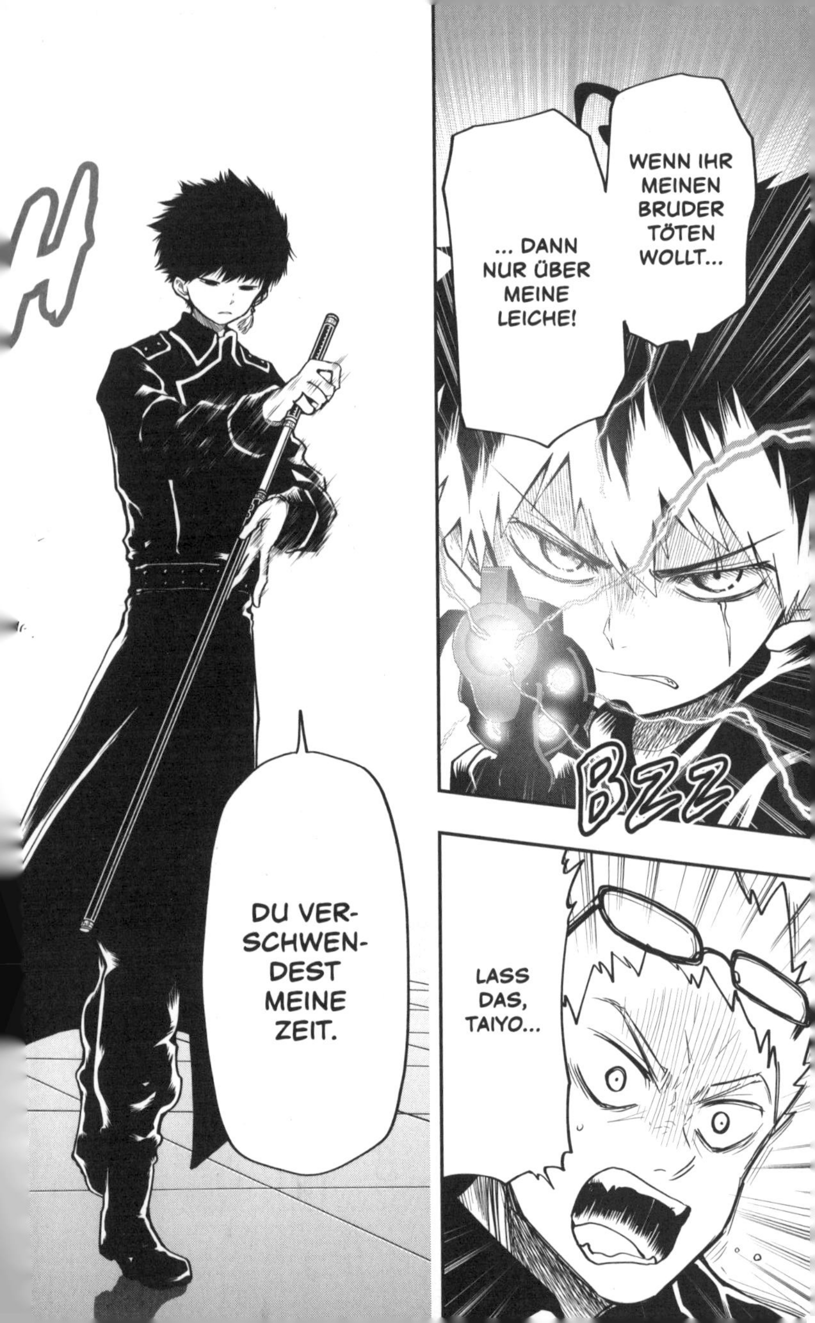
WENN IHR MEINEN BRUDER TÖTEN WOLLT...
... DANN NUR ÜBER MEINE LEICHE!
BZZ
LASS DAS, TAIYO...
DU VER-SCHWEN-DEST MEINE ZEIT.

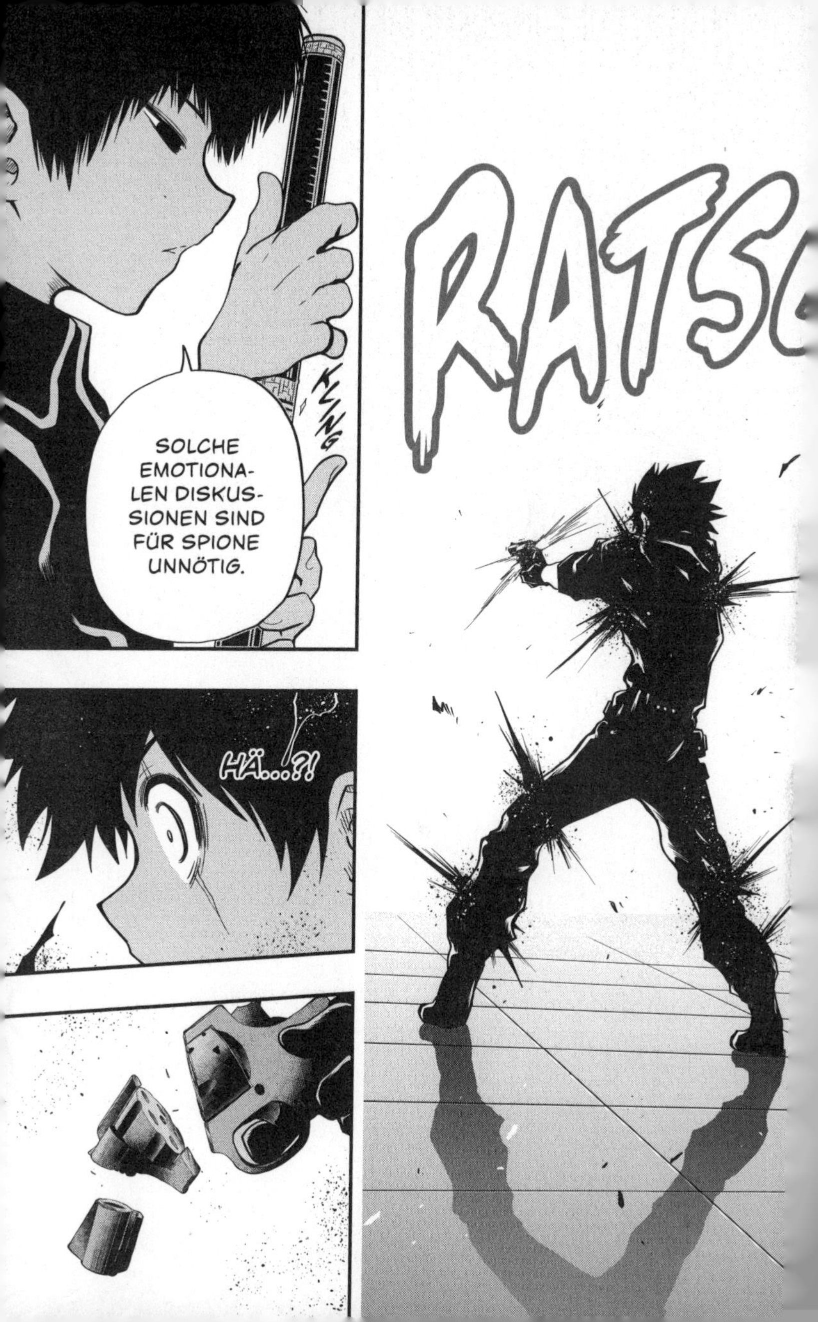
RATSC
SOLCHE EMOTIONALEN DISKUSSIONEN SIND FÜR SPIONE UNNÖTIG.
KLING
HÄ...?!

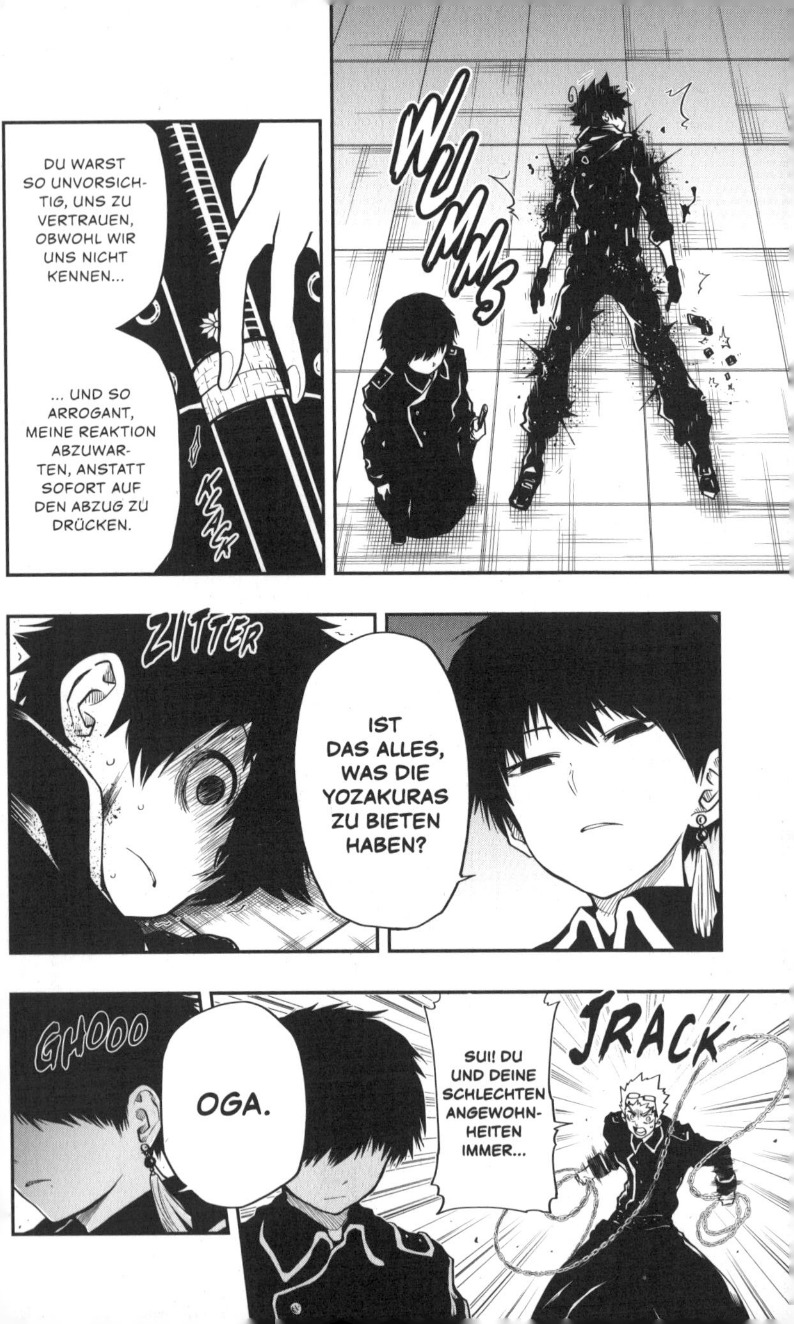
WUMMS
DU WARST SO UNVORSICHTIG, UNS ZU VERTRAUEN, OBWOHL WIR UNS NICHT KENNEN...
... UND SO ARROGANT, MEINE REAKTION ABZUWARTEN, ANSTATT SOFORT AUF DEN ABZUG ZU DRÜCKEN.
KLACK
IST DAS ALLES, WAS DIE YOZAKURAS ZU BIETEN HABEN?
ZITTER
JRACK
SUI! DU UND DEINE SCHLECHTEN ANGEWOHNHEITEN IMMER...
OGA.
GHOOO

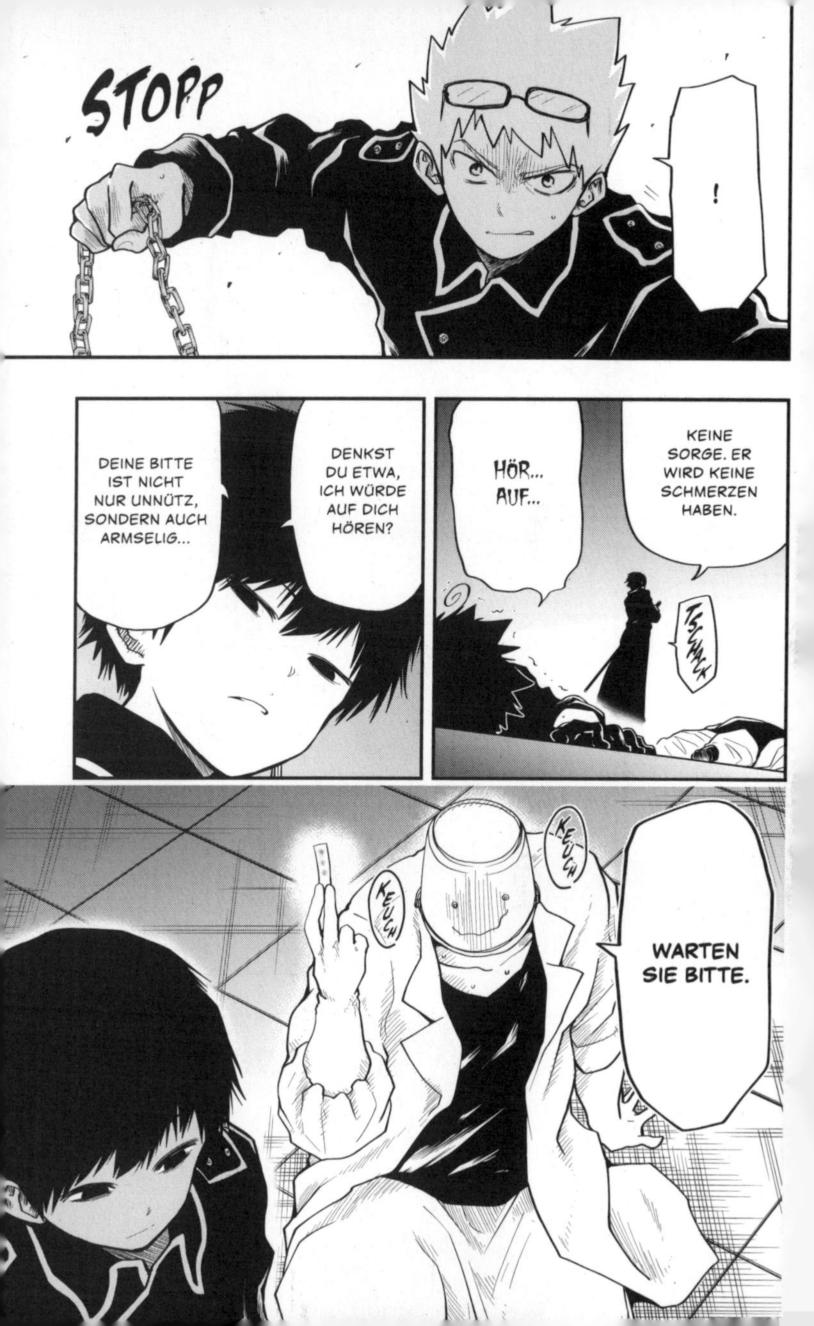
STOPP
!
KEINE SORGE. ER WIRD KEINE SCHMERZEN HABEN.
HÖR... AUF...
TSCHACK
DENKST DU ETWA, ICH WÜRDE AUF DICH HÖREN?
DEINE BITTE IST NICHT NUR UNNÜTZ, SONDERN AUCH ARMSELIG...
WARTEN SIE BITTE.
KEUCH
KEUCH

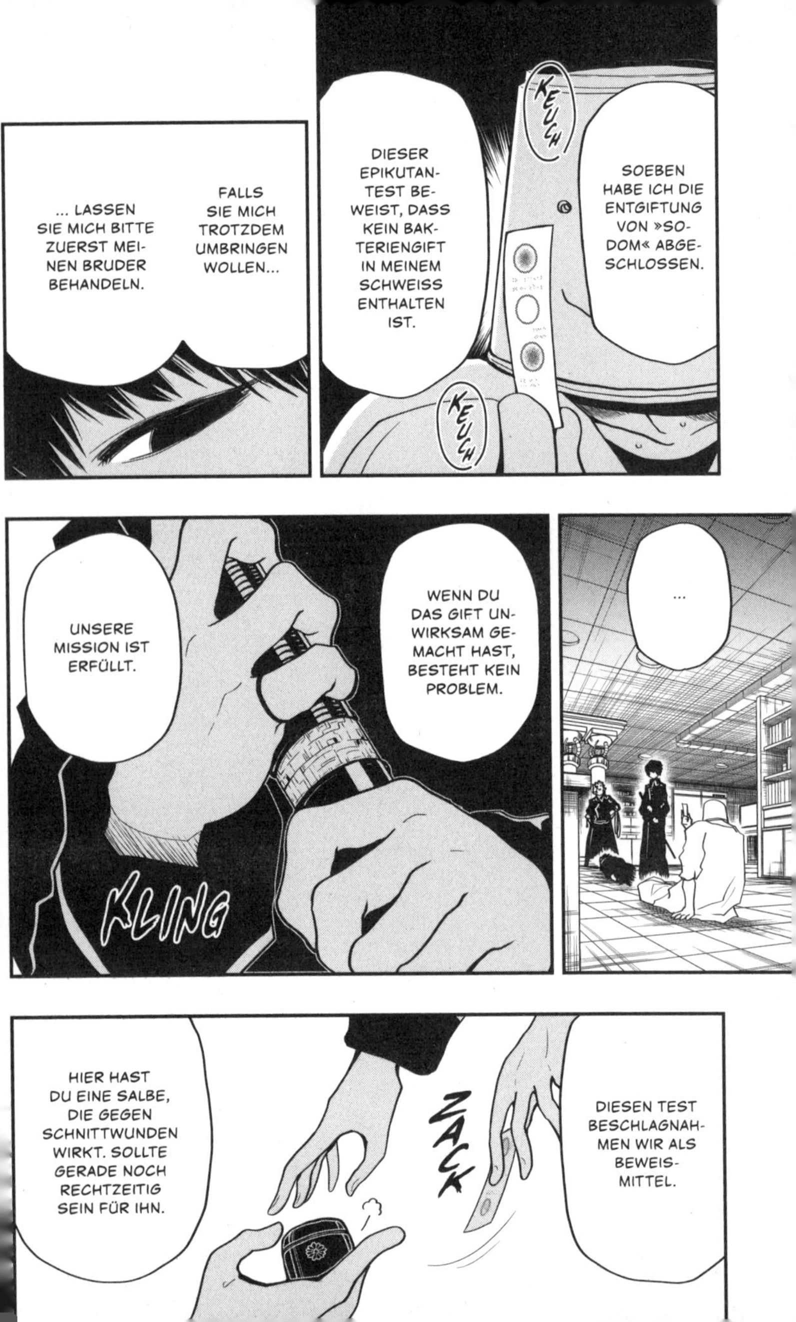
SOEBEN HABE ICH DIE ENTGIFTUNG VON »SODOM« ABGESCHLOSSEN.
KEUCH
DIESER EPIKUTANTEST BEWEIST, DASS KEIN BAKTERIENGIFT IN MEINEM SCHWEISS ENTHALTEN IST.
KEUCH
FALLS SIE MICH TROTZDEM UMBRINGEN WOLLEN...
... LASSEN SIE MICH BITTE ZUERST MEINEN BRUDER BEHANDELN.
...
WENN DU DAS GIFT UNWIRKSAM GEMACHT HAST, BESTEHT KEIN PROBLEM.
UNSERE MISSION IST ERFÜLLT.
KLING
DIESEN TEST BESCHLAGNAHMEN WIR ALS BEWEISMITTEL.
ZACK
HIER HAST DU EINE SALBE, DIE GEGEN SCHNITTWUNDEN WIRKT. SOLLTE GERADE NOCH RECHTZEITIG SEIN FÜR IHN.

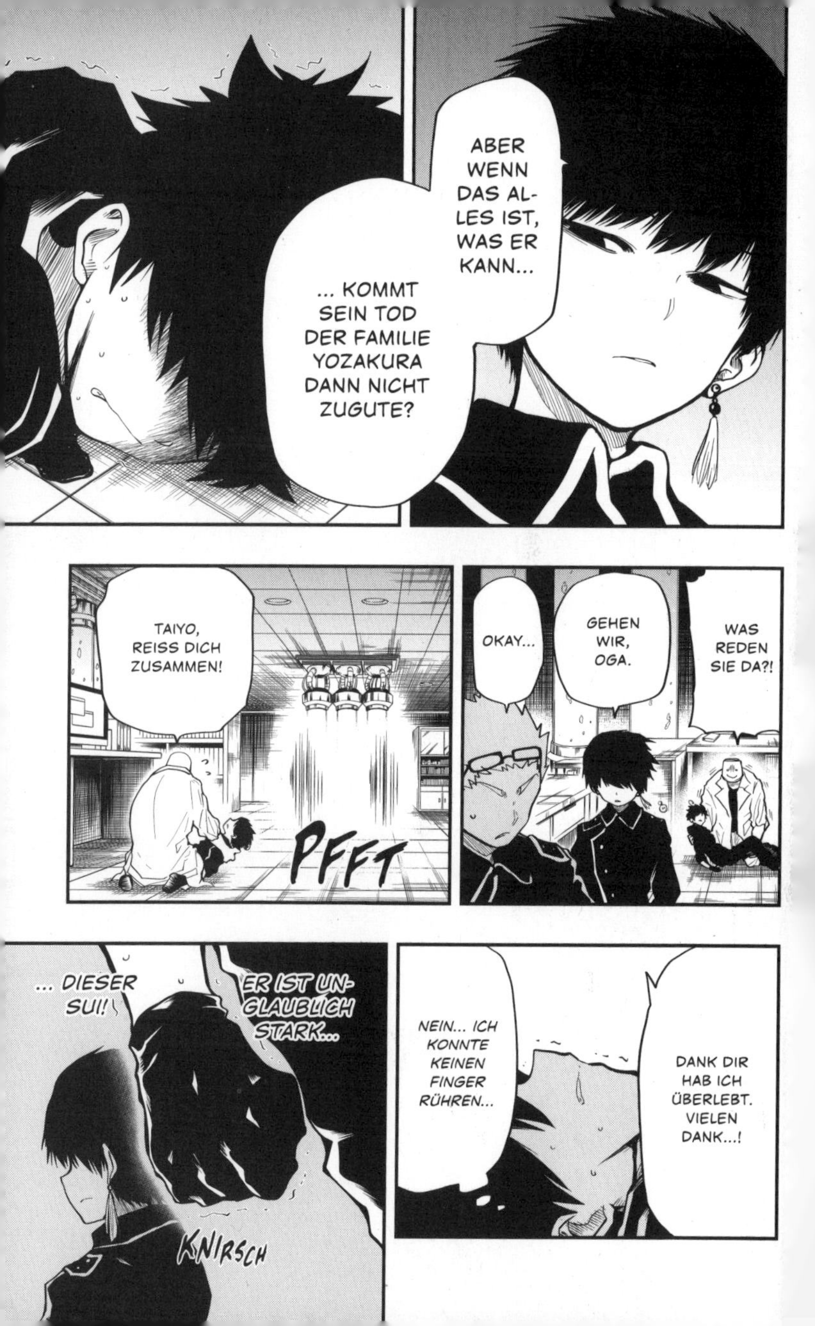

ABER WENN DAS AL-LES IST, WAS ER KANN...
... KOMMT SEIN TOD DER FAMILIE YOZAKURA DANN NICHT ZUGUTE?
WAS REDEN SIE DA?!
GEHEN WIR, OGA.
OKAY...
TAIYO, REISS DICH ZUSAMMEN!
PFFT
DANK DIR HAB ICH ÜBERLEBT. VIELEN DANK...!
NEIN... ICH KONNTE KEINEN FINGER RÜHREN...
ER IST UN-GLAUBLICH STARK...
... DIESER SUI!
KNIRSCH

Nanaos Entgiftungsreaktionen

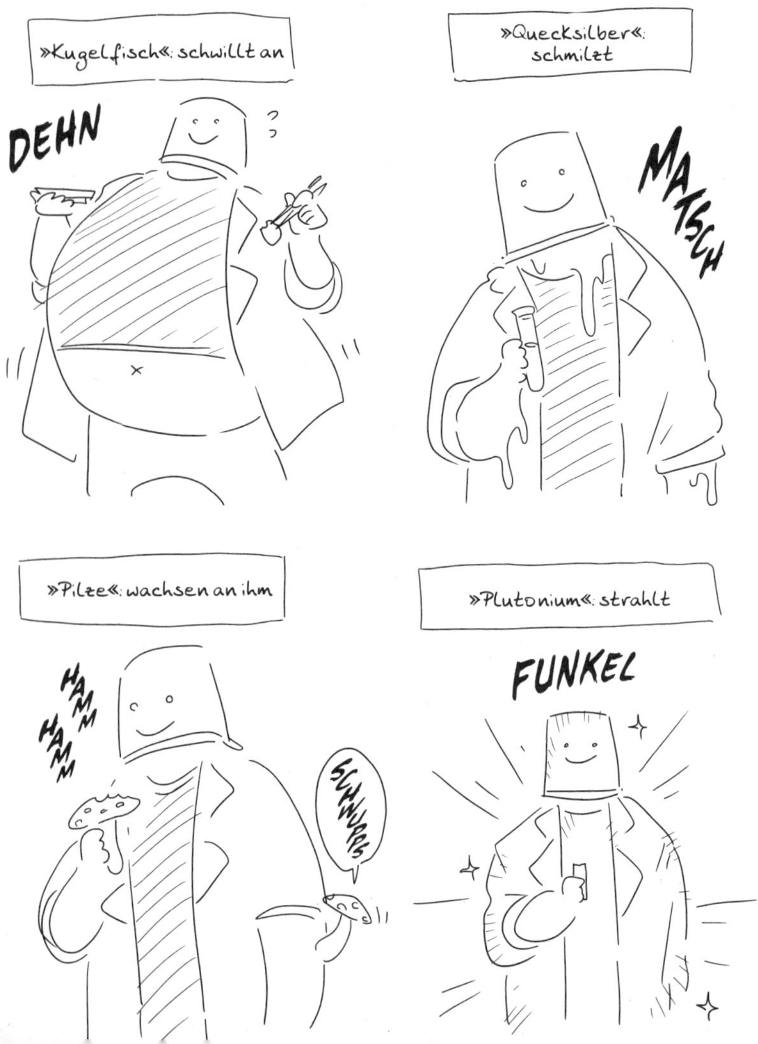

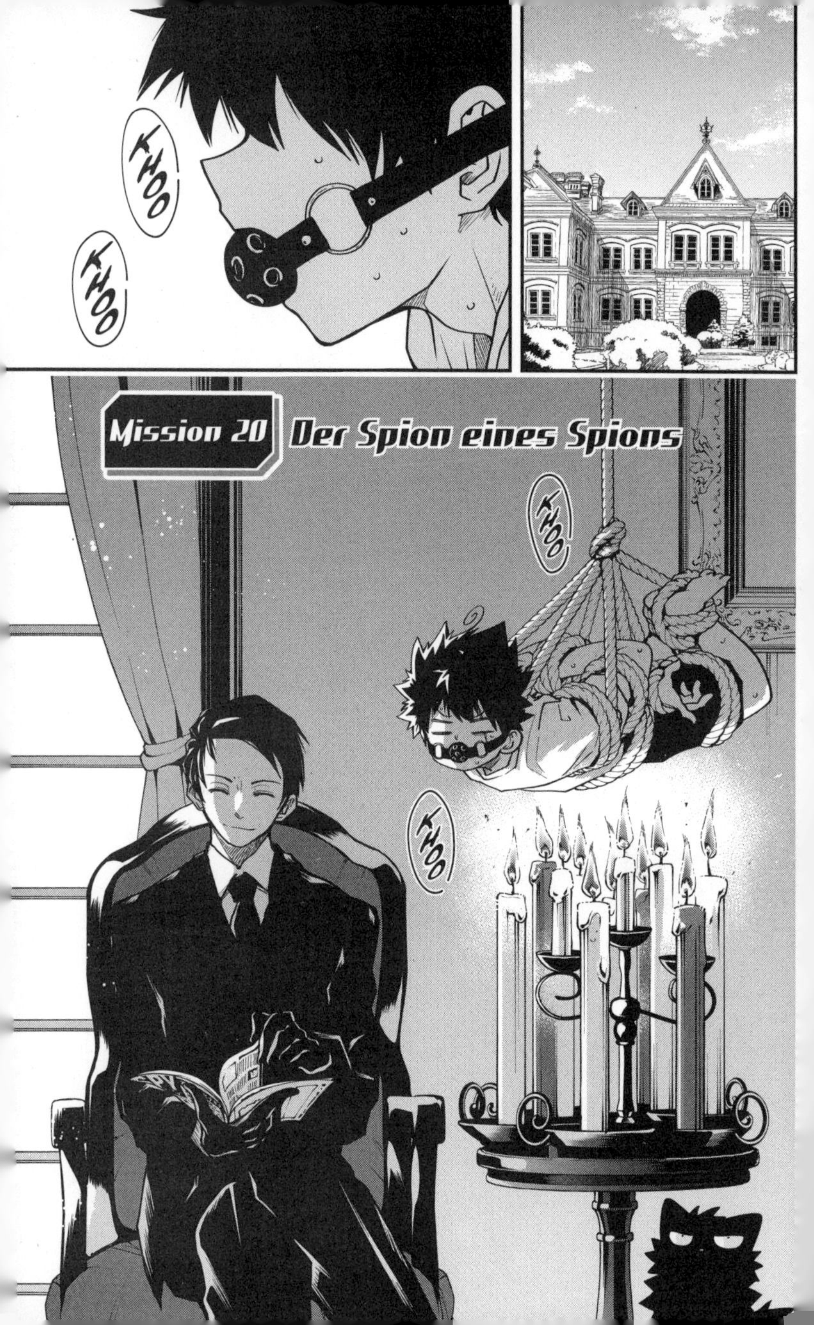

KHOO
KHOO
Mission 20 Der Spion eines Spions
KHOO
KHOO

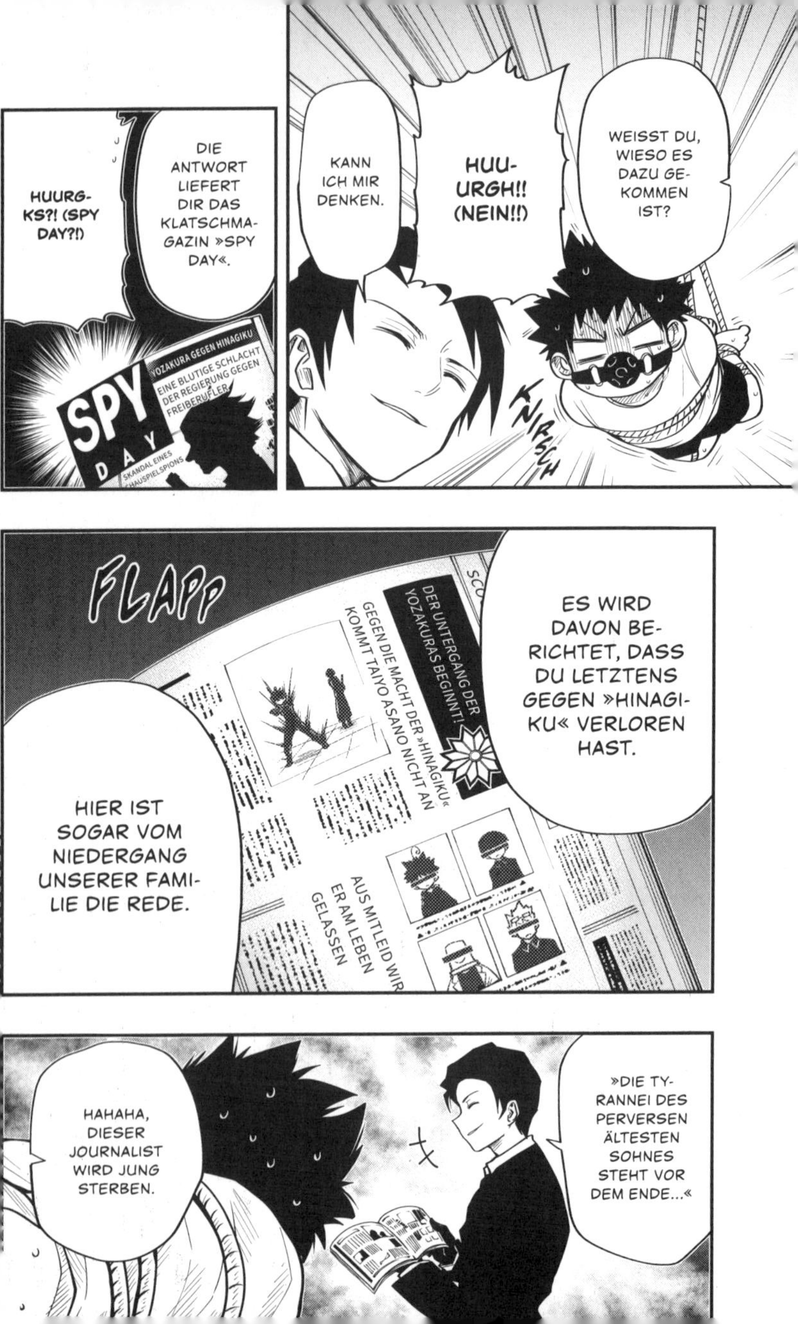
WEISST DU, WIESO ES DAZU GEKOMMEN IST?
HUU-URGH!! (NEIN!!)
KANN ICH MIR DENKEN.
KNIRSCH
DIE ANTWORT LIEFERT DIR DAS KLATSCHMAGAZIN »SPY DAY«.
HUURG-KS?! (SPY DAY?!)
SPY DAY
YOZAKURA GEGEN HINAGIKU
EINE BLUTIGE SCHLACHT DER REGIERUNG GEGEN FREIBERUFLER
SKANDAL EINES HAUSPIELSPIONS
ES WIRD DAVON BERICHTET, DASS DU LETZTENS GEGEN »HINAGIKU« VERLOREN HAST.
DER UNTERGANG DER YOZAKURAS BEGINNT!
GEGEN DIE MACHT DER »HINAGIKU« KOMMT TAIYO ASANO NICHT AN
AUS MITLEID WIR ER AM LEBEN GELASSEN
HIER IST SOGAR VOM NIEDERGANG UNSERER FAMILIE DIE REDE.
FLAPP
»DIE TYRANNEI DES PERVERSEN ÄLTESTEN SOHNES STEHT VOR DEM ENDE...«
HAHAHA, DIESER JOURNALIST WIRD JUNG STERBEN.

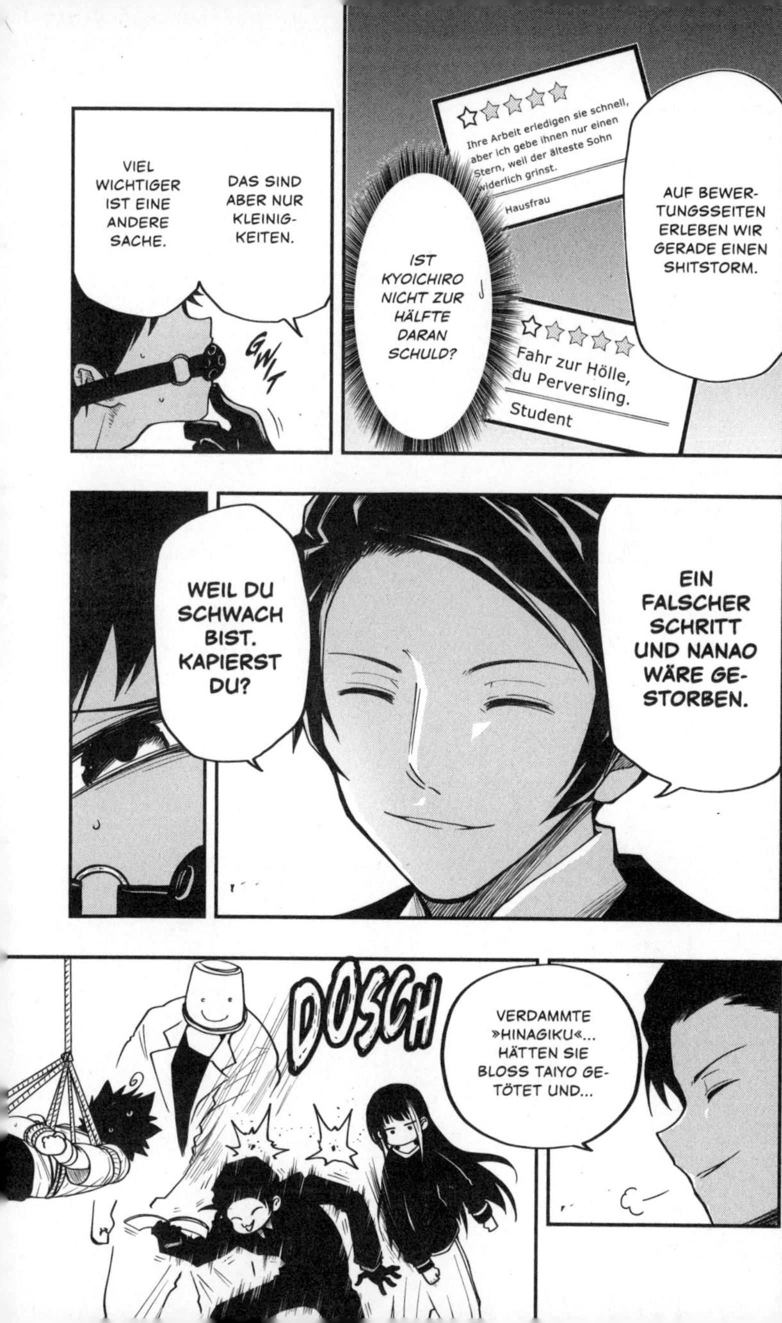
AUF BEWERTUNGSSEITEN ERLEBEN WIR GERADE EINEN SHITSTORM.
Ihre Arbeit erledigen sie schnell, aber ich gebe ihnen nur einen Stern, weil der älteste Sohn widerlich grinst.
Hausfrau
Fahr zur Hölle, du Perversling.
Student
IST KYOICHIRO NICHT ZUR HÄLFTE DARAN SCHULD?
DAS SIND ABER NUR KLEINIGKEITEN.
VIEL WICHTIGER IST EINE ANDERE SACHE.
EIN FALSCHER SCHRITT UND NANAO WÄRE GESTORBEN.
WEIL DU SCHWACH BIST. KAPIERST DU?
VERDAMMTE »HINAGIKU«... HÄTTEN SIE BLOSS TAIYO GETÖTET UND...
DOSCH

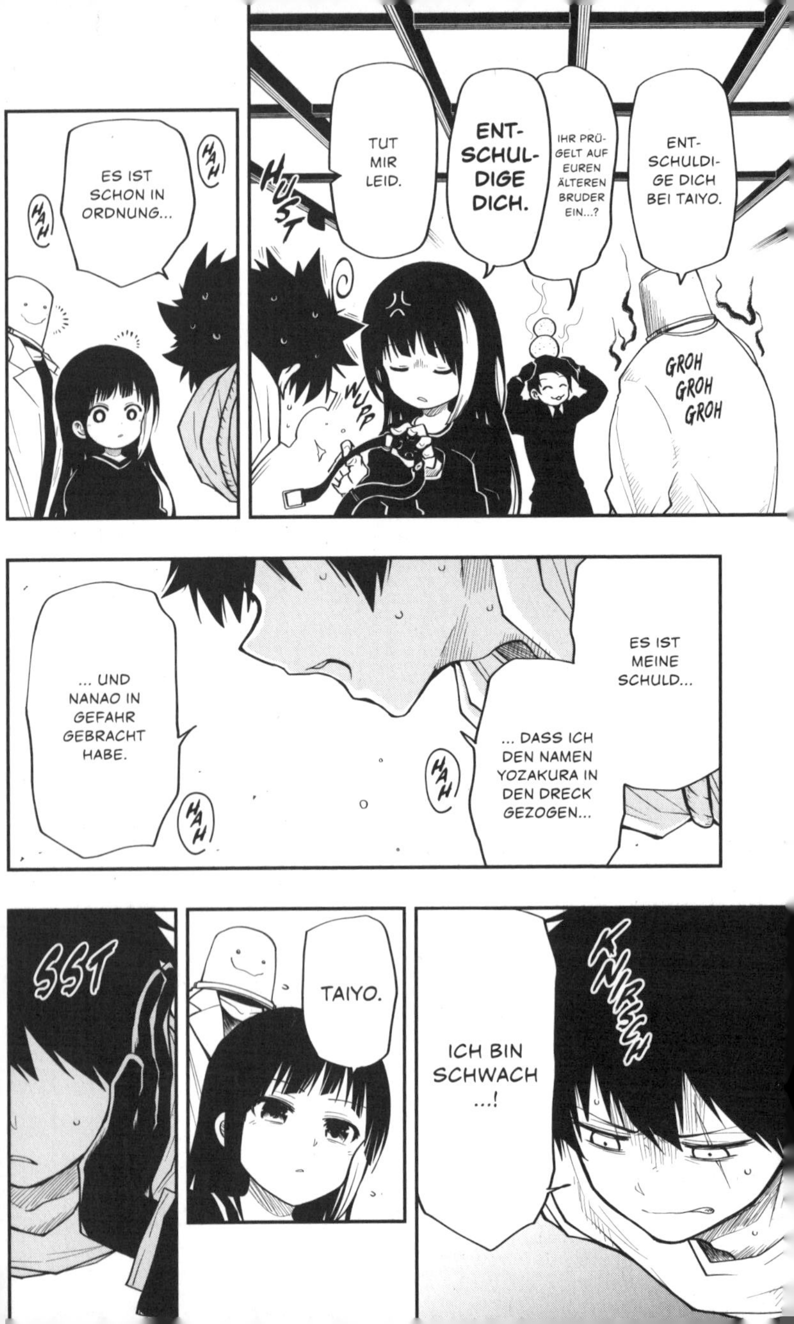

ENTSCHULDIGE DICH BEI TAIYO.
GROH GROH GROH
IHR PRÜGELT AUF EUREN ÄLTEREN BRUDER EIN...?
ENTSCHULDIGE DICH.
TUT MIR LEID.
HUST
WUPP
HAH
ES IST SCHON IN ORDNUNG...
HAH
ES IST MEINE SCHULD...
... DASS ICH DEN NAMEN YOZAKURA IN DEN DRECK GEZOGEN...
HAH
... UND NANAO IN GEFAHR GEBRACHT HABE.
HAH
KNIRSCH
ICH BIN SCHWACH ...!
TAIYO.
SST

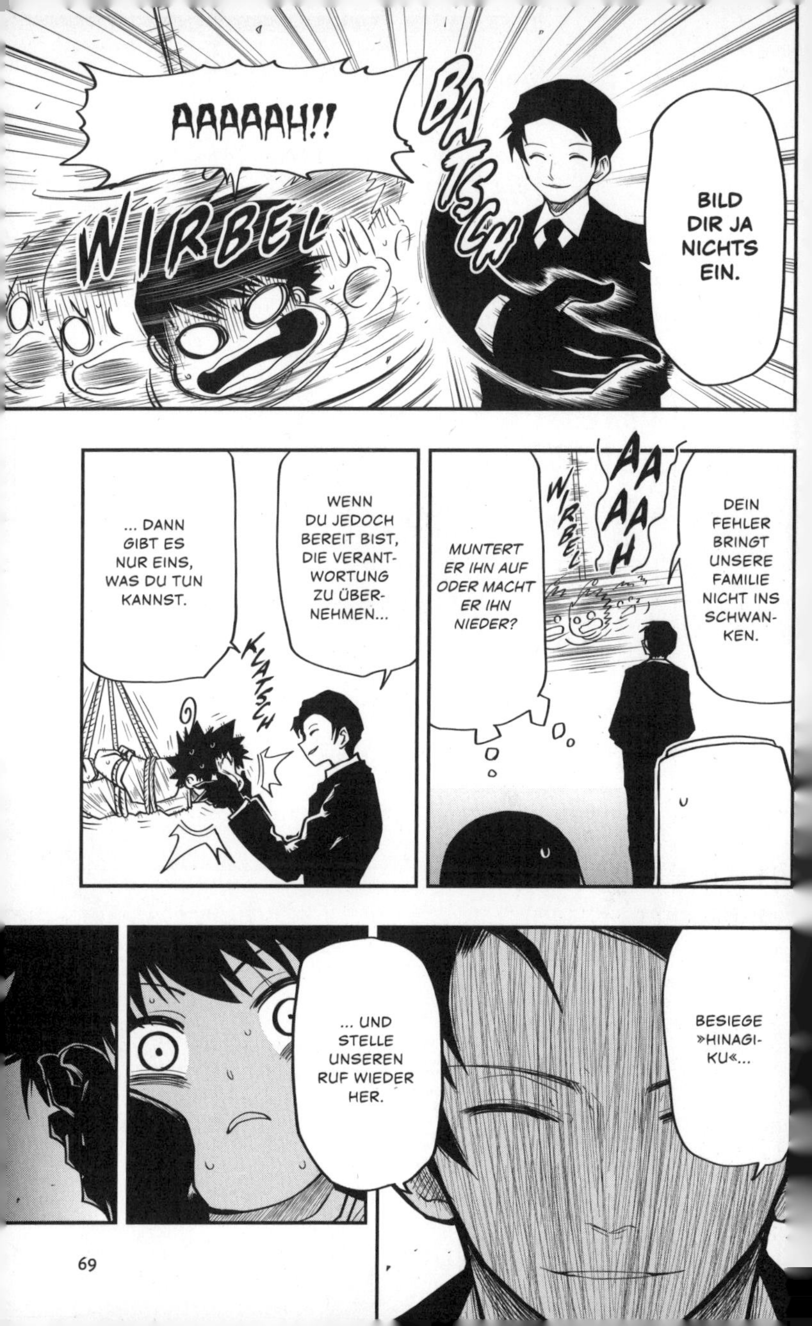
BILD DIR JA NICHTS EIN.
BATSCH
AAAAAH!!
WIRBEL
DEIN FEHLER BRINGT UNSERE FAMILIE NICHT INS SCHWAN-KEN.
AAAAH
WIRBEL
MUNTERT ER IHN AUF ODER MACHT ER IHN NIEDER?
WENN DU JEDOCH BEREIT BIST, DIE VERANT-WORTUNG ZU ÜBER-NEHMEN...
... DANN GIBT ES NUR EINS, WAS DU TUN KANNST.
KLATSCH
BESIEGE »HINAGI-KU«...
... UND STELLE UNSEREN RUF WIEDER HER.

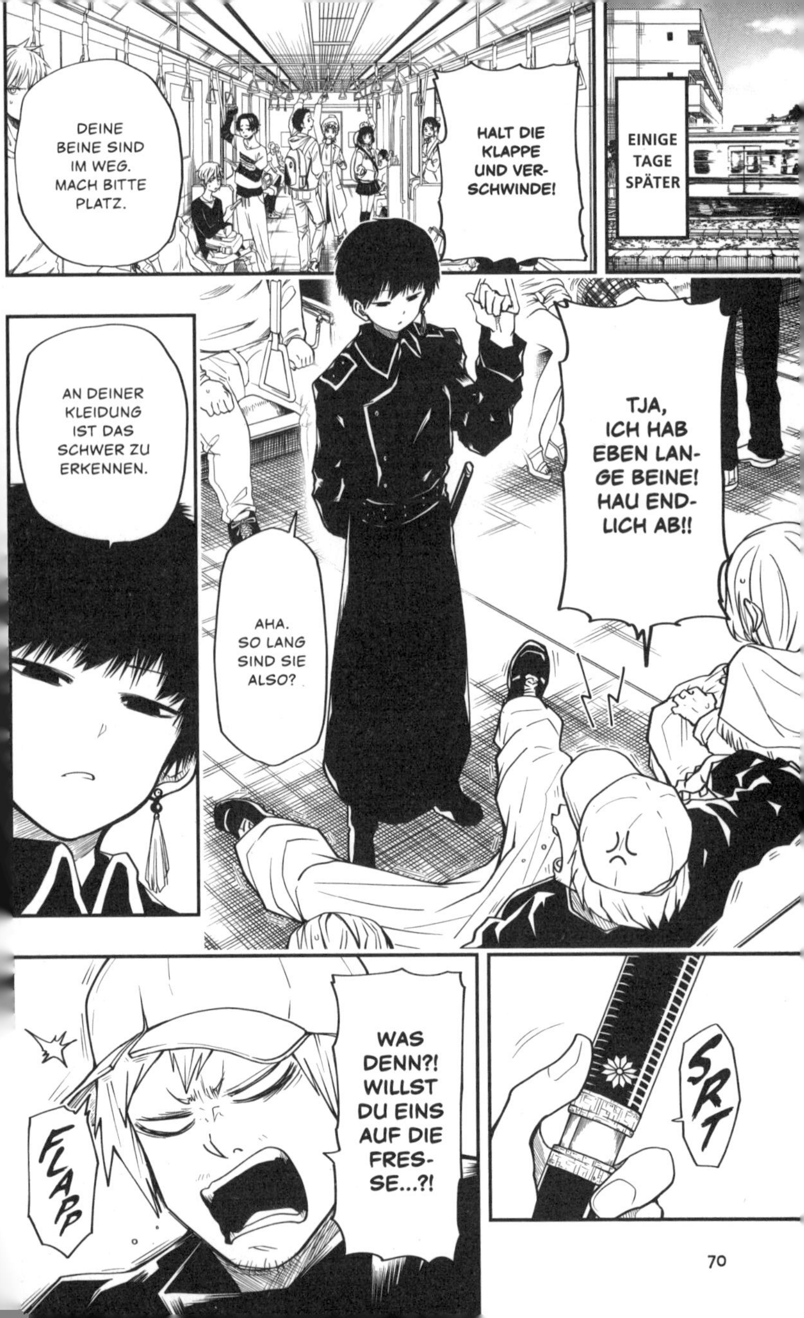
EINIGE TAGE SPÄTER
HALT DIE KLAPPE UND VER-SCHWINDE!
DEINE BEINE SIND IM WEG. MACH BITTE PLATZ.
TJA, ICH HAB EBEN LAN-GE BEINE! HAU END-LICH AB!!
AHA. SO LANG SIND SIE ALSO?
AN DEINER KLEIDUNG IST DAS SCHWER ZU ERKENNEN.
SRT
WAS DENN?! WILLST DU EINS AUF DIE FRES-SE...?!
FLAPP

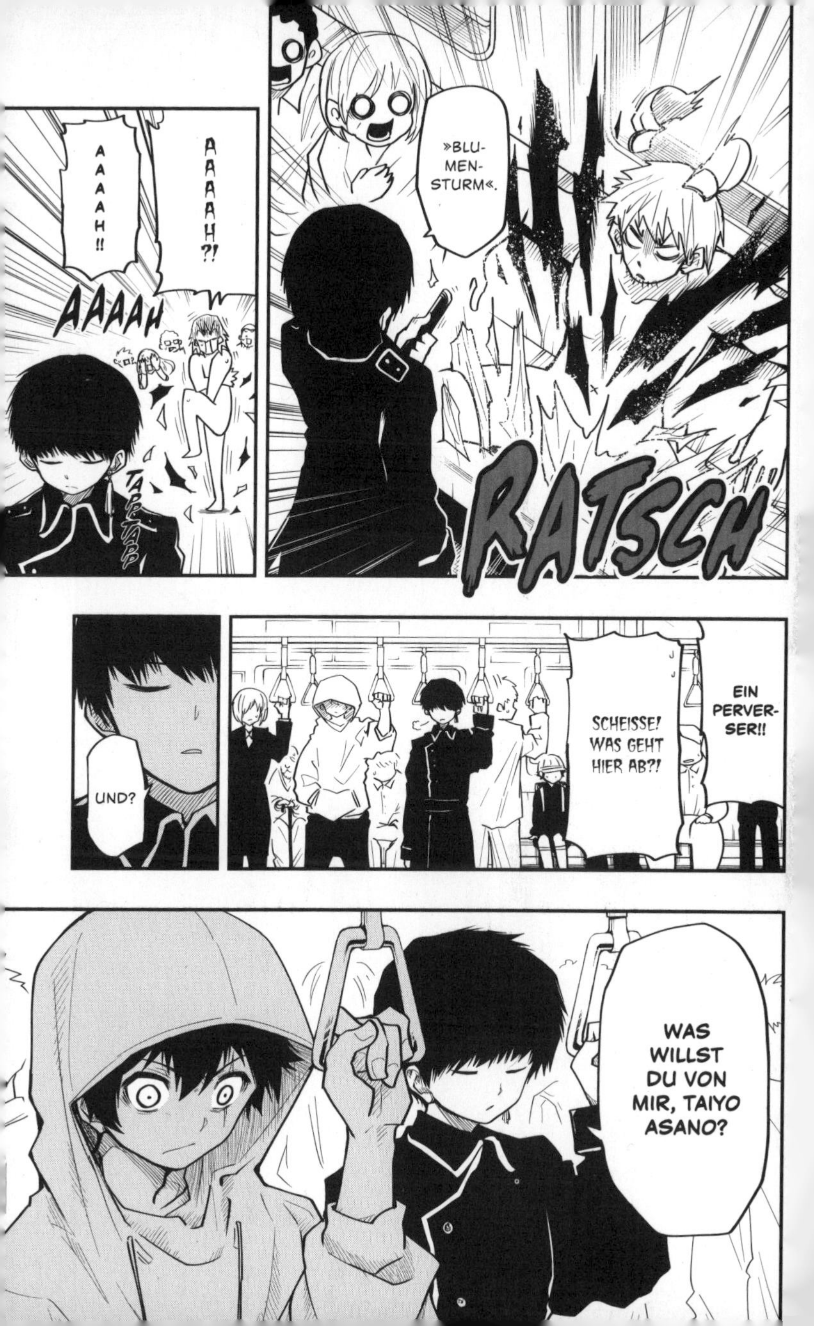
»BLUMEN-
STURM«.
RATSCH
AAAAAH?!
AAAAAH!!
AAAAH
TAPP TAPP
EIN PERVER-
SER!!
SCHEISSE!
WAS GEHT
HIER AB?!
UND?
WAS
WILLST
DU VON
MIR, TAIYO
ASANO?

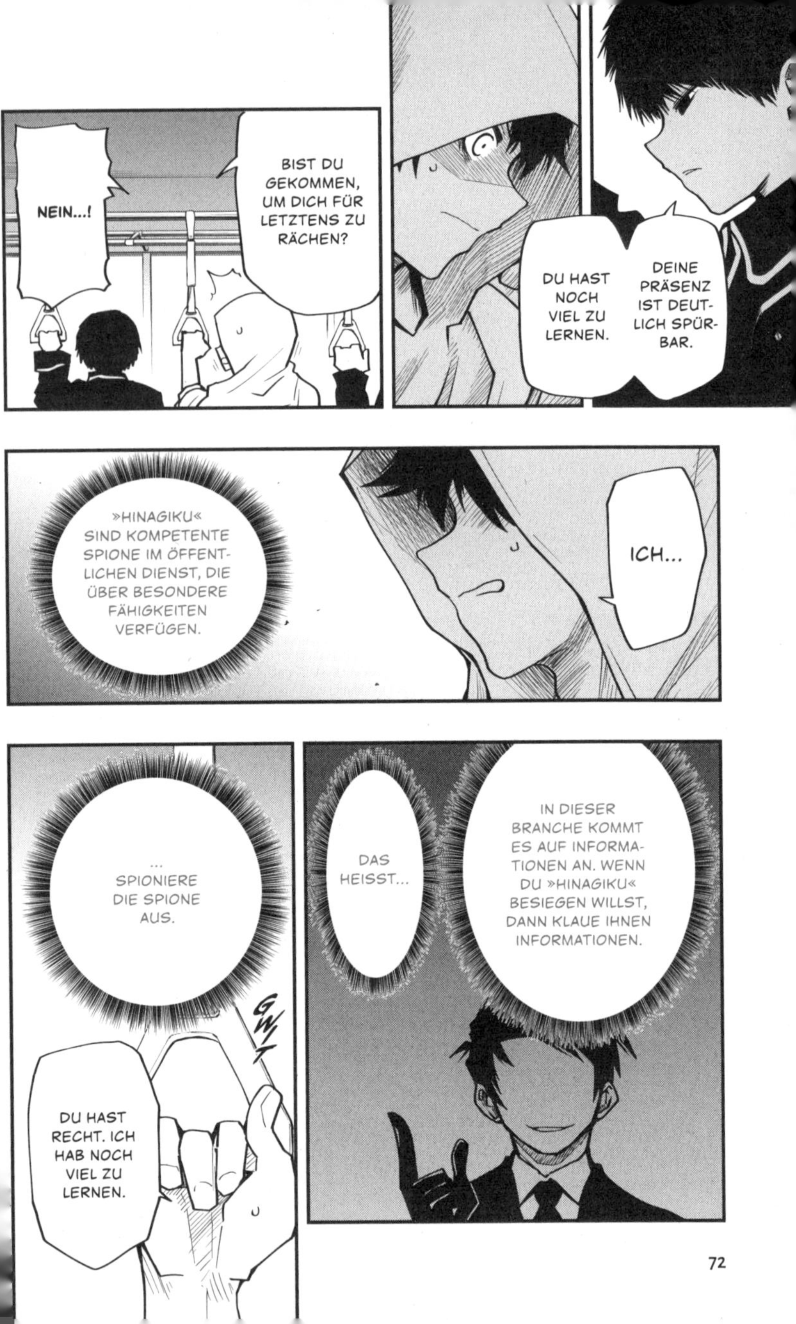

DEINE PRÄSENZ IST DEUTLICH SPÜRBAR.
DU HAST NOCH VIEL ZU LERNEN.
BIST DU GEKOMMEN, UM DICH FÜR LETZTENS ZU RÄCHEN?
NEIN...!
ICH...
»HINAGIKU« SIND KOMPETENTE SPIONE IM ÖFFENTLICHEN DIENST, DIE ÜBER BESONDERE FÄHIGKEITEN VERFÜGEN.
IN DIESER BRANCHE KOMMT ES AUF INFORMATIONEN AN. WENN DU »HINAGIKU« BESIEGEN WILLST, DANN KLAUE IHNEN INFORMATIONEN.
DAS HEISST...
... SPIONIERE DIE SPIONE AUS.
GWI
DU HAST RECHT. ICH HAB NOCH VIEL ZU LERNEN.

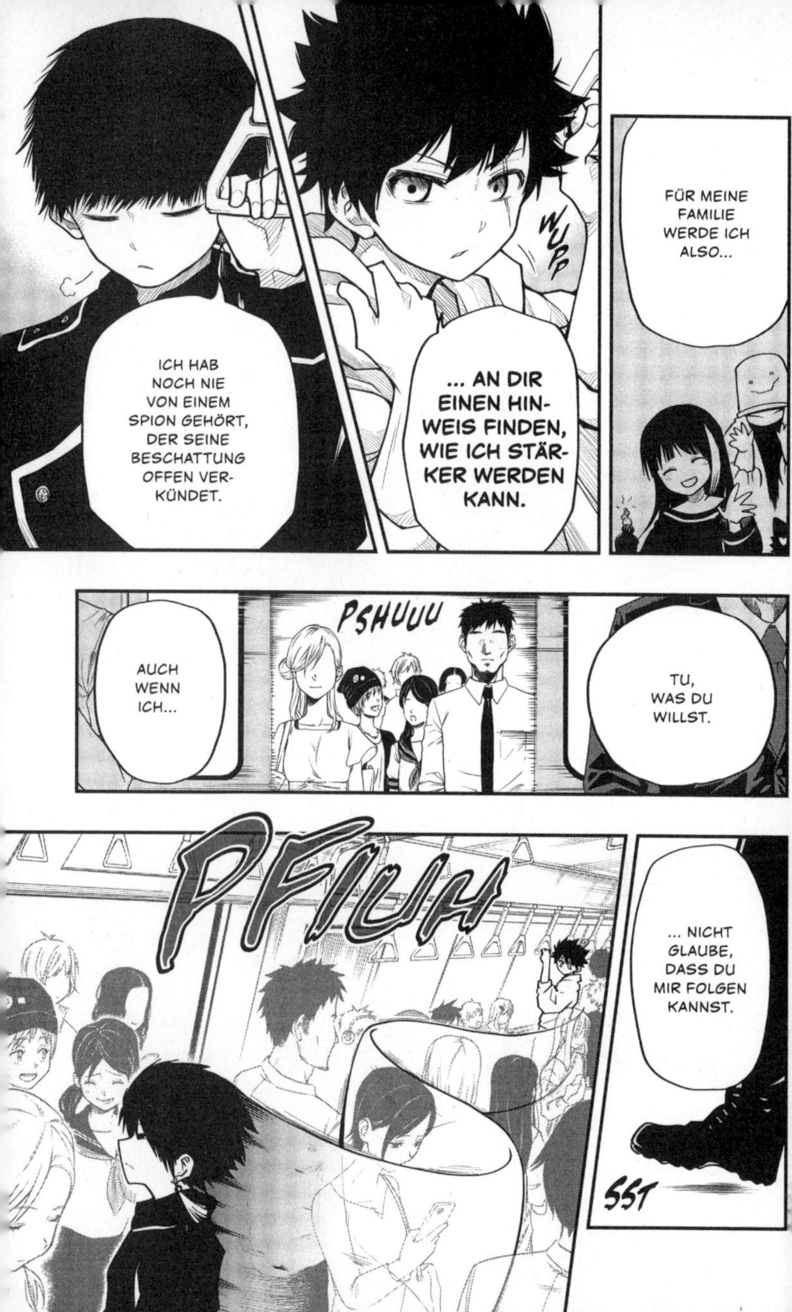
FÜR MEINE FAMILIE WERDE ICH ALSO...
WUPP
... AN DIR EINEN HINWEIS FINDEN, WIE ICH STÄRKER WERDEN KANN.
ICH HAB NOCH NIE VON EINEM SPION GEHÖRT, DER SEINE BESCHATTUNG OFFEN VERKÜNDET.
TU, WAS DU WILLST.
PSHUUU
AUCH WENN ICH...
SST
... NICHT GLAUBE, DASS DU MIR FOLGEN KANNST.
PFIUH

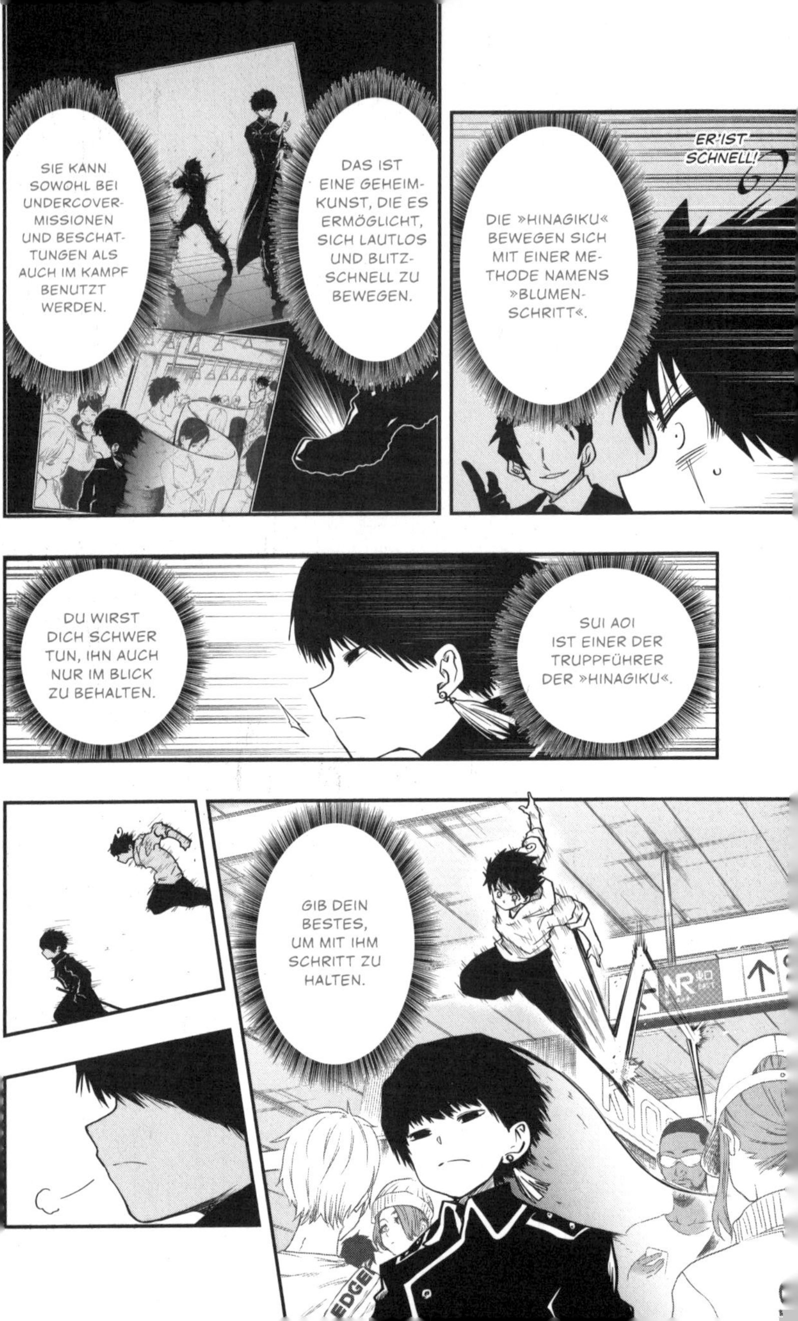

ER IST SCHNELL!
DIE »HINAGIKU« BEWEGEN SICH MIT EINER METHODE NAMENS »BLUMENSCHRITT«.
DAS IST EINE GEHEIMKUNST, DIE ES ERMÖGLICHT, SICH LAUTLOS UND BLITZSCHNELL ZU BEWEGEN.
SIE KANN SOWOHL BEI UNDERCOVERMISSIONEN UND BESCHATTUNGEN ALS AUCH IM KAMPF BENUTZT WERDEN.
SUI AOI IST EINER DER TRUPPFÜHRER DER »HINAGIKU«.
DU WIRST DICH SCHWER TUN, IHN AUCH NUR IM BLICK ZU BEHALTEN.
GIB DEIN BESTES, UM MIT IHM SCHRITT ZU HALTEN.

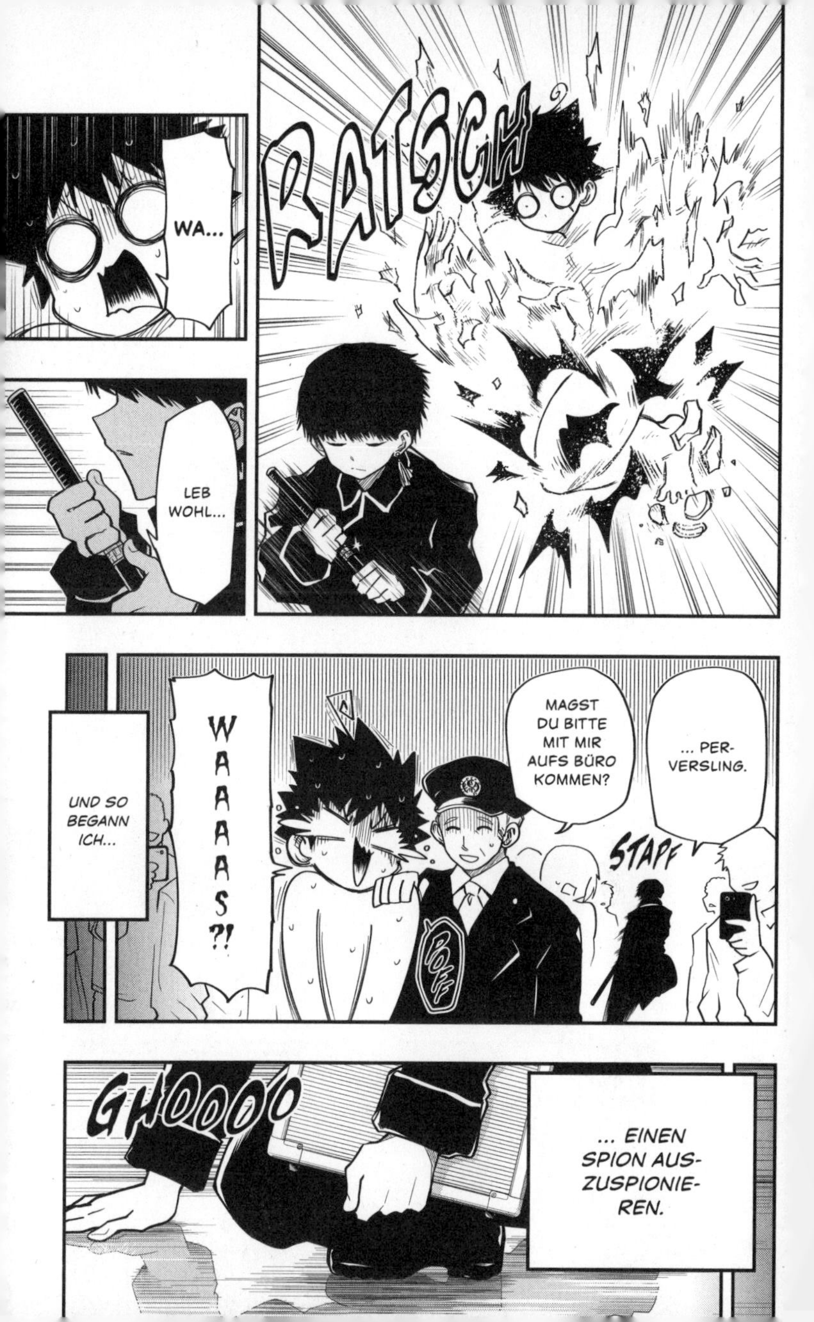
RATSCH
WA...
LEB WOHL...
... PER-VERSLING.
STAPF
MAGST DU BITTE MIT MIR AUFS BÜRO KOMMEN?
POFF
WAAAAAS?!
UND SO BEGANN ICH...
... EINEN SPION AUS-ZUSPIONIE-REN.
GHOOOO

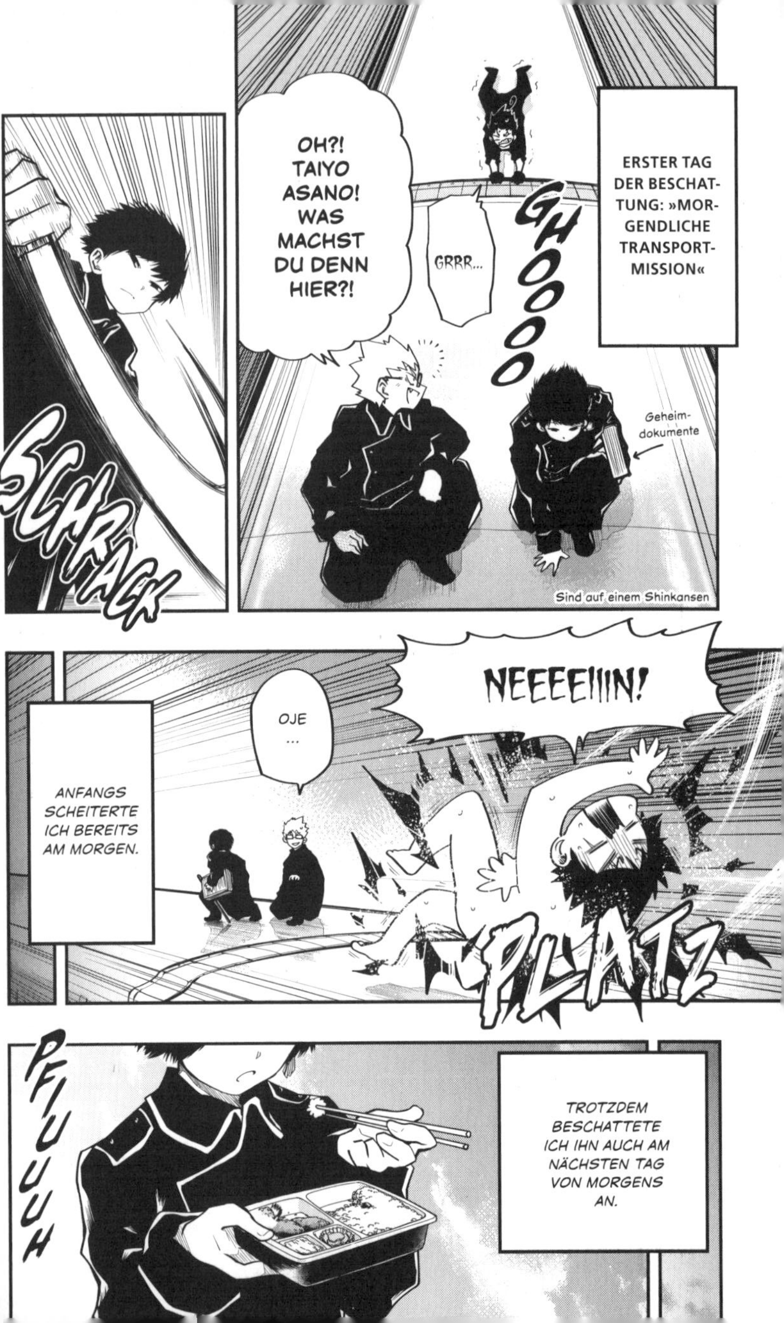

ERSTER TAG DER BESCHATTUNG: »MORGENDLICHE TRANSPORT-MISSION«
GHOOOOOO
GRRR...
OH?! TAIYO ASANO! WAS MACHST DU DENN HIER?!
Geheim-dokumente
Sind auf einem Shinkansen
SCHRACK
NEEEEIIIIN!
PLATZ
OJE ...
ANFANGS SCHEITERTE ICH BEREITS AM MORGEN.
TROTZDEM BESCHATTETE ICH IHN AUCH AM NÄCHSTEN TAG VON MORGENS AN.
PFIUUUH

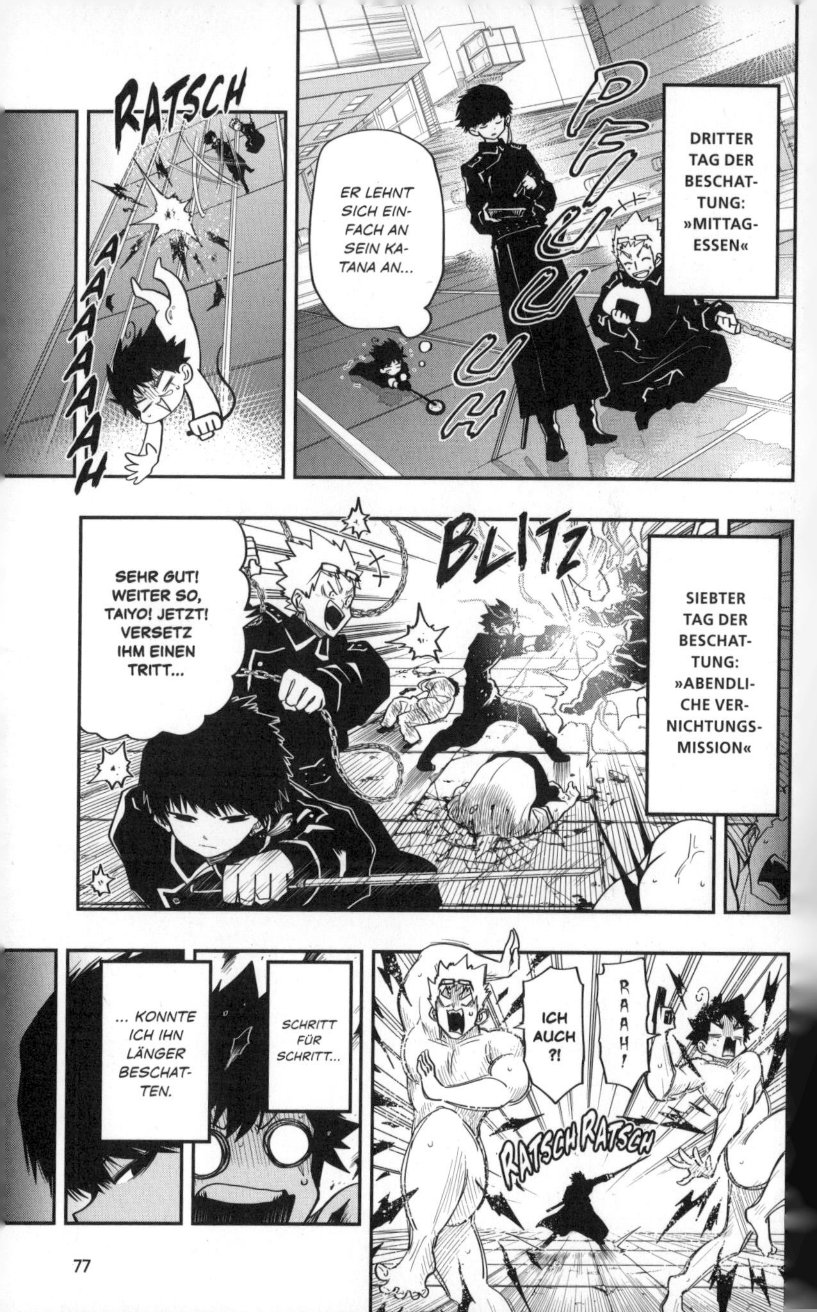

DRITTER TAG DER BESCHATTUNG: »MITTAGESSEN«
PFIUUUUH
ER LEHNT SICH EINFACH AN SEIN KATANA AN...
RATSCH
AAAAAAAAH
SIEBTER TAG DER BESCHATTUNG: »ABENDLICHE VERNICHTUNGSMISSION«
BLITZ
SEHR GUT! WEITER SO, TAIYO! JETZT! VERSETZ IHM EINEN TRITT...
RAAAH!
ICH AUCH ?!
RATSCH RATSCH
SCHRITT FÜR SCHRITT...
... KONNTE ICH IHN LÄNGER BESCHATTEN.

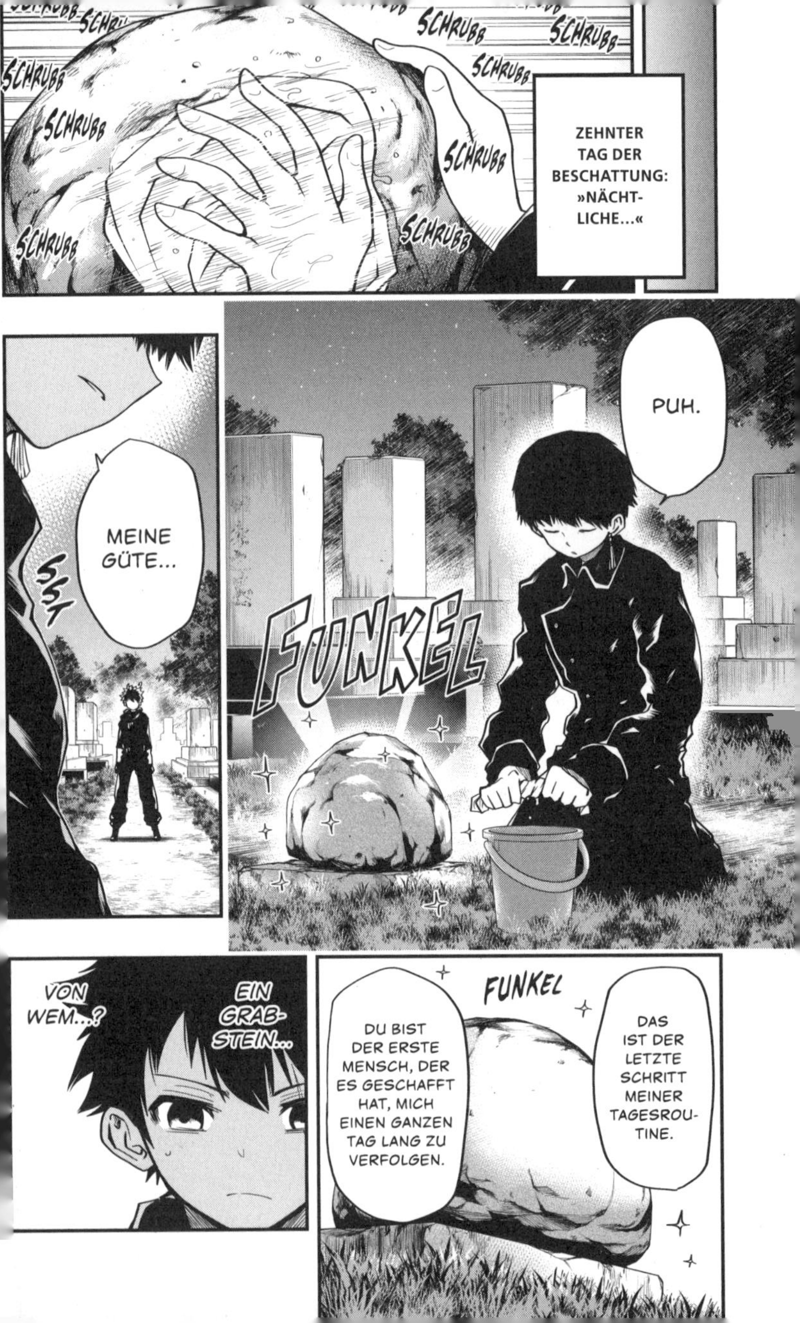
SCHRUBB
SCHRUBB
SCHRUBB
SCHRUBB
SCHRUBB
SCHRUBB
SCHRUBB
SCHRUBB
ZEHNTER TAG DER BESCHATTUNG: »NÄCHT-LICHE…«
PUH.
FUNKEL
MEINE GÜTE…
FUNKEL
DAS IST DER LETZTE SCHRITT MEINER TAGESROU-TINE.
DU BIST DER ERSTE MENSCH, DER ES GESCHAFFT HAT, MICH EINEN GANZEN TAG LANG ZU VERFOLGEN.
EIN GRAB-STEIN…
VON WEM…?

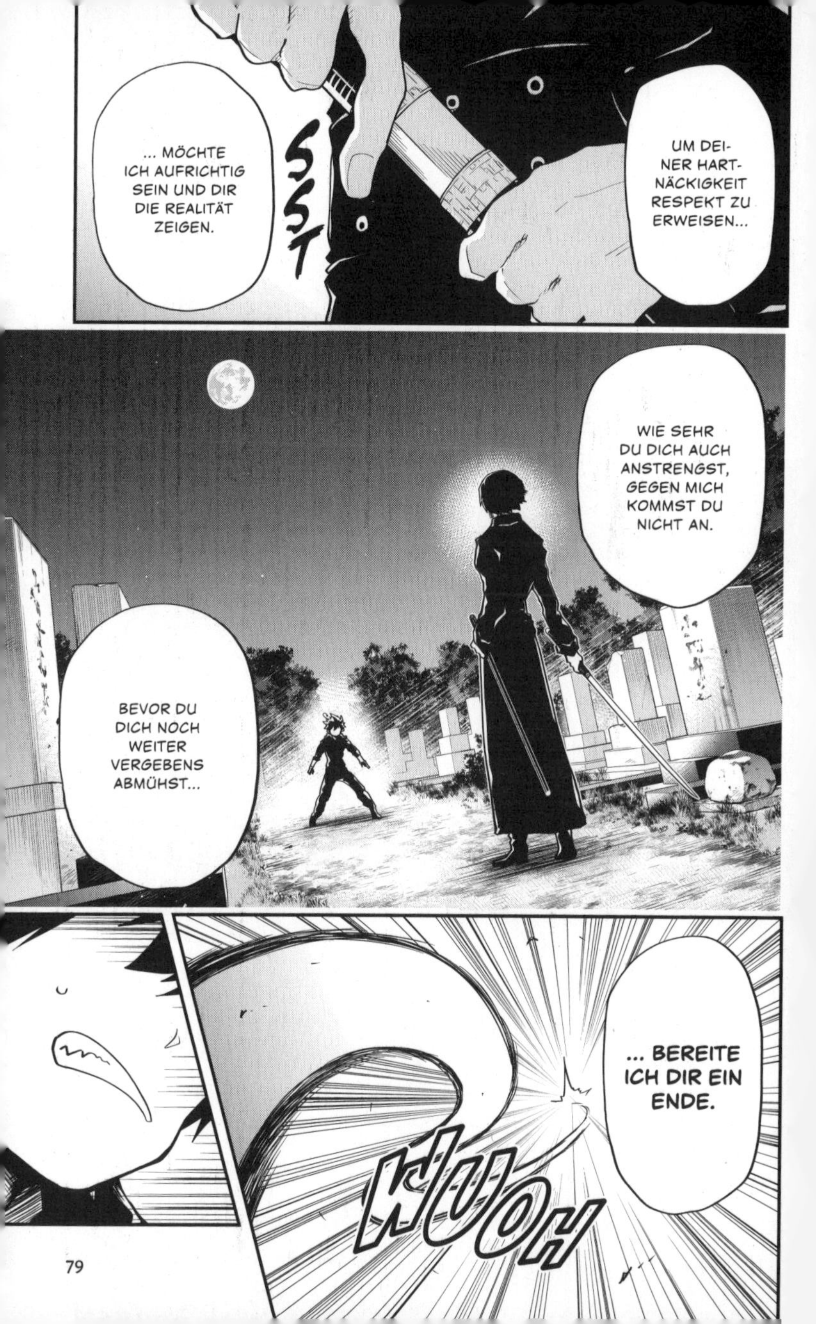
UM DEINER HARTNÄCKIGKEIT RESPEKT ZU ERWEISEN...
SST
... MÖCHTE ICH AUFRICHTIG SEIN UND DIR DIE REALITÄT ZEIGEN.
WIE SEHR DU DICH AUCH ANSTRENGST, GEGEN MICH KOMMST DU NICHT AN.
BEVOR DU DICH NOCH WEITER VERGEBENS ABMÜHST...
... BEREITE ICH DIR EIN ENDE.
WUOH

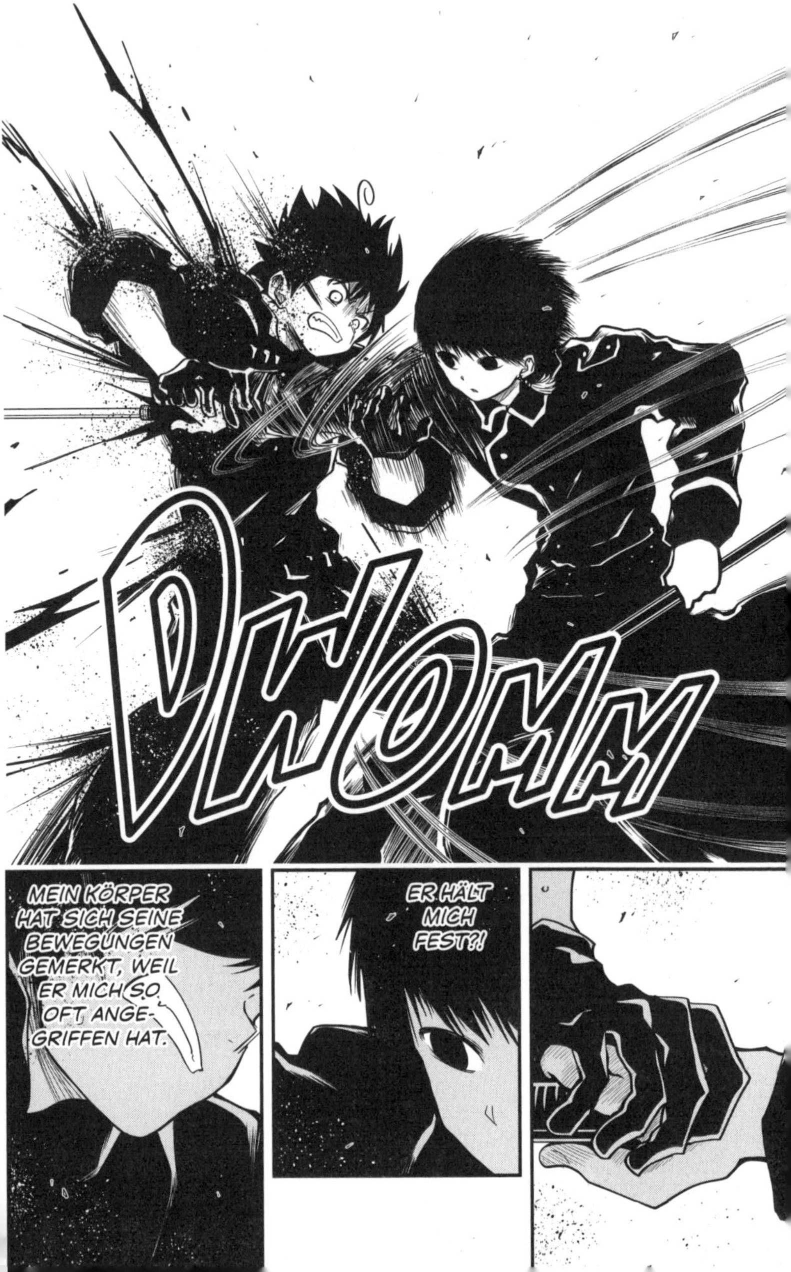
DWOMM
ER HÄLT MICH FEST?!
MEIN KÖRPER HAT SICH SEINE BEWEGUNGEN GEMERKT, WEIL ER MICH SO OFT ANGE-GRIFFEN HAT.

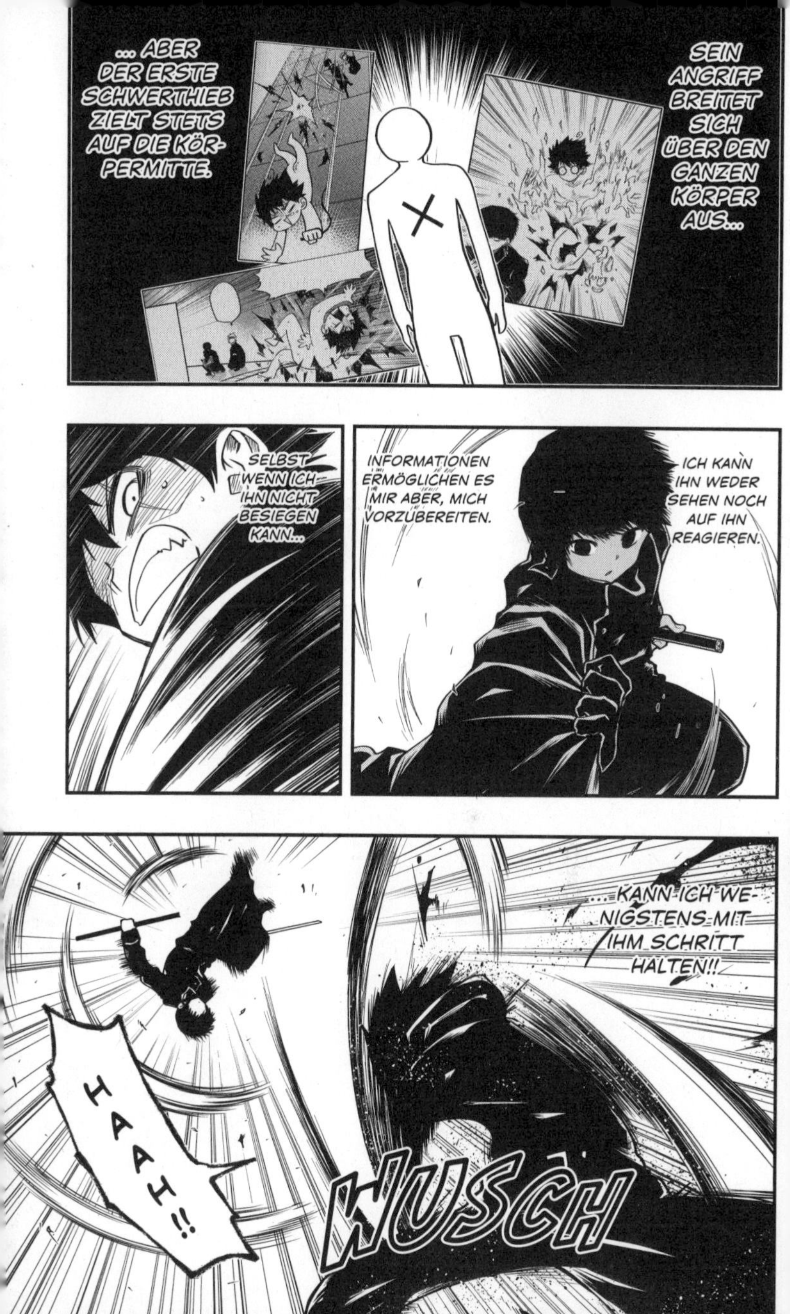
SEIN ANGRIFF BREITET SICH ÜBER DEN GANZEN KÖRPER AUS...
... ABER DER ERSTE SCHWERTHIEB ZIELT STETS AUF DIE KÖR-PERMITTE.
ICH KANN IHN WEDER SEHEN NOCH AUF IHN REAGIEREN.
INFORMATIONEN ERMÖGLICHEN ES MIR ABER, MICH VORZUBEREITEN.
SELBST WENN ICH IHN NICHT BESIEGEN KANN...
... KANN ICH WE-NIGSTENS MIT IHM SCHRITT HALTEN!!
HAAAH!!
WUSCH

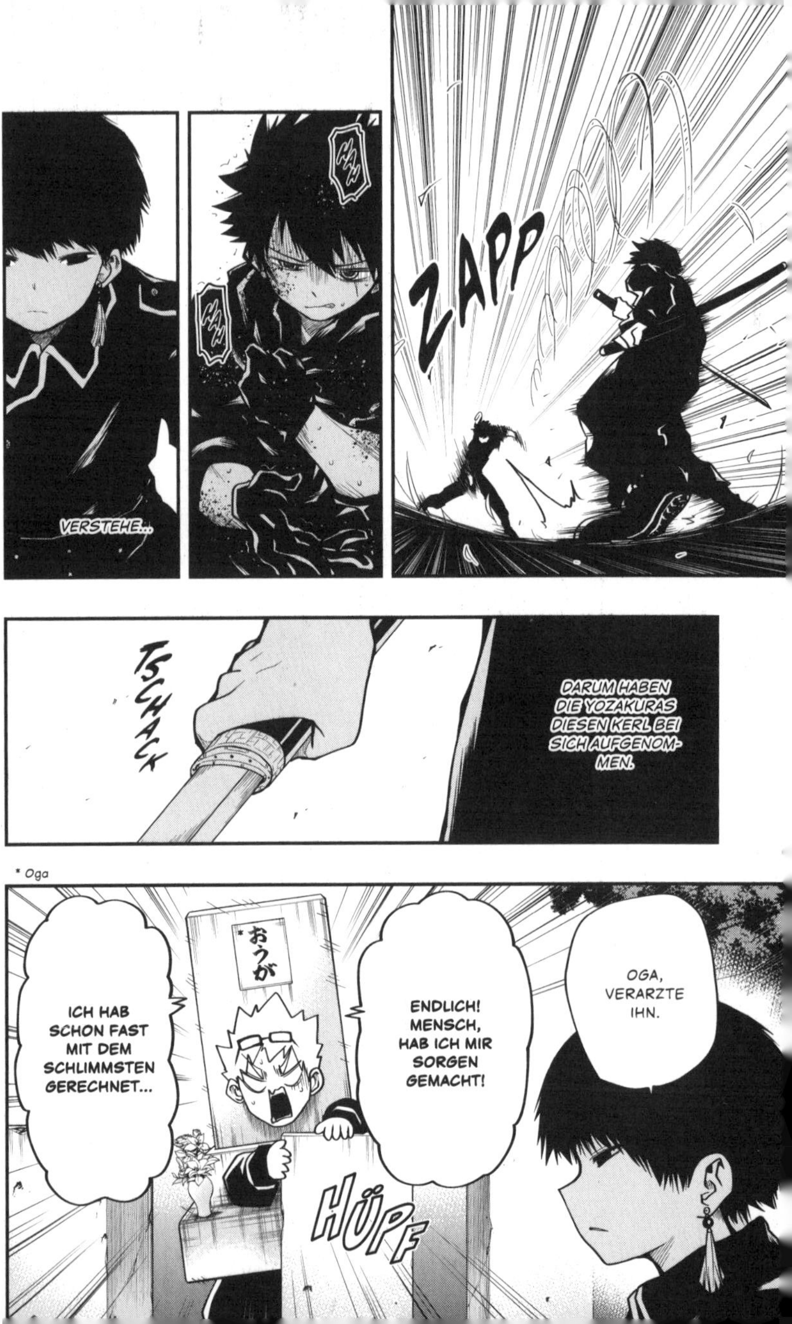

ZAPP
VERSTEHE...
DARUM HABEN DIE YOZAKURAS DIESEN KERL BEI SICH AUFGENOMMEN.
TSCHACK
OGA, VERARZTE IHN.
ENDLICH! MENSCH, HAB ICH MIR SORGEN GEMACHT!
ICH HAB SCHON FAST MIT DEM SCHLIMMSTEN GERECHNET...
* おうが
HÜPF

* Oga

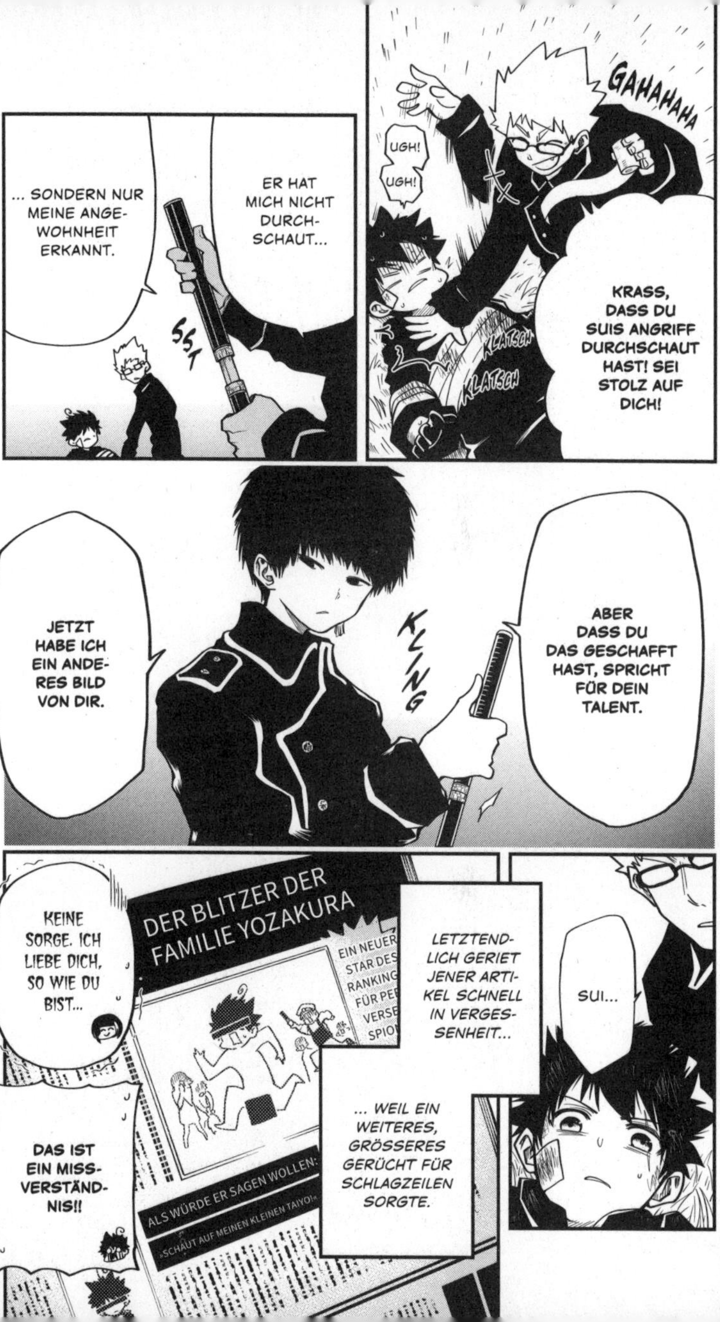
GAHAHAHA
UGH!
UGH!
KRASS, DASS DU SUIS ANGRIFF DURCHSCHAUT HAST! SEI STOLZ AUF DICH!
KLATSCH
KLATSCH
ER HAT MICH NICHT DURCHSCHAUT...
... SONDERN NUR MEINE ANGEWOHNHEIT ERKANNT.
SSK
ABER DASS DU DAS GESCHAFFT HAST, SPRICHT FÜR DEIN TALENT.
KLING
JETZT HABE ICH EIN ANDERES BILD VON DIR.
SUI...
LETZTENDLICH GERIET JENER ARTIKEL SCHNELL IN VERGESSENHEIT...
... WEIL EIN WEITERES, GRÖSSERES GERÜCHT FÜR SCHLAGZEILEN SORGTE.
DER BLITZER DER FAMILIE YOZAKURA
EIN NEUER STAR DES RANKING FÜR PER VERSE SPIO
ALS WÜRDE ER SAGEN WOLLEN:
»SCHAUT AUF MEINEN KLEINEN TAIYO!«
KEINE SORGE. ICH LIEBE DICH, SO WIE DU BIST...
DAS IST EIN MISSVERSTÄNDNIS!!

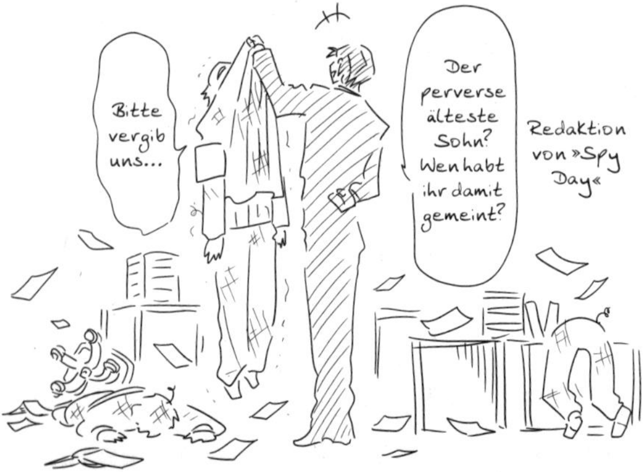
Bitte vergib uns...
Der perverse älteste Sohn? Wen habt ihr damit gemeint?
Redaktion von »Spy Day«

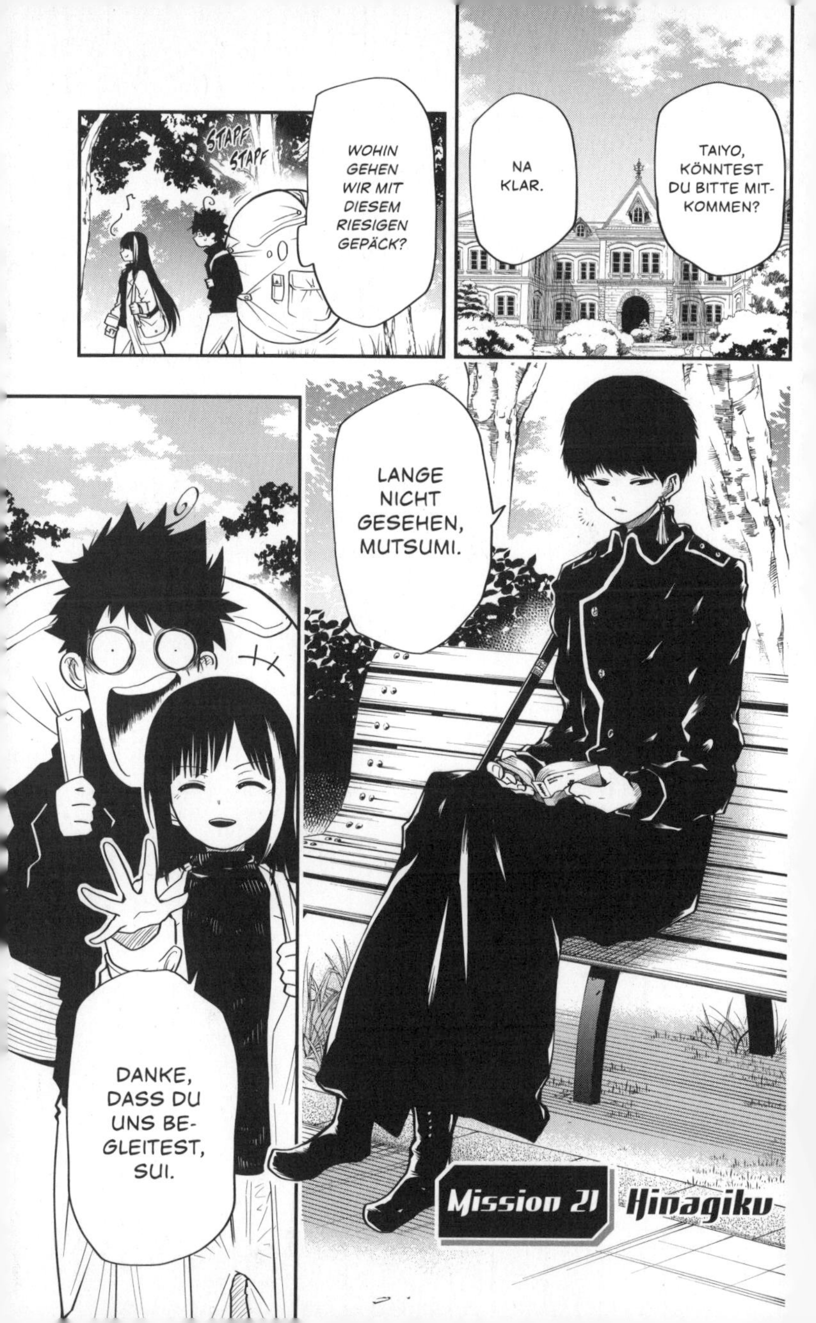
TAIYO, KÖNNTEST DU BITTE MIT-KOMMEN?
NA KLAR.
STAPF STAPF
WOHIN GEHEN WIR MIT DIESEM RIESIGEN GEPÄCK?
LANGE NICHT GESEHEN, MUTSUMI.
Mission 21 Hinagiku
DANKE, DASS DU UNS BE-GLEITEST, SUI.

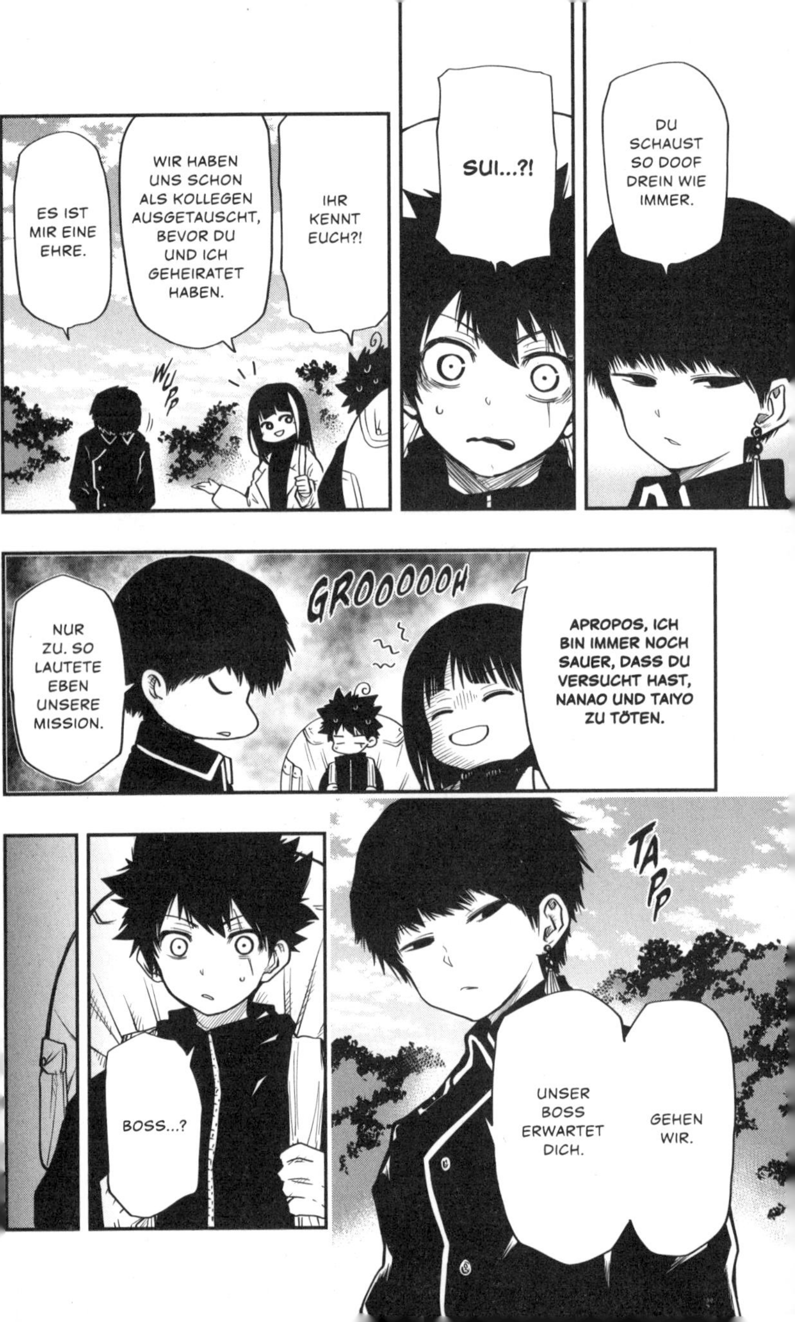
DU SCHAUST SO DOOF DREIN WIE IMMER.
SUI...?!
IHR KENNT EUCH?!
WIR HABEN UNS SCHON ALS KOLLEGEN AUSGETAUSCHT, BEVOR DU UND ICH GEHEIRATET HABEN.
ES IST MIR EINE EHRE.
WUPP
APROPOS, ICH BIN IMMER NOCH SAUER, DASS DU VERSUCHT HAST, NANAO UND TAIYO ZU TÖTEN.
GROOOOOH
NUR ZU. SO LAUTETE EBEN UNSERE MISSION.
TAPP
GEHEN WIR.
UNSER BOSS ERWARTET DICH.
BOSS...?

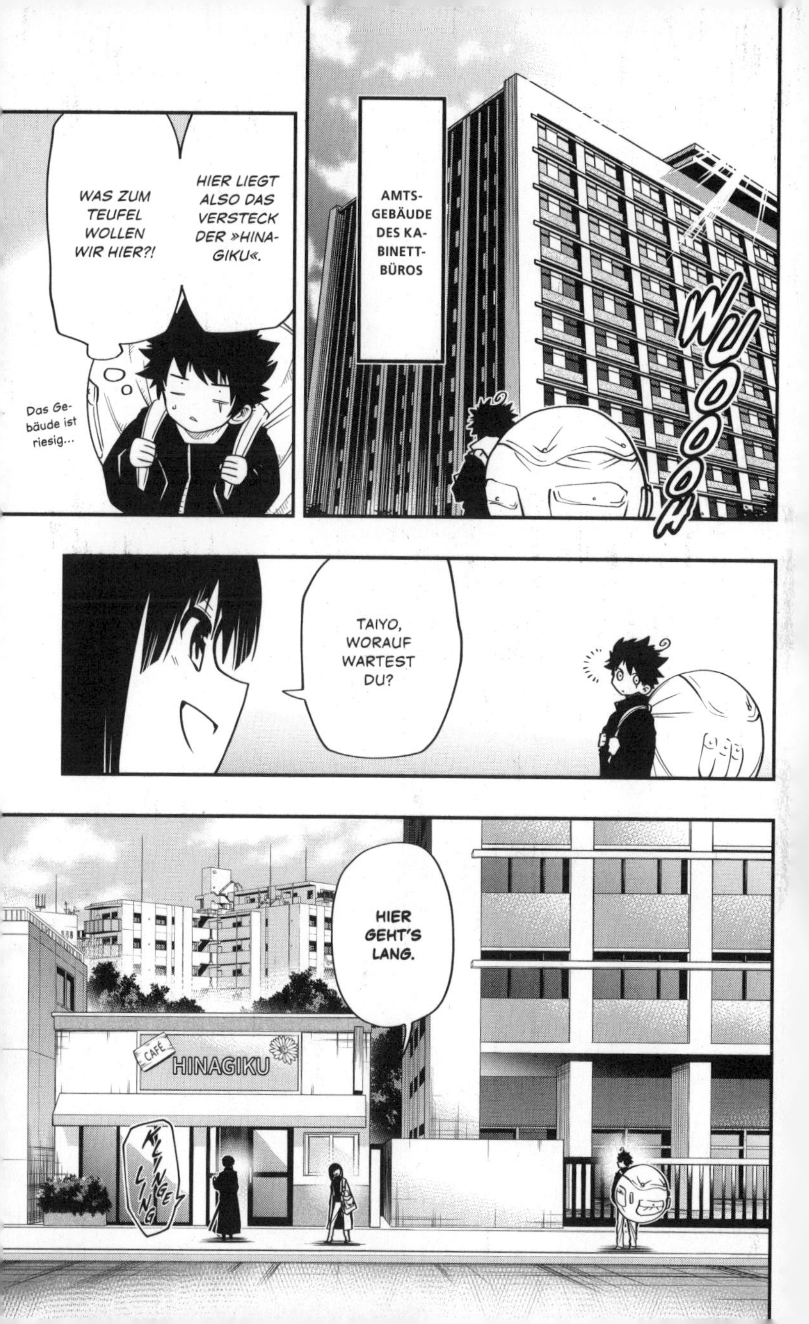
AMTS-GEBÄUDE DES KABINETT-BÜROS
WUOOOOH
HIER LIEGT ALSO DAS VERSTECK DER »HINAGIKU«.
WAS ZUM TEUFEL WOLLEN WIR HIER?!
Das Gebäude ist riesig...
TAIYO, WORAUF WARTEST DU?
HIER GEHT'S LANG.
CAFÉ
HINAGIKU
KLINGELING

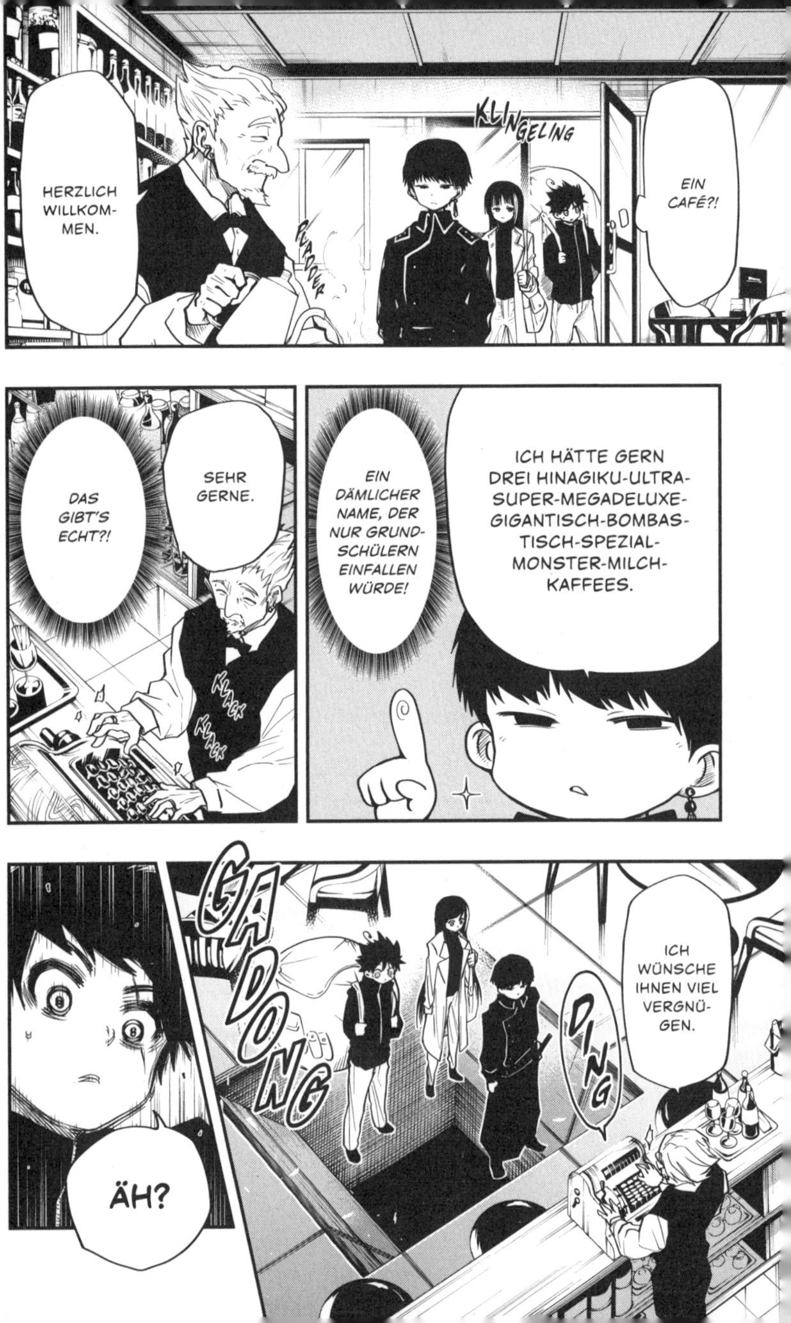
EIN CAFÉ?!
KLINGELING
PLADDER
HERZLICH WILLKOMMEN.
ICH HÄTTE GERN DREI HINAGIKU-ULTRA-SUPER-MEGADELUXE-GIGANTISCH-BOMBASTISCH-SPEZIAL-MONSTER-MILCH-KAFFEES.
EIN DÄMLICHER NAME, DER NUR GRUNDSCHÜLERN EINFALLEN WÜRDE!
SEHR GERNE.
DAS GIBT'S ECHT?!
KLACK
KLACK
ICH WÜNSCHE IHNEN VIEL VERGNÜGEN.
DING
GADONG
ÄH?

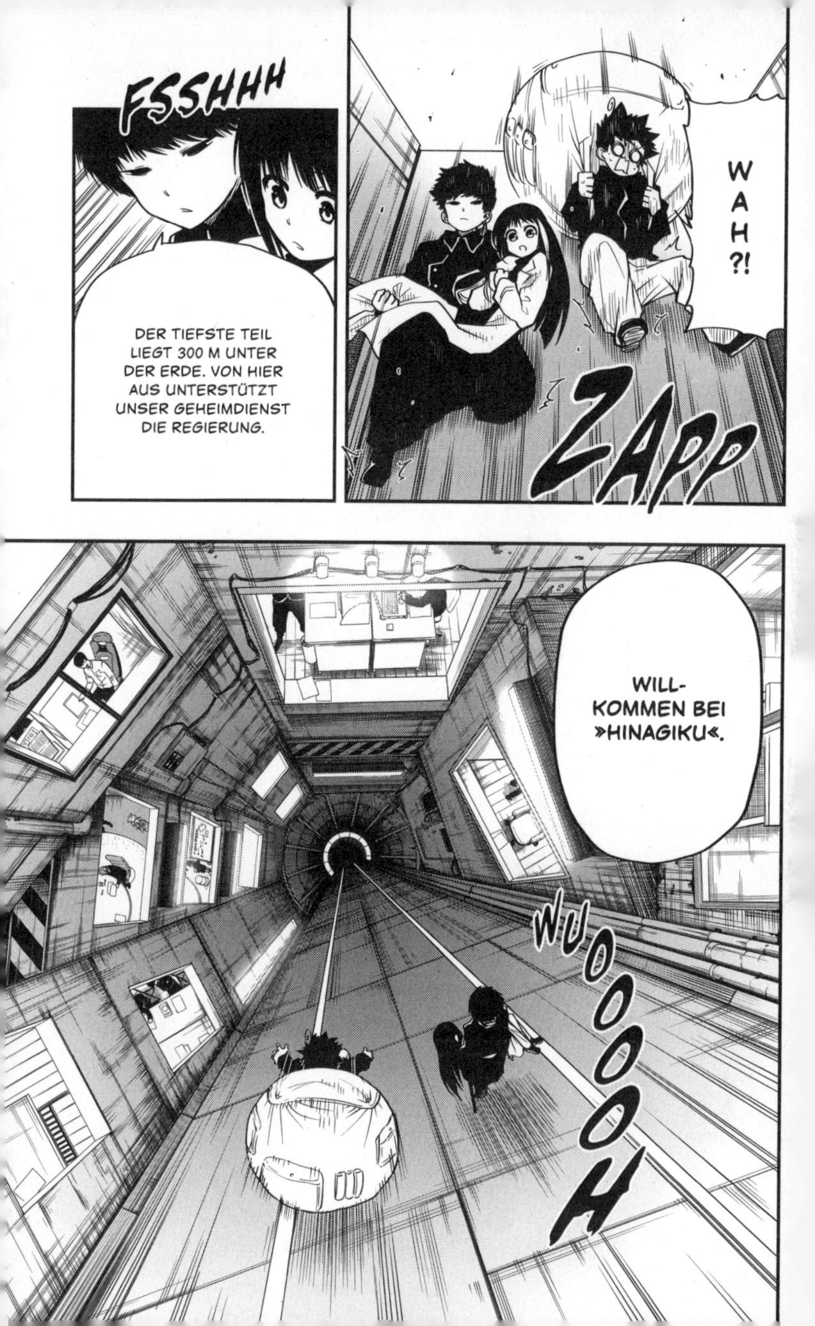
WAH?!
ZAPP
FSSHHH
DER TIEFSTE TEIL LIEGT 300 M UNTER DER ERDE. VON HIER AUS UNTERSTÜTZT UNSER GEHEIMDIENST DIE REGIERUNG.
WILL-KOMMEN BEI »HINAGIKU«.
WUOOOOOH

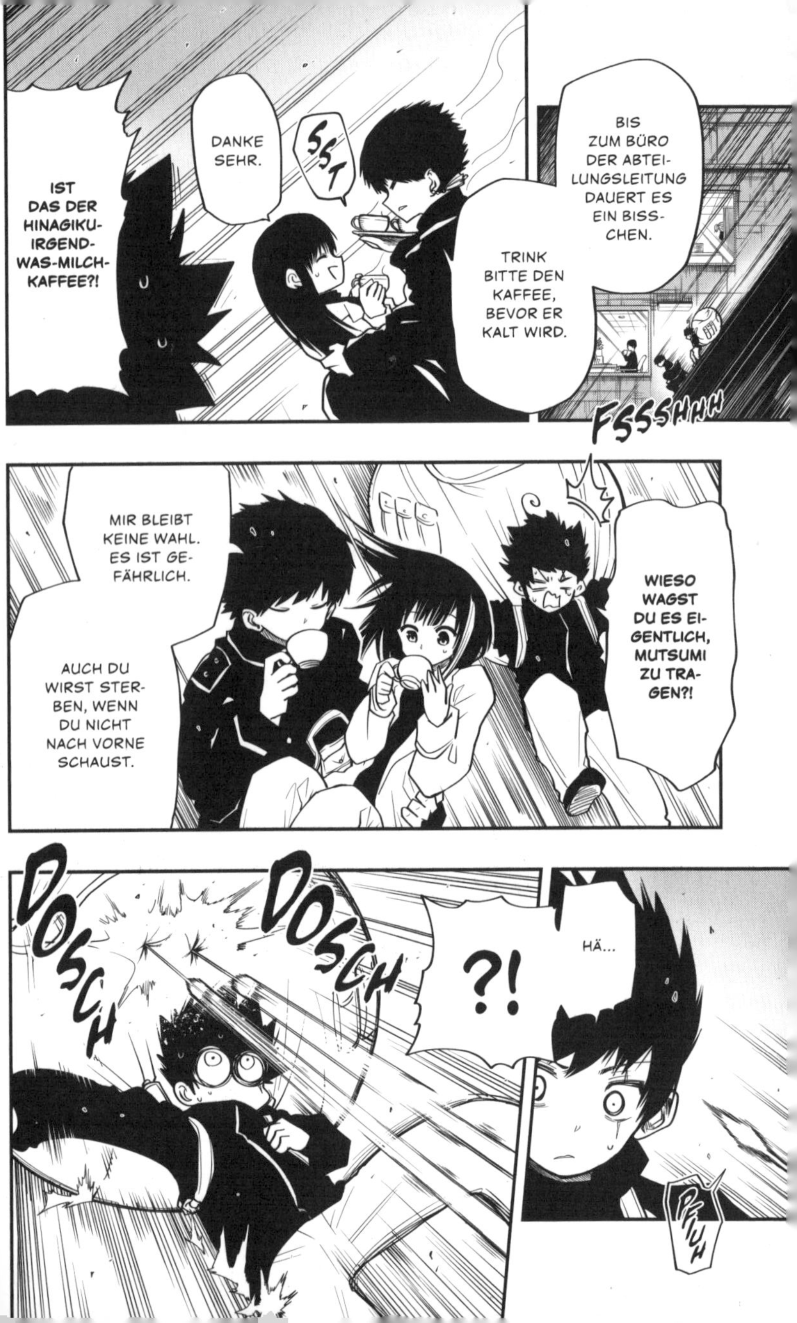
BIS ZUM BÜRO DER ABTEI-LUNGSLEITUNG DAUERT ES EIN BISS-CHEN.
TRINK BITTE DEN KAFFEE, BEVOR ER KALT WIRD.
FSSSHHH
SST
DANKE SEHR.
IST DAS DER HINAGIKU-IRGEND-WAS-MILCH-KAFFEE?!
WIESO WAGST DU ES EI-GENTLICH, MUTSUMI ZU TRA-GEN?!
MIR BLEIBT KEINE WAHL. ES IST GE-FÄHRLICH.
AUCH DU WIRST STER-BEN, WENN DU NICHT NACH VORNE SCHAUST.
HÄ…
PFIUH
?!
DOSCH
DOSCH

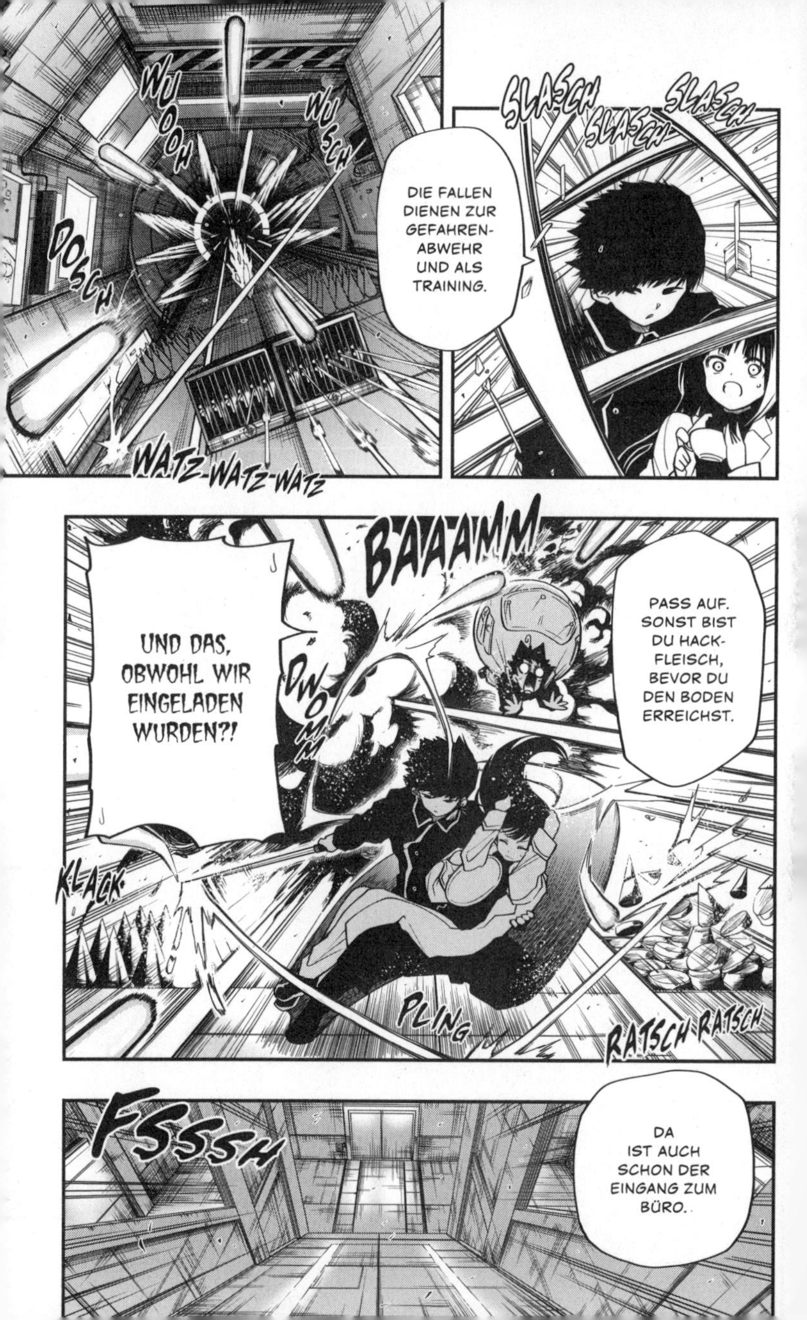
SLASCH SLASCH SLASCH
DIE FALLEN DIENEN ZUR GEFAHREN-ABWEHR UND ALS TRAINING.
WUSCH
WUOOOH
DOSCH
WATZ WATZ WATZ
BAAAMM
PASS AUF. SONST BIST DU HACK-FLEISCH, BEVOR DU DEN BODEN ERREICHST.
DWOMM
UND DAS, OBWOHL WIR EINGELADEN WURDEN?!
KLACK
PLING
RATSCH RATSCH
DA IST AUCH SCHON DER EINGANG ZUM BÜRO.
FSSSH

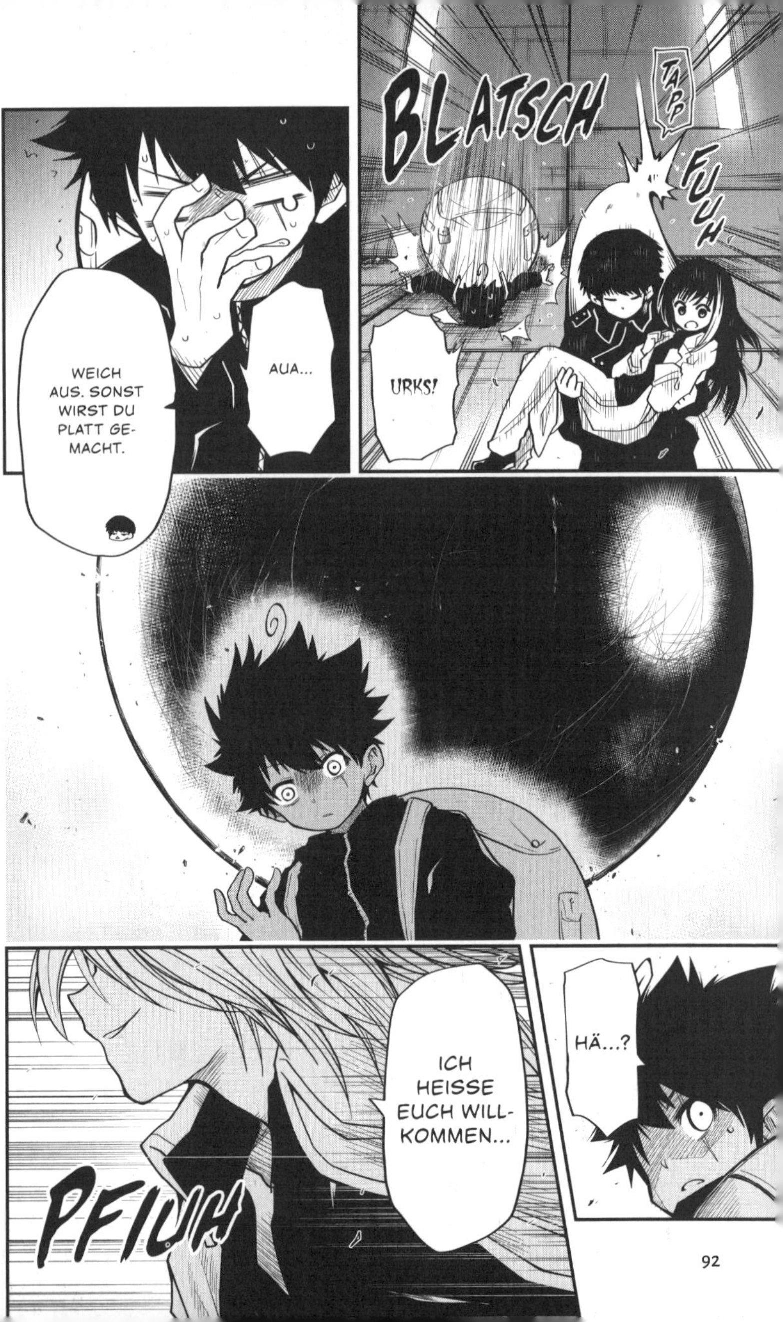
BLATSCH
TAPP
FUUH
URKS!
AUA...
WEICH AUS. SONST WIRST DU PLATT GE-MACHT.
HÄ...?
ICH HEISSE EUCH WILL-KOMMEN...
PFIUH

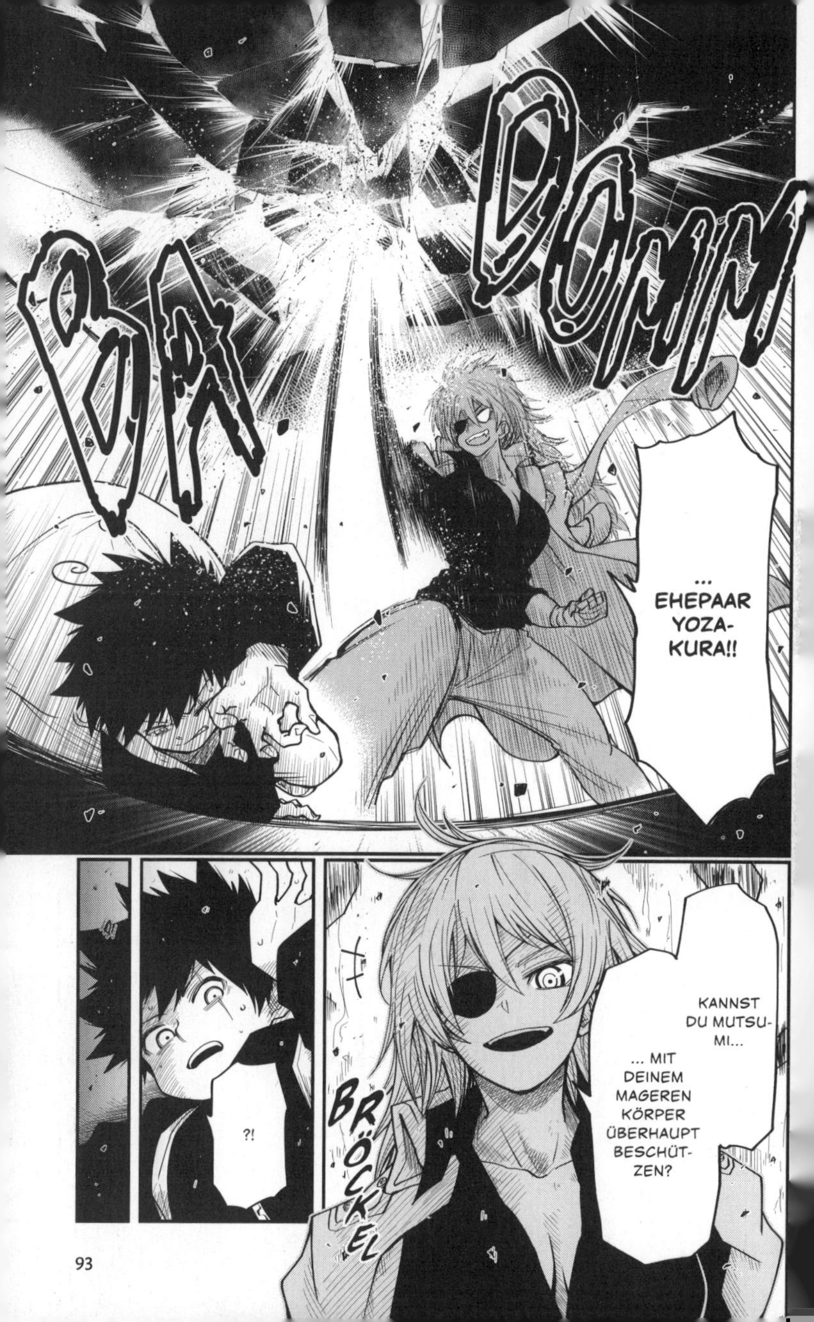
... EHEPAAR YOZA-KURA!!
KANNST DU MUTSU-MI...
... MIT DEINEM MAGEREN KÖRPER ÜBERHAUPT BESCHÜT-ZEN?
BRÖCKEL
?!

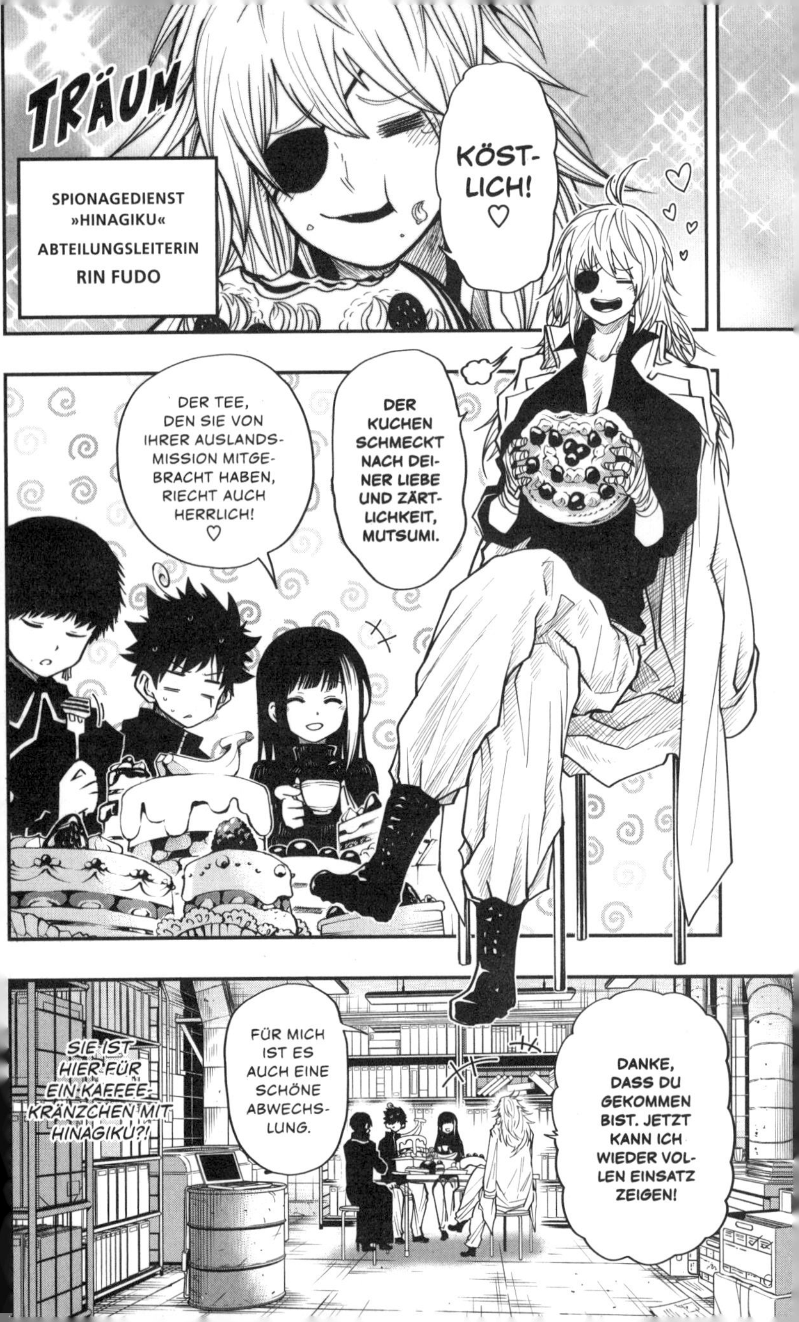
TRÄUM
SPIONAGEDIENST »HINAGIKU« ABTEILUNGSLEITERIN RIN FUDO
KÖST-LICH! ♡
DER KUCHEN SCHMECKT NACH DEI-NER LIEBE UND ZÄRT-LICHKEIT, MUTSUMI.
DER TEE, DEN SIE VON IHRER AUSLANDS-MISSION MITGE-BRACHT HABEN, RIECHT AUCH HERRLICH! ♡
DANKE, DASS DU GEKOMMEN BIST. JETZT KANN ICH WIEDER VOL-LEN EINSATZ ZEIGEN!
FÜR MICH IST ES AUCH EINE SCHÖNE ABWECHS-LUNG.
SIE IST HIER FÜR EIN KAFFEE-KRÄNZCHEN MIT HINAGIKU?!

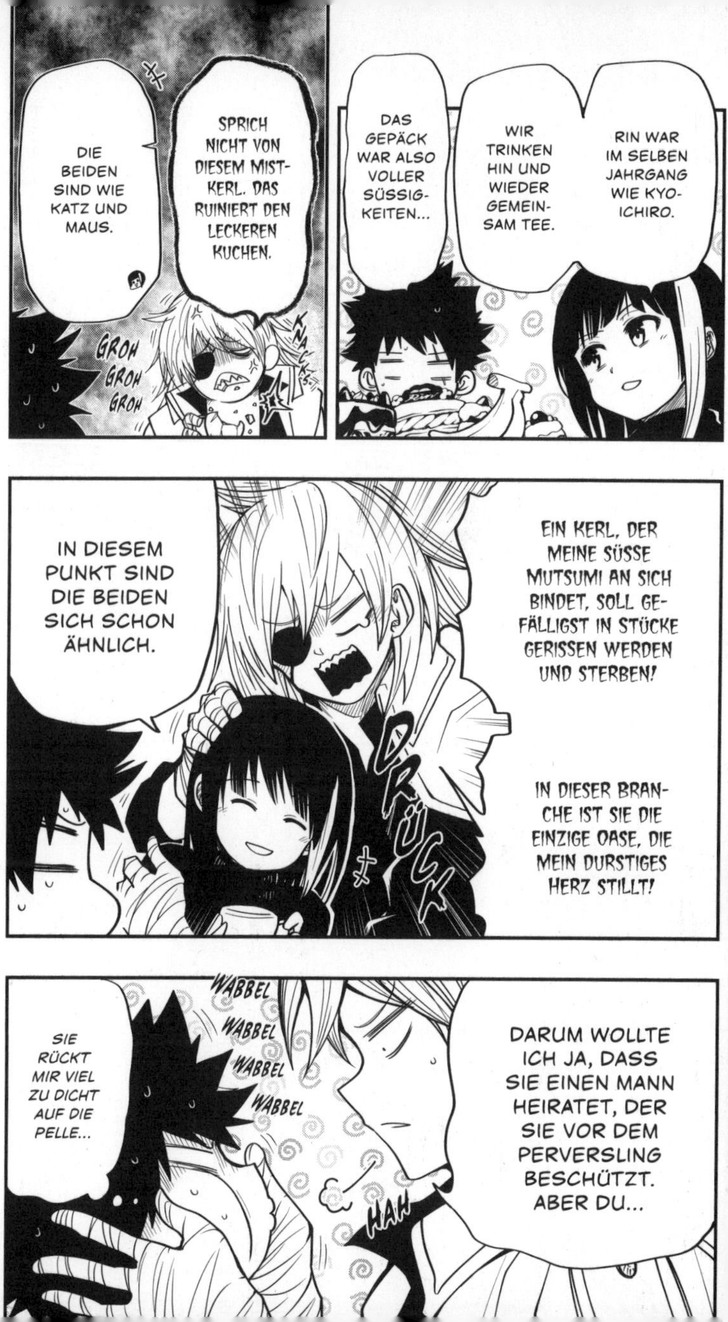
RIN WAR IM SELBEN JAHRGANG WIE KYO-ICHIRO.
WIR TRINKEN HIN UND WIEDER GEMEIN-SAM TEE.
DAS GEPÄCK WAR ALSO VOLLER SÜSSIG-KEITEN...
SPRICH NICHT VON DIESEM MIST-KERL. DAS RUINIERT DEN LECKEREN KUCHEN.
KNACKS
DIE BEIDEN SIND WIE KATZ UND MAUS.
GROH GROH GROH
EIN KERL, DER MEINE SÜSSE MUTSUMI AN SICH BINDET, SOLL GE-FÄLLIGST IN STÜCKE GERISSEN WERDEN UND STERBEN!
IN DIESER BRAN-CHE IST SIE DIE EINZIGE OASE, DIE MEIN DURSTIGES HERZ STILLT!
DRÜCK
IN DIESEM PUNKT SIND DIE BEIDEN SICH SCHON ÄHNLICH.
DARUM WOLLTE ICH JA, DASS SIE EINEN MANN HEIRATET, DER SIE VOR DEM PERVERSLING BESCHÜTZT. ABER DU...
HAH
WABBEL WABBEL WABBEL WABBEL
SIE RÜCKT MIR VIEL ZU DICHT AUF DIE PELLE...

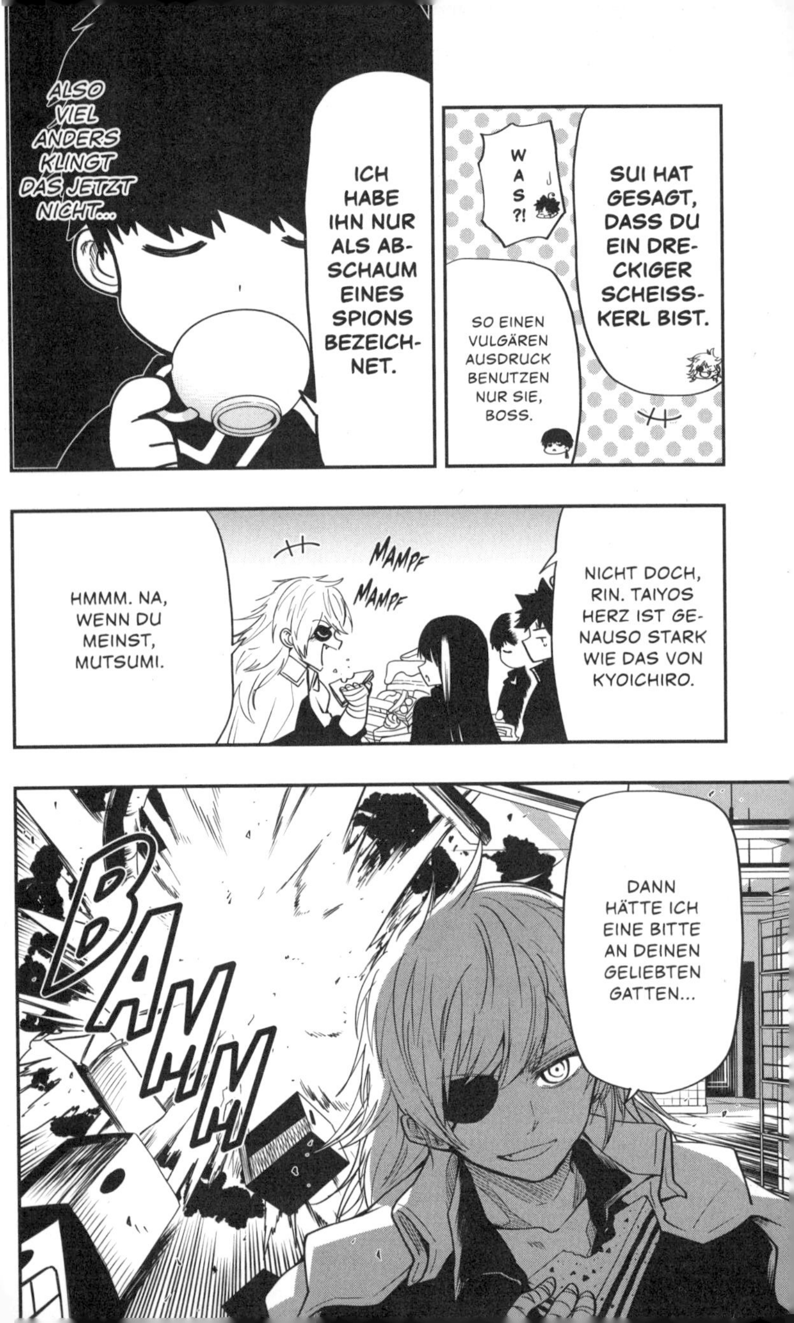
SUI HAT GESAGT, DASS DU EIN DRECKIGER SCHEISSKERL BIST.
WAS?!
SO EINEN VULGÄREN AUSDRUCK BENUTZEN NUR SIE, BOSS.
ICH HABE IHN NUR ALS ABSCHAUM EINES SPIONS BEZEICHNET.
ALSO VIEL ANDERS KLINGT DAS JETZT NICHT...
NICHT DOCH, RIN. TAIYOS HERZ IST GENAUSO STARK WIE DAS VON KYOICHIRO.
MAMPF
MAMPF
HMMM. NA, WENN DU MEINST, MUTSUMI.
DANN HÄTTE ICH EINE BITTE AN DEINEN GELIEBTEN GATTEN...

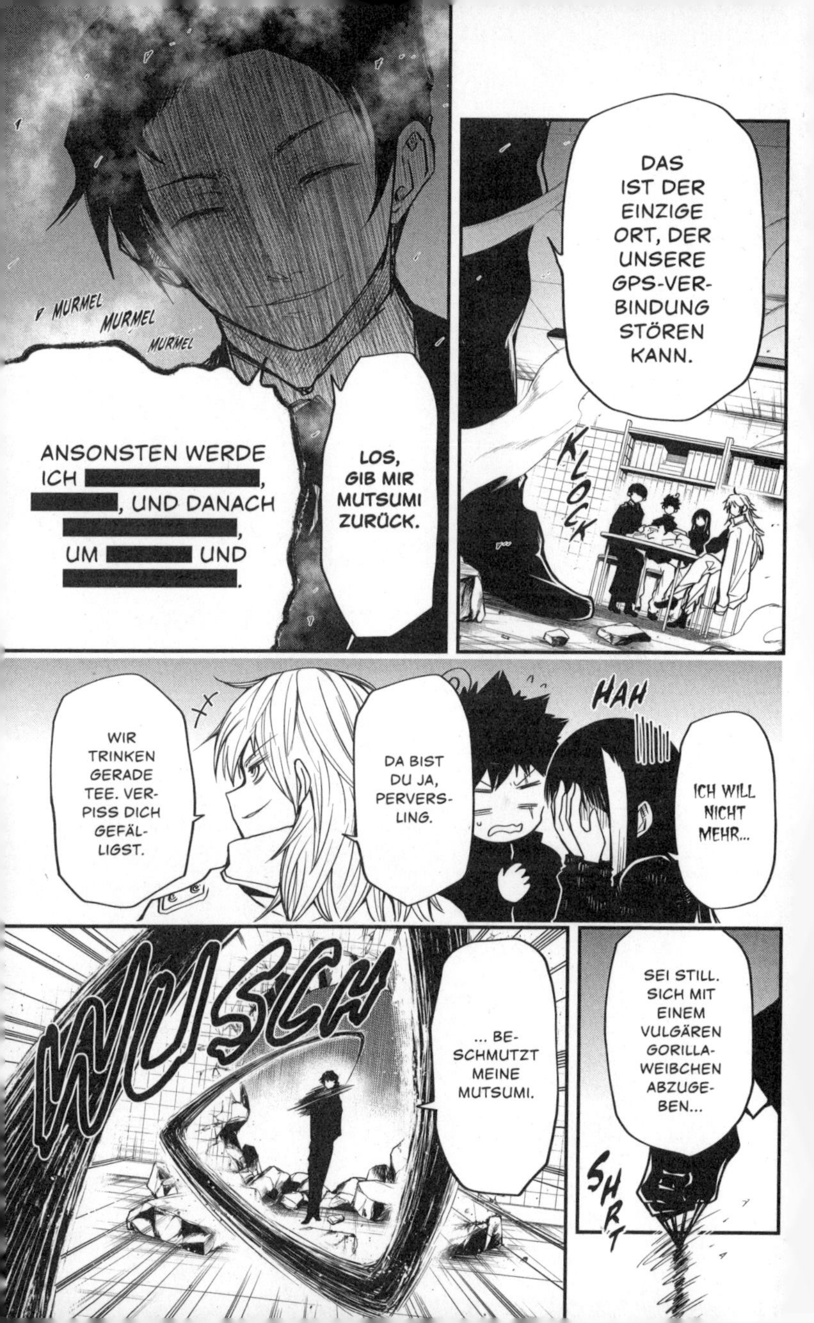

DAS IST DER EINZIGE ORT, DER UNSERE GPS-VERBINDUNG STÖREN KANN.
KLOCK
MURMEL MURMEL MURMEL
LOS, GIB MIR MUTSUMI ZURÜCK.
ANSONSTEN WERDE ICH ██████, ██████, UND DANACH ██████, UM ██████ UND ██████.
HAH
ICH WILL NICHT MEHR...
DA BIST DU JA, PERVERSLING.
WIR TRINKEN GERADE TEE. VERPISS DICH GEFÄLLIGST.
SEI STILL. SICH MIT EINEM VULGÄREN GORILLAWEIBCHEN ABZUGEBEN...
SHRT
... BESCHMUTZT MEINE MUTSUMI.
WUSCH

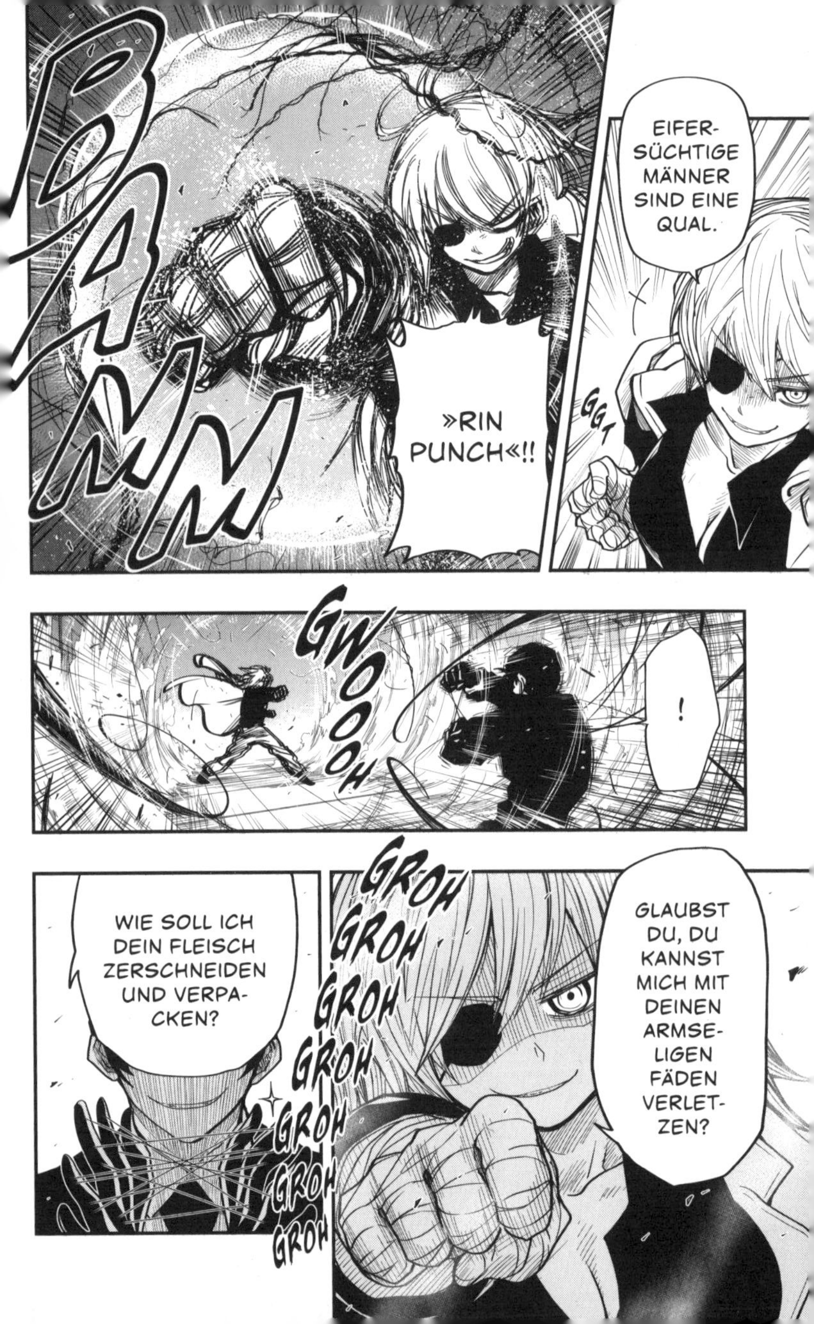
EIFERSÜCHTIGE MÄNNER SIND EINE QUAL.
»RIN PUNCH«!!
BAMM
!
GWOOOOH
GLAUBST DU, DU KANNST MICH MIT DEINEN ARMSELIGEN FÄDEN VERLETZEN?
GROH GROH GROH GROH GROH GROH GROH
WIE SOLL ICH DEIN FLEISCH ZERSCHNEIDEN UND VERPACKEN?

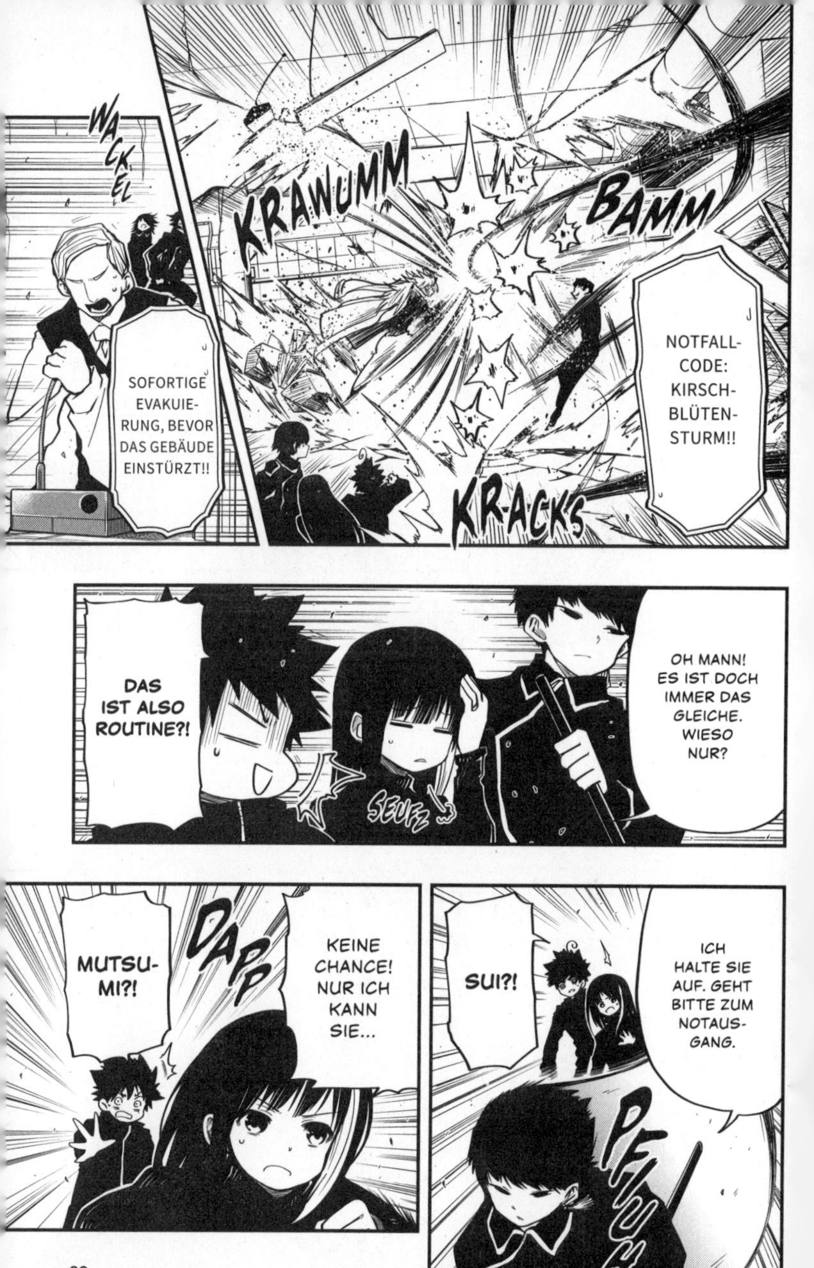
NOTFALL-CODE: KIRSCH-BLÜTEN-STURM!!
BAMM
KRAWUMM
KRACKS
WACKEL
SOFORTIGE EVAKUIE-RUNG, BEVOR DAS GEBÄUDE EINSTÜRZT!!
OH MANN! ES IST DOCH IMMER DAS GLEICHE. WIESO NUR?
SEUFZ
DAS IST ALSO ROUTINE?!
ICH HALTE SIE AUF. GEHT BITTE ZUM NOTAUS-GANG.
SUI?!
PFFUH
KEINE CHANCE! NUR ICH KANN SIE...
DAPP
MUTSU-MI?!

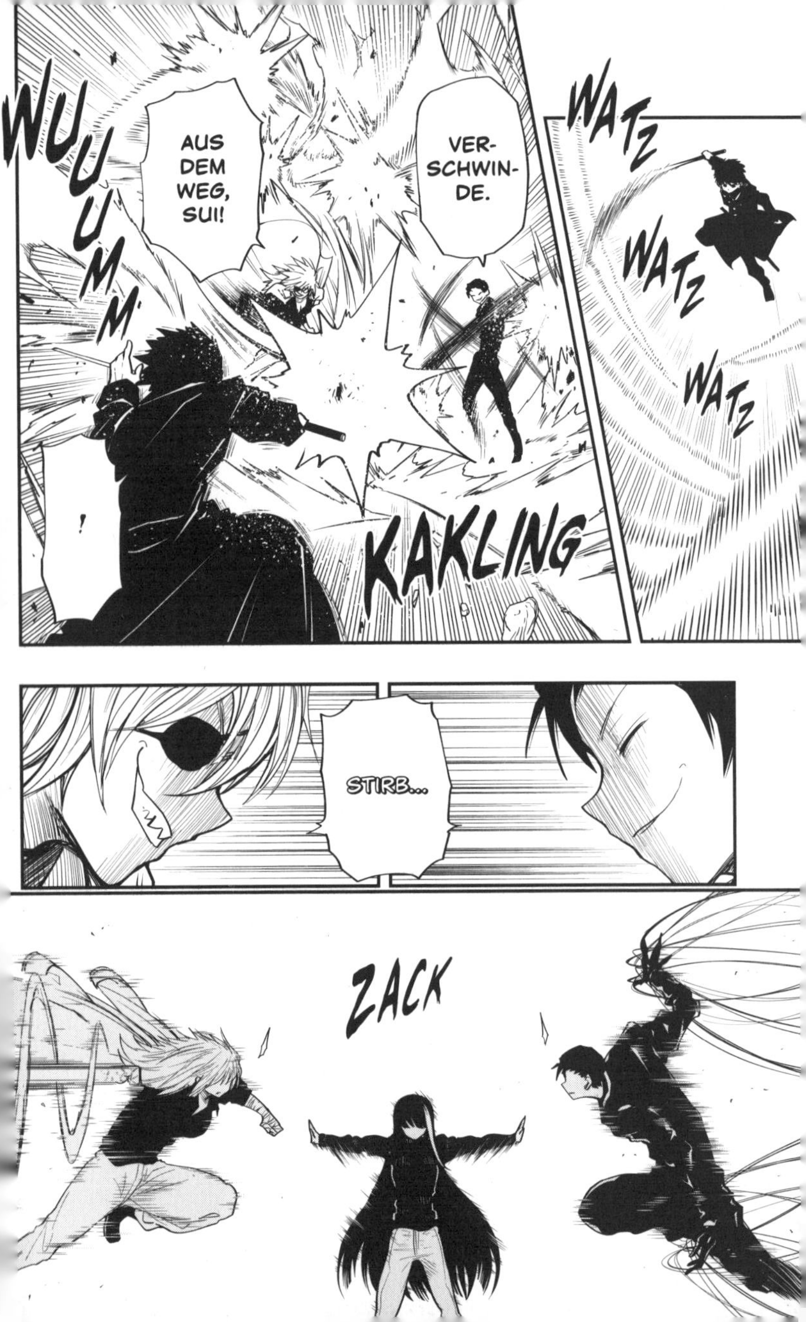
WATZ
WATZ
WATZ
VER-
SCHWIN-
DE.
AUS
DEM
WEG,
SUI!
WUUUMM
KAKLING
STIRB...
ZACK

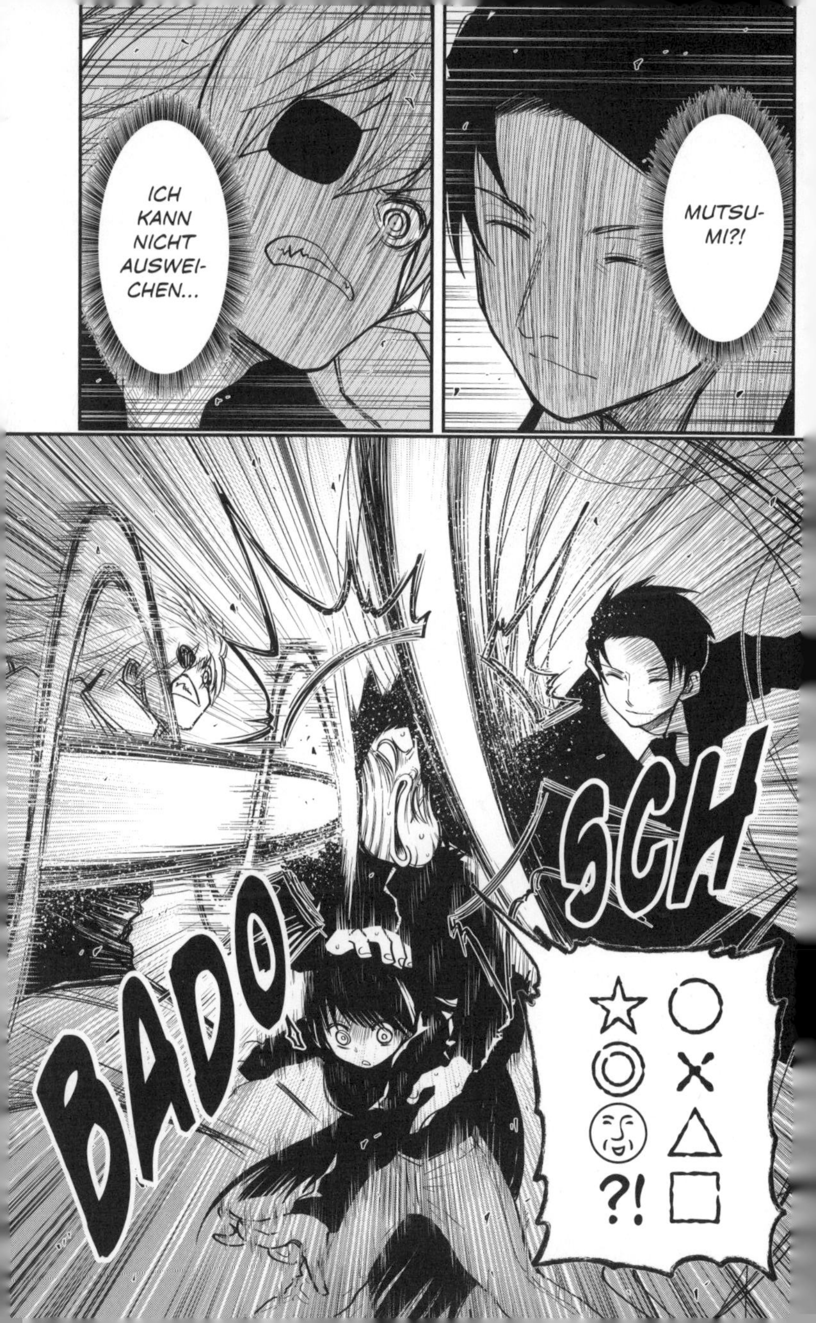
MUTSU-MI?!
ICH KANN NICHT AUSWEI-CHEN...
SCH
BADO
☆ ○ ◎ × △ ?! □

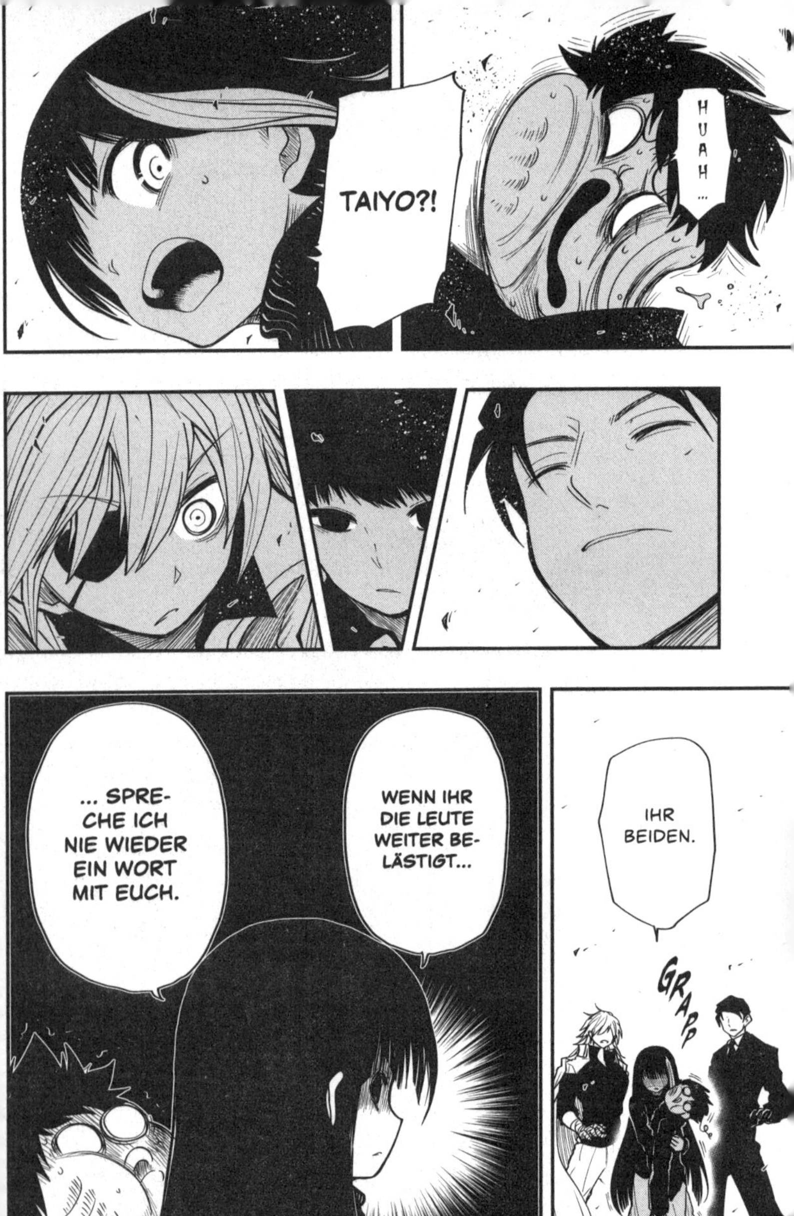
HUAH ...
TAIYO?!
IHR BEIDEN.
GRAPP
WENN IHR DIE LEUTE WEITER BE-LÄSTIGT...
... SPRE-CHE ICH NIE WIEDER EIN WORT MIT EUCH.

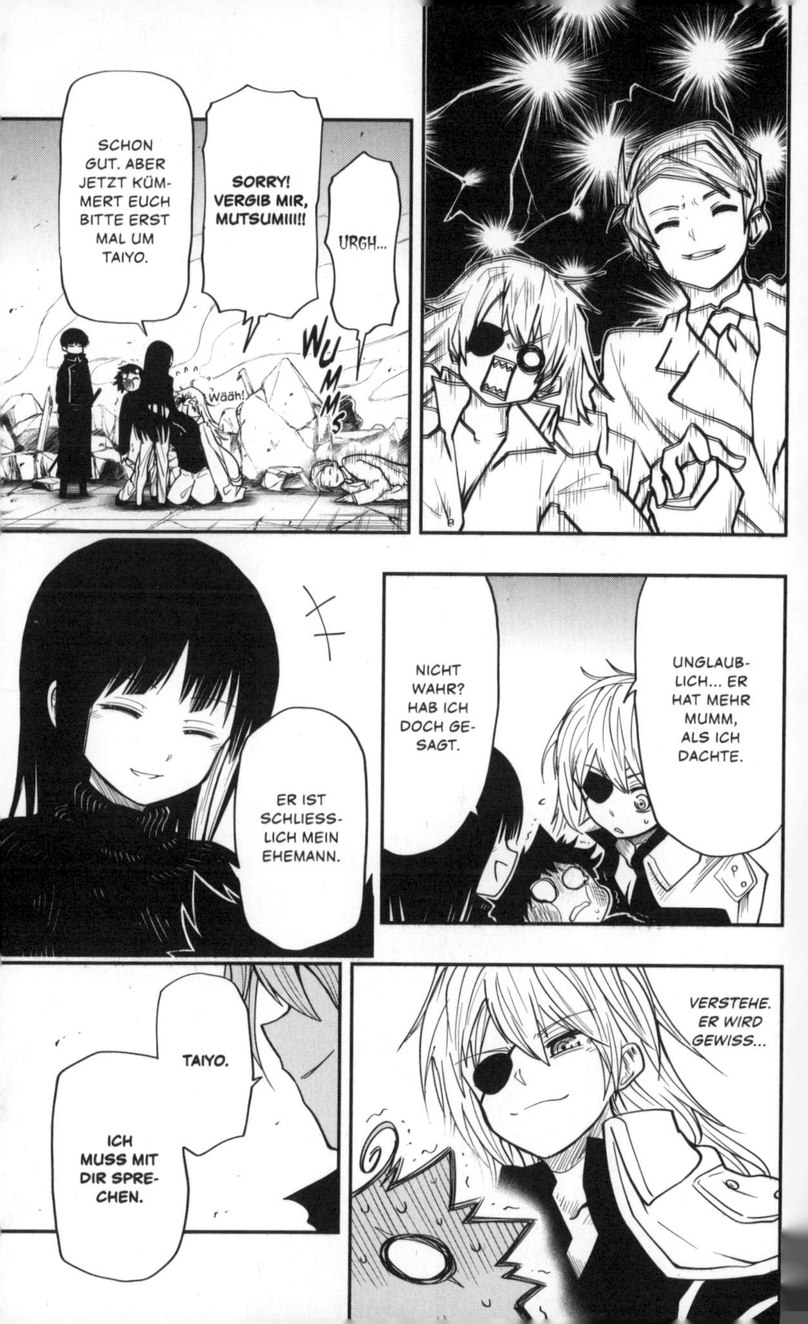
URGH...
SORRY! VERGIB MIR, MUTSUMI!!!
SCHON GUT. ABER JETZT KÜMMERT EUCH BITTE ERST MAL UM TAIYO.
WUMMS
Wääh!
UNGLAUBLICH... ER HAT MEHR MUMM, ALS ICH DACHTE.
NICHT WAHR? HAB ICH DOCH GESAGT.
ER IST SCHLIESSLICH MEIN EHEMANN.
VERSTEHE. ER WIRD GEWISS...
TAIYO.
ICH MUSS MIT DIR SPRECHEN.

~ Seiji, Kyoichiro und Rin ~

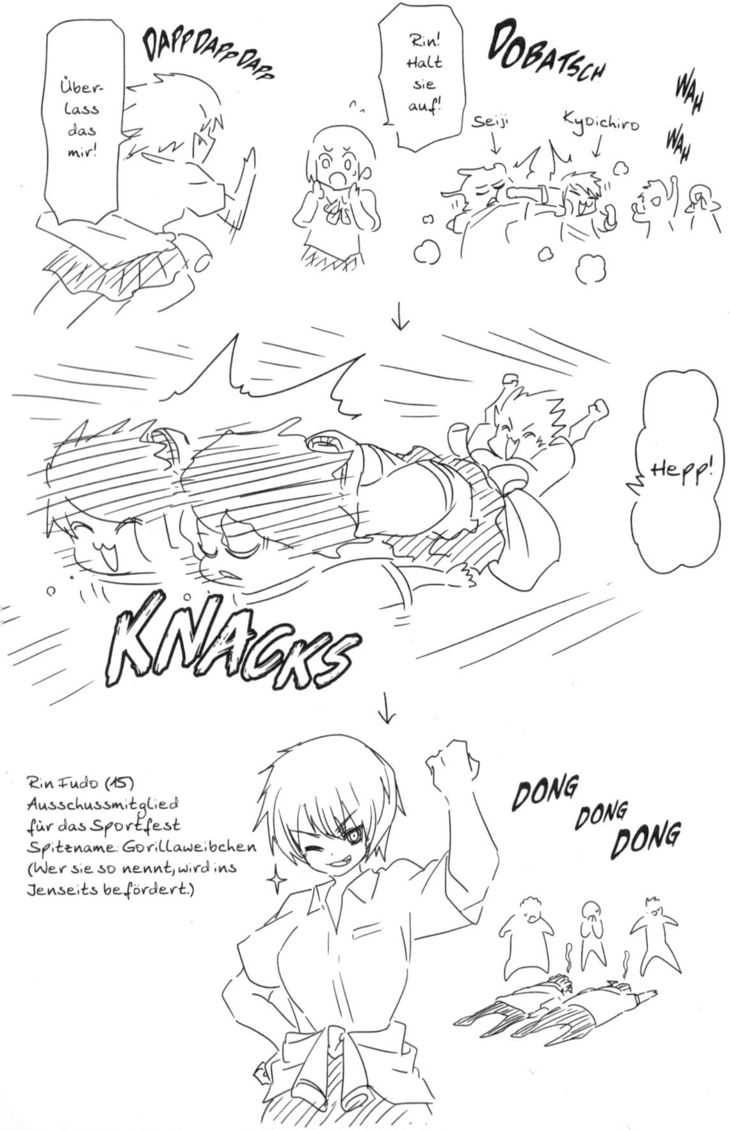

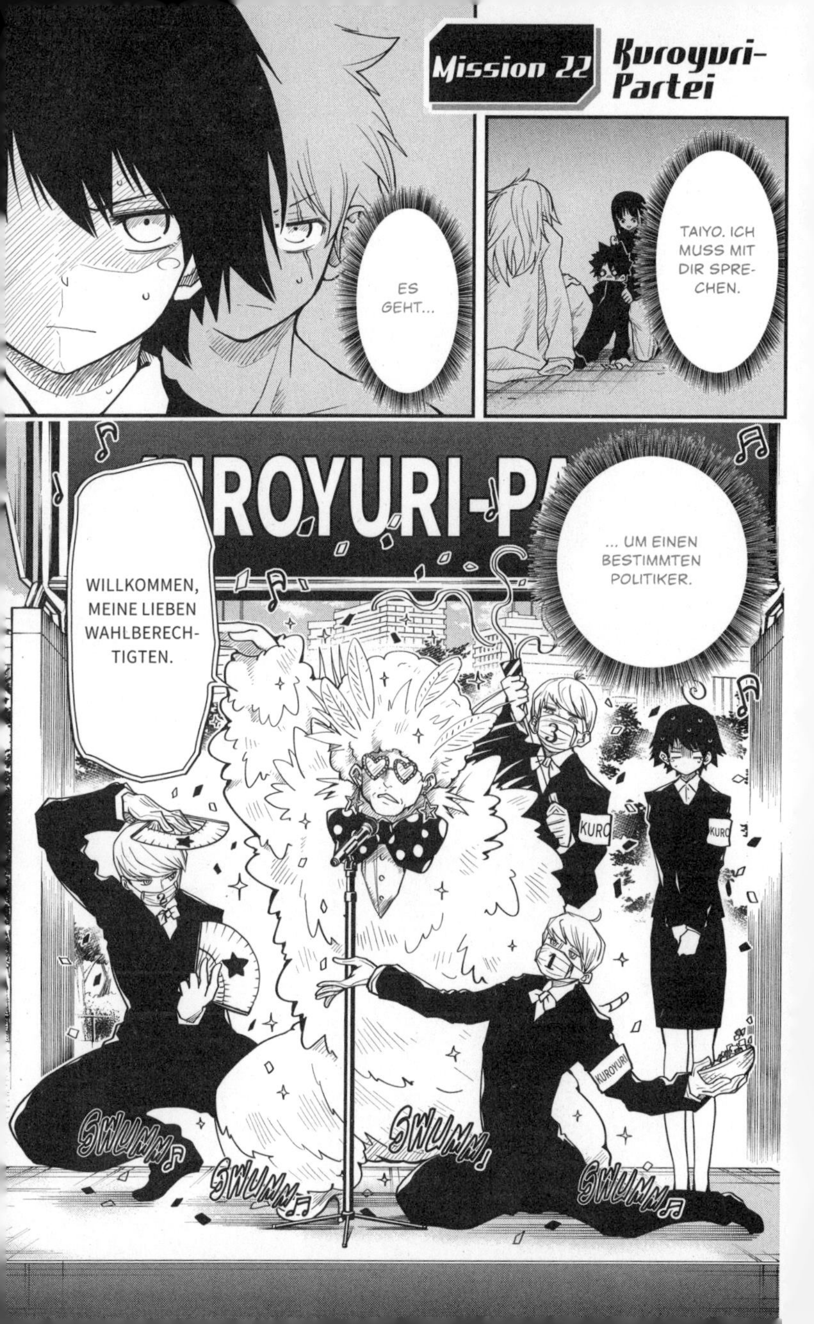
Mission 22
Kuroyuri-Partei
TAIYO. ICH MUSS MIT DIR SPRECHEN.
ES GEHT…
… UM EINEN BESTIMMTEN POLITIKER.
KUROYURI-PA
WILLKOMMEN, MEINE LIEBEN WAHLBERECHTIGTEN.
KURO
KURO
KUROYURI
SWUMM
SWUMM
SWUMM
SWUMM

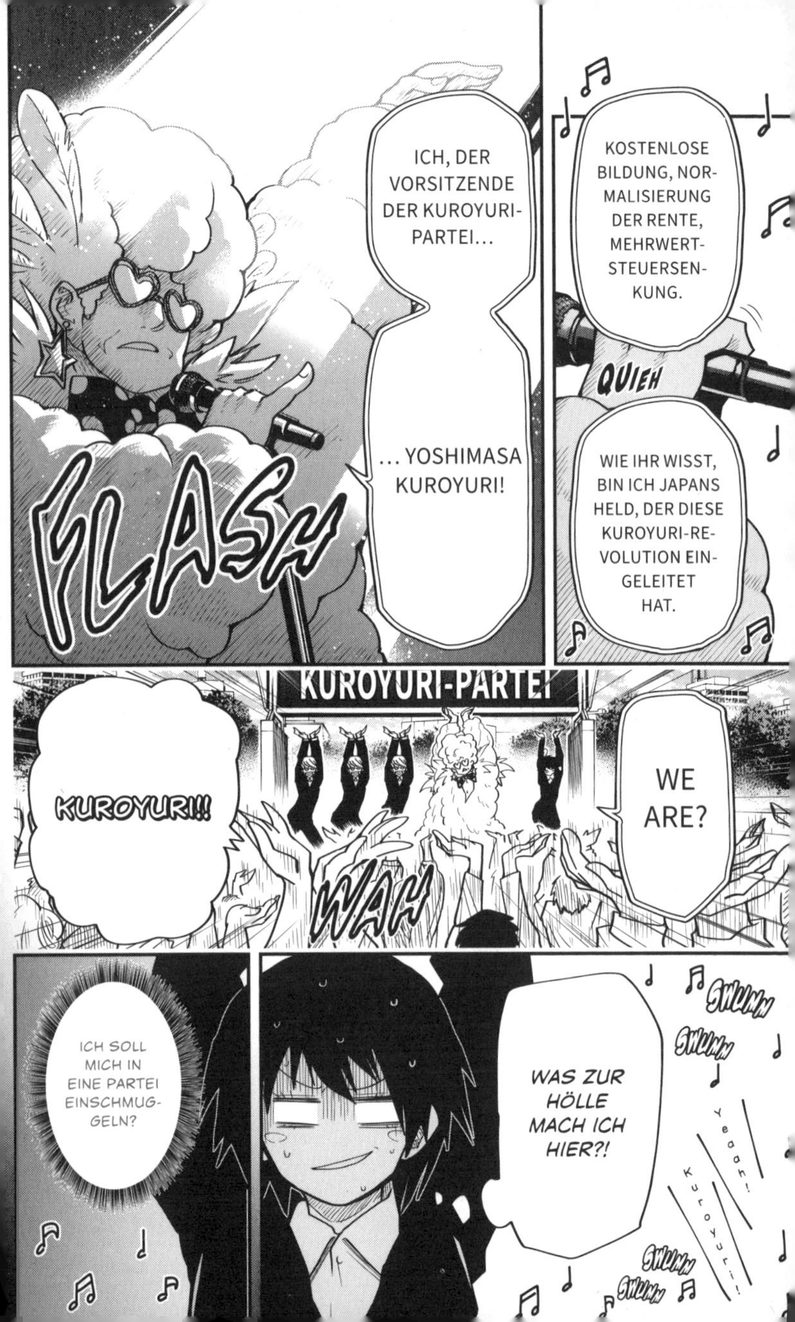
ICH, DER VORSITZENDE DER KUROYURI-PARTEI…
… YOSHIMASA KUROYURI!
FLASH
KOSTENLOSE BILDUNG, NORMALISIERUNG DER RENTE, MEHRWERTSTEUERSENKUNG.
QUIEH
WIE IHR WISST, BIN ICH JAPANS HELD, DER DIESE KUROYURI-REVOLUTION EINGELEITET HAT.
KUROYURI-PARTEI
WE ARE?
KUROYURI!!!
WAH
WAS ZUR HÖLLE MACH ICH HIER?!
SWUMM
SWUMM
Yeaah!
Kuroyuri!
SWUMM
SWUMM
ICH SOLL MICH IN EINE PARTEI EINSCHMUGGELN?

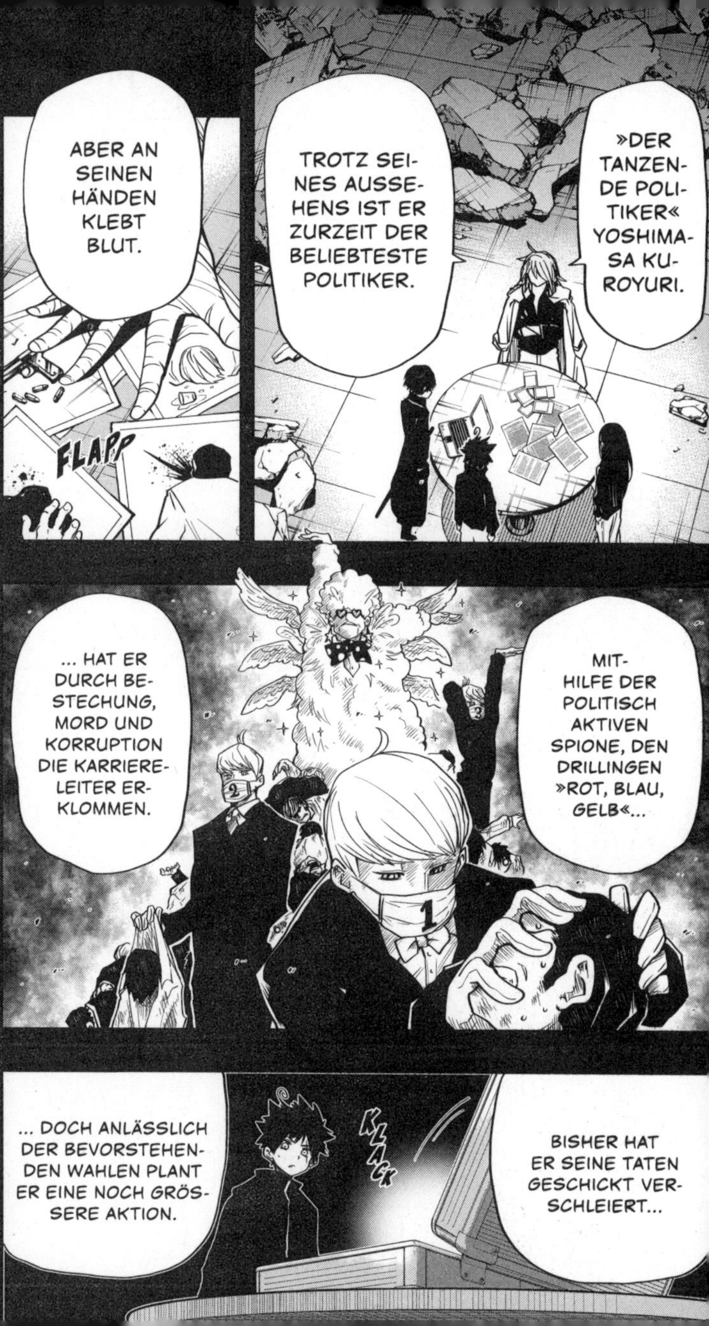
»DER TANZENDE POLITIKER« YOSHIMASA KUROYURI.
TROTZ SEINES AUSSEHENS IST ER ZURZEIT DER BELIEBTESTE POLITIKER.
ABER AN SEINEN HÄNDEN KLEBT BLUT.
FLAPP
MITHILFE DER POLITISCH AKTIVEN SPIONE, DEN DRILLINGEN »ROT, BLAU, GELB«...
... HAT ER DURCH BESTECHUNG, MORD UND KORRUPTION DIE KARRIERELEITER ERKLOMMEN.
BISHER HAT ER SEINE TATEN GESCHICKT VERSCHLEIERT...
KLACK
... DOCH ANLÄSSLICH DER BEVORSTEHENDEN WAHLEN PLANT ER EINE NOCH GRÖSSERE AKTION.

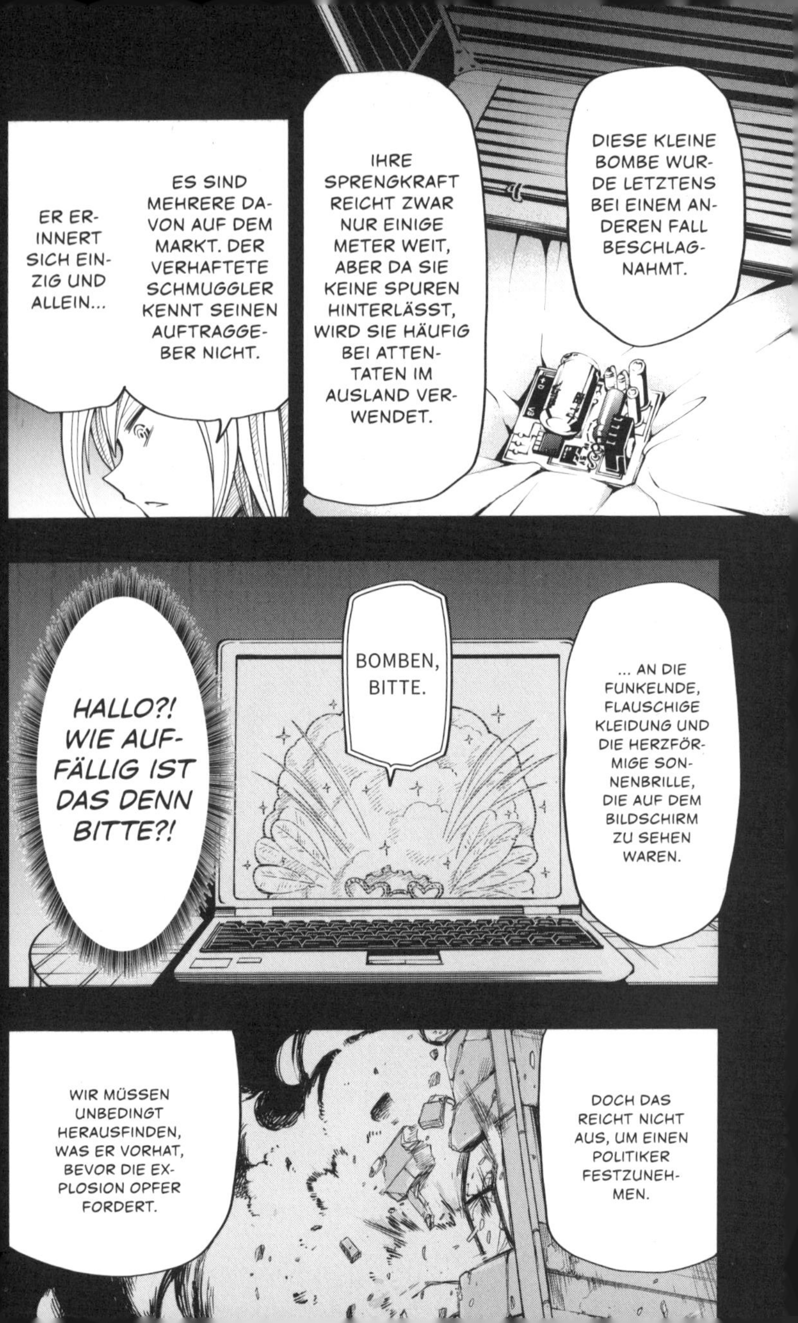
DIESE KLEINE BOMBE WURDE LETZTENS BEI EINEM ANDEREN FALL BESCHLAGNAHMT.
IHRE SPRENGKRAFT REICHT ZWAR NUR EINIGE METER WEIT, ABER DA SIE KEINE SPUREN HINTERLÄSST, WIRD SIE HÄUFIG BEI ATTENTATEN IM AUSLAND VERWENDET.
ES SIND MEHRERE DAVON AUF DEM MARKT. DER VERHAFTETE SCHMUGGLER KENNT SEINEN AUFTRAGGEBER NICHT.
ER ERINNERT SICH EINZIG UND ALLEIN...
... AN DIE FUNKELNDE, FLAUSCHIGE KLEIDUNG UND DIE HERZFÖRMIGE SONNENBRILLE, DIE AUF DEM BILDSCHIRM ZU SEHEN WAREN.
BOMBEN, BITTE.
HALLO?! WIE AUFFÄLLIG IST DAS DENN BITTE?!
DOCH DAS REICHT NICHT AUS, UM EINEN POLITIKER FESTZUNEHMEN.
WIR MÜSSEN UNBEDINGT HERAUSFINDEN, WAS ER VORHAT, BEVOR DIE EXPLOSION OPFER FORDERT.

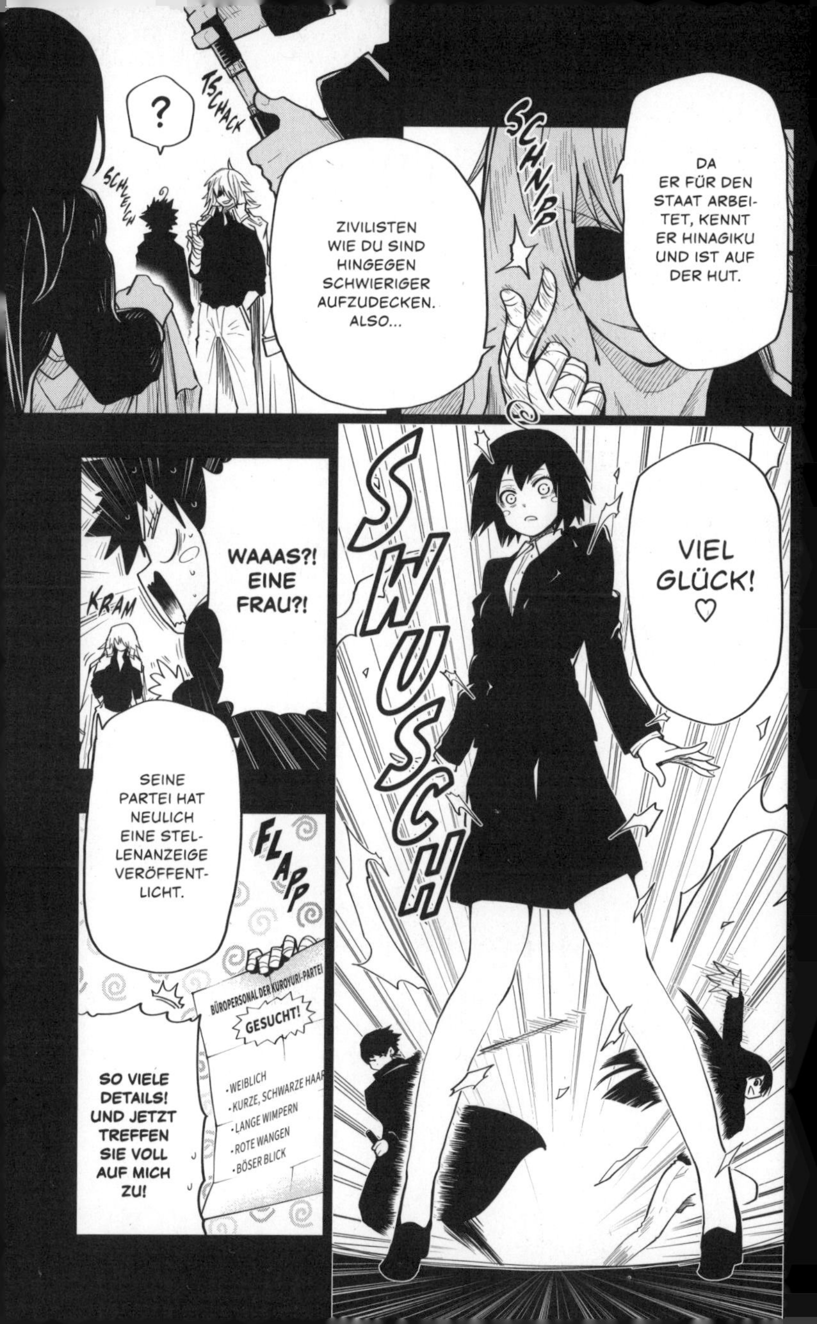

DA ER FÜR DEN STAAT ARBEI-TET, KENNT ER HINAGIKU UND IST AUF DER HUT.
SCHNIPP
ZIVILISTEN WIE DU SIND HINGEGEN SCHWIERIGER AUFZUDECKEN. ALSO...
TSCHACK
?
SCHWEIGH
VIEL GLÜCK! ♡
SWUSCH
WAAAS?! EINE FRAU?!
KRAM
SEINE PARTEI HAT NEULICH EINE STEL-LENANZEIGE VERÖFFENT-LICHT.
FLAPP
BÜROPERSONAL DER KUROYURI-PARTEI
GESUCHT!
· WEIBLICH
· KURZE, SCHWARZE HAAR
· LANGE WIMPERN
· ROTE WANGEN
· BÖSER BLICK
SO VIELE DETAILS! UND JETZT TREFFEN SIE VOLL AUF MICH ZU!

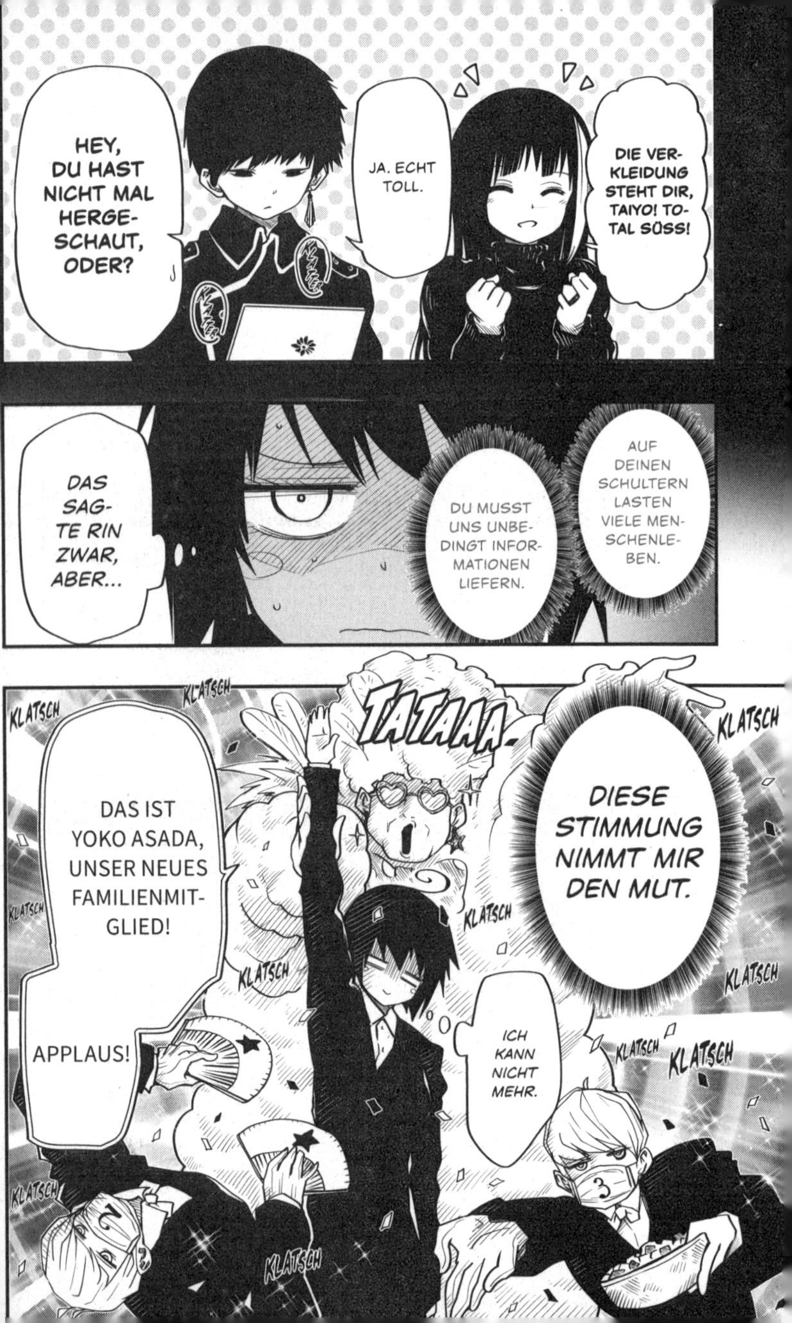

DIE VERKLEIDUNG STEHT DIR, TAIYO! TOTAL SÜSS!
JA. ECHT TOLL.
HEY, DU HAST NICHT MAL HERGESCHAUT, ODER?
AUF DEINEN SCHULTERN LASTEN VIELE MENSCHENLEBEN.
DU MUSST UNS UNBEDINGT INFORMATIONEN LIEFERN.
DAS SAGTE RIN ZWAR, ABER...
TATAAA-
KLATSCH
DIESE STIMMUNG NIMMT MIR DEN MUT.
DAS IST YOKO ASADA, UNSER NEUES FAMILIENMITGLIED!
APPLAUS!
ICH KANN NICHT MEHR.
KLATSCH

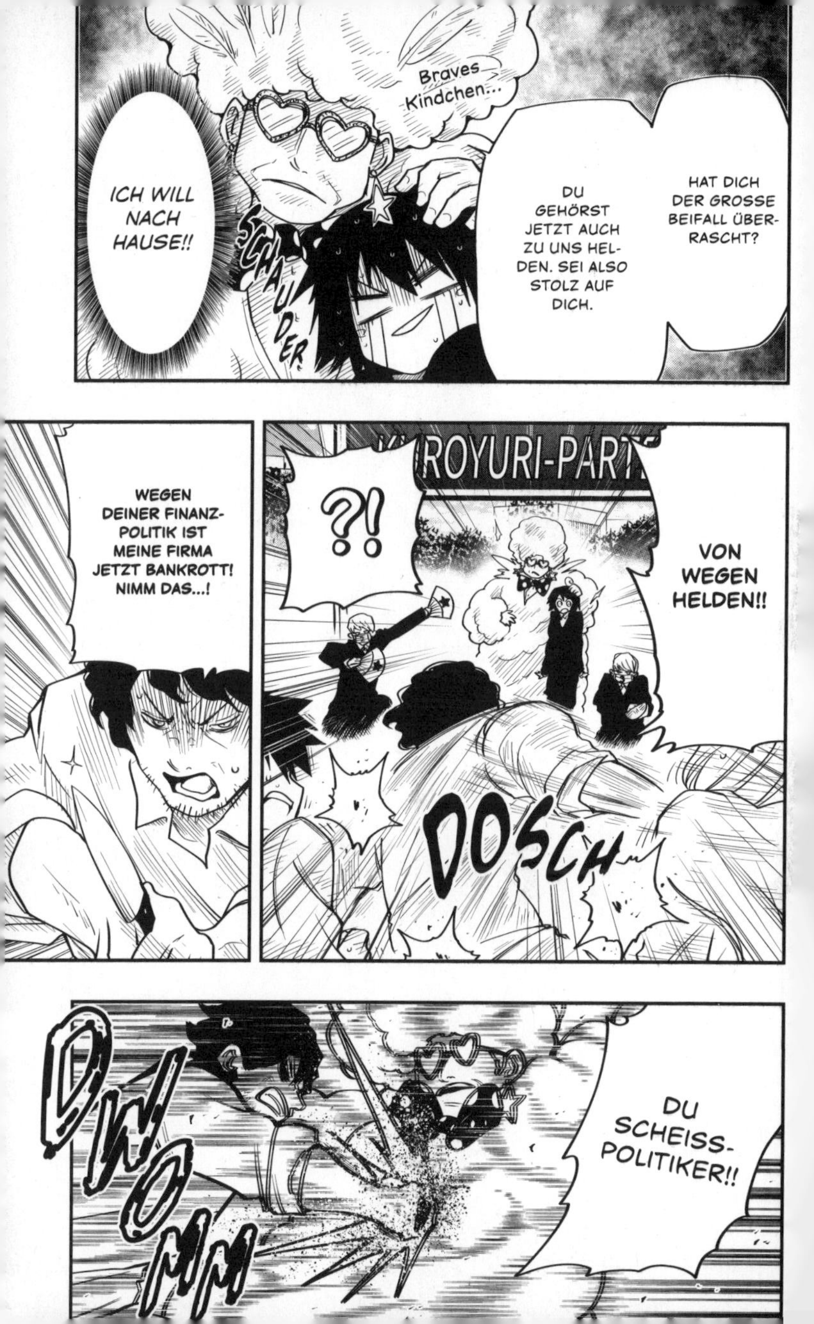
HAT DICH DER GROSSE BEIFALL ÜBERRASCHT?
DU GEHÖRST JETZT AUCH ZU UNS HELDEN. SEI ALSO STOLZ AUF DICH.
Braves Kindchen...
SCHAUDER
ICH WILL NACH HAUSE!!
ROYURI-PART
VON WEGEN HELDEN!!
?!
DOSCH
WEGEN DEINER FINANZPOLITIK IST MEINE FIRMA JETZT BANKROTT! NIMM DAS...!
DU SCHEISS-POLITIKER!!
DWOMM

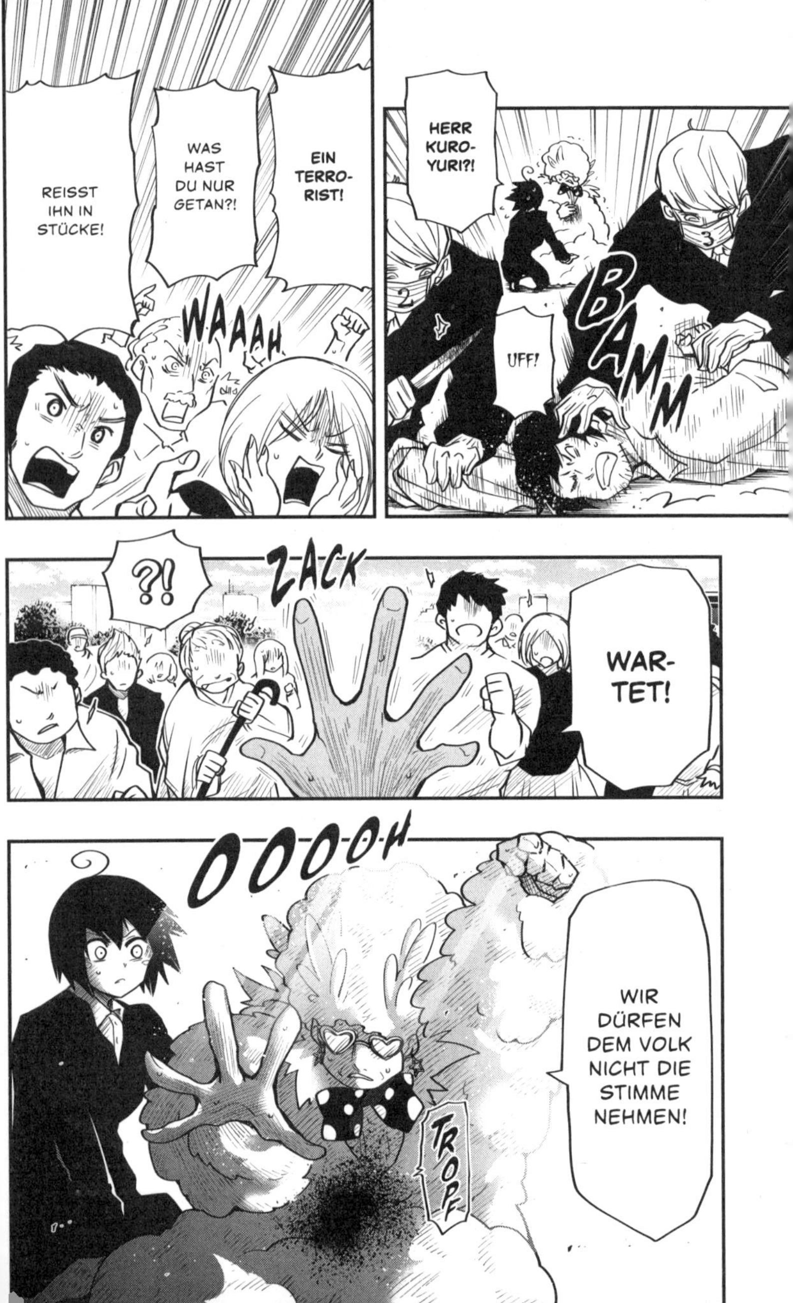

HERR KURO-YURI?!
BAMM
UFF!
EIN TERRO-RIST!
WAS HAST DU NUR GETAN?!
REISST IHN IN STÜCKE!
WAAAH
WAR-TET!
ZACK
?!
OOOO-H
WIR DÜRFEN DEM VOLK NICHT DIE STIMME NEHMEN!
TROPF

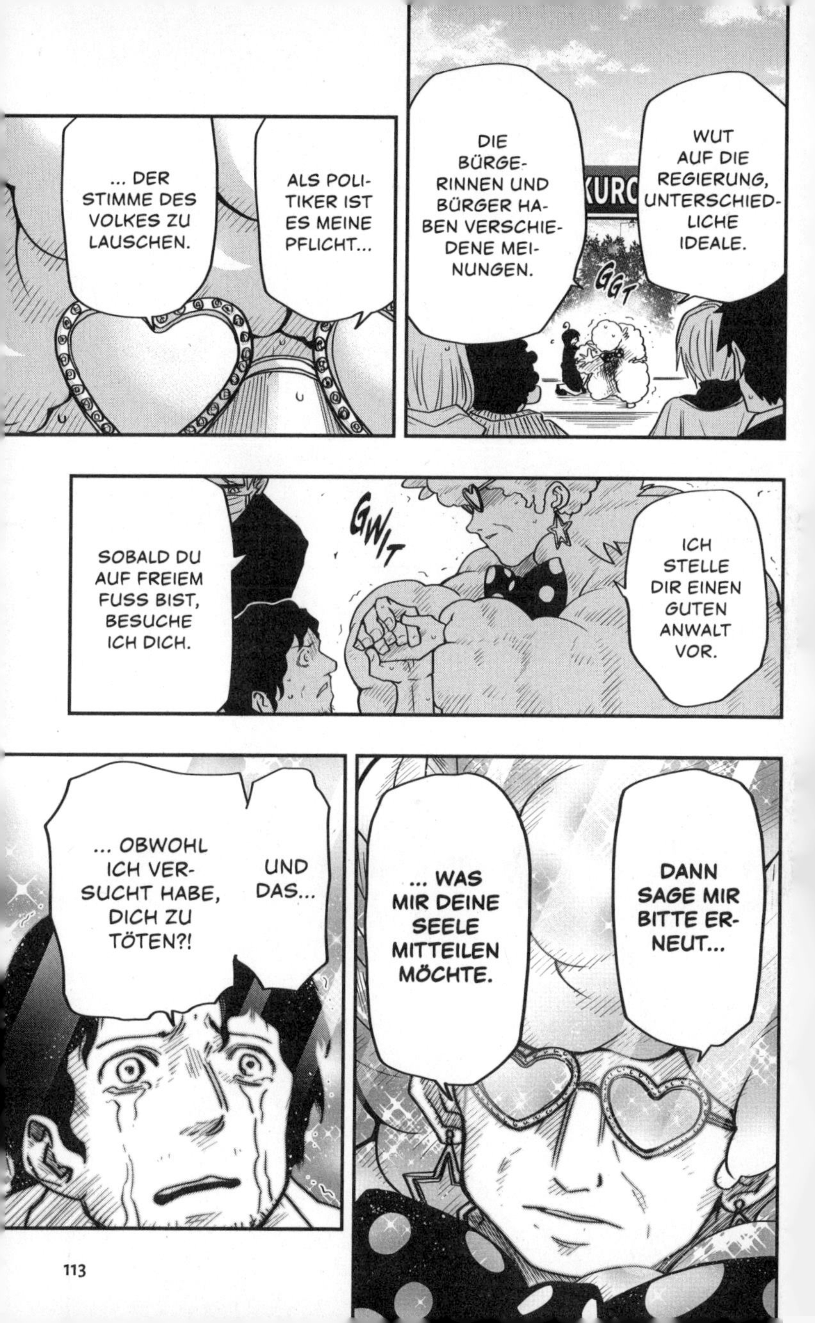
WUT AUF DIE REGIERUNG, UNTERSCHIEDLICHE IDEALE.
DIE BÜRGERINNEN UND BÜRGER HABEN VERSCHIEDENE MEINUNGEN.
KURO
GGT
ALS POLITIKER IST ES MEINE PFLICHT...
... DER STIMME DES VOLKES ZU LAUSCHEN.
ICH STELLE DIR EINEN GUTEN ANWALT VOR.
GWIT
SOBALD DU AUF FREIEM FUSS BIST, BESUCHE ICH DICH.
DANN SAGE MIR BITTE ERNEUT...
... WAS MIR DEINE SEELE MITTEILEN MÖCHTE.
UND DAS...
... OBWOHL ICH VERSUCHT HABE, DICH ZU TÖTEN?!

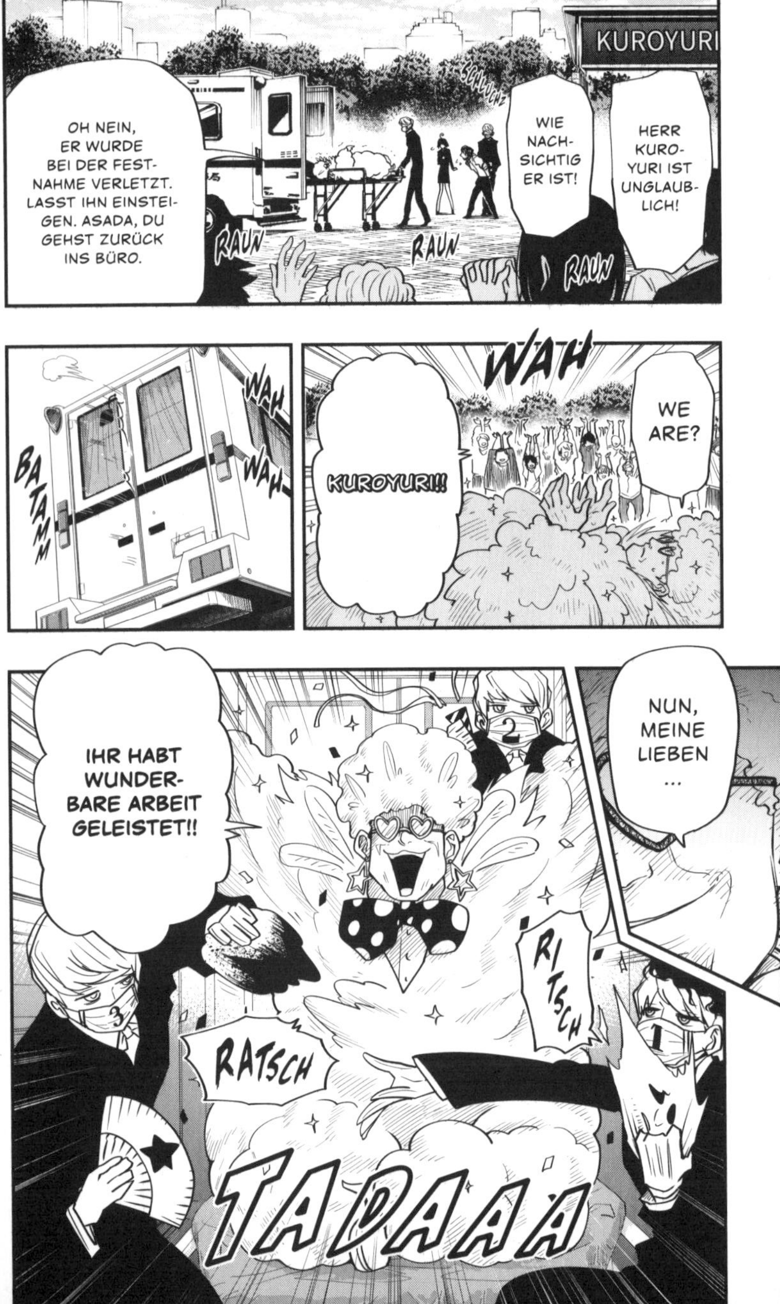
KUROYURI
HERR KURO-YURI IST UNGLAUB-LICH!
WIE NACH-SICHTIG ER IST!
SCHLUCHZ
OH NEIN, ER WURDE BEI DER FEST-NAHME VERLETZT. LASST IHN EINSTEI-GEN. ASADA, DU GEHST ZURÜCK INS BÜRO.
RAUN
RAUN
RAUN
WE ARE?
WAH
KUROYURI!!!
WAH
WAH
BATAMM
NUN, MEINE LIEBEN ...
IHR HABT WUNDER-BARE ARBEIT GELEISTET!!
RITSCH
RATSCH
TADAAA

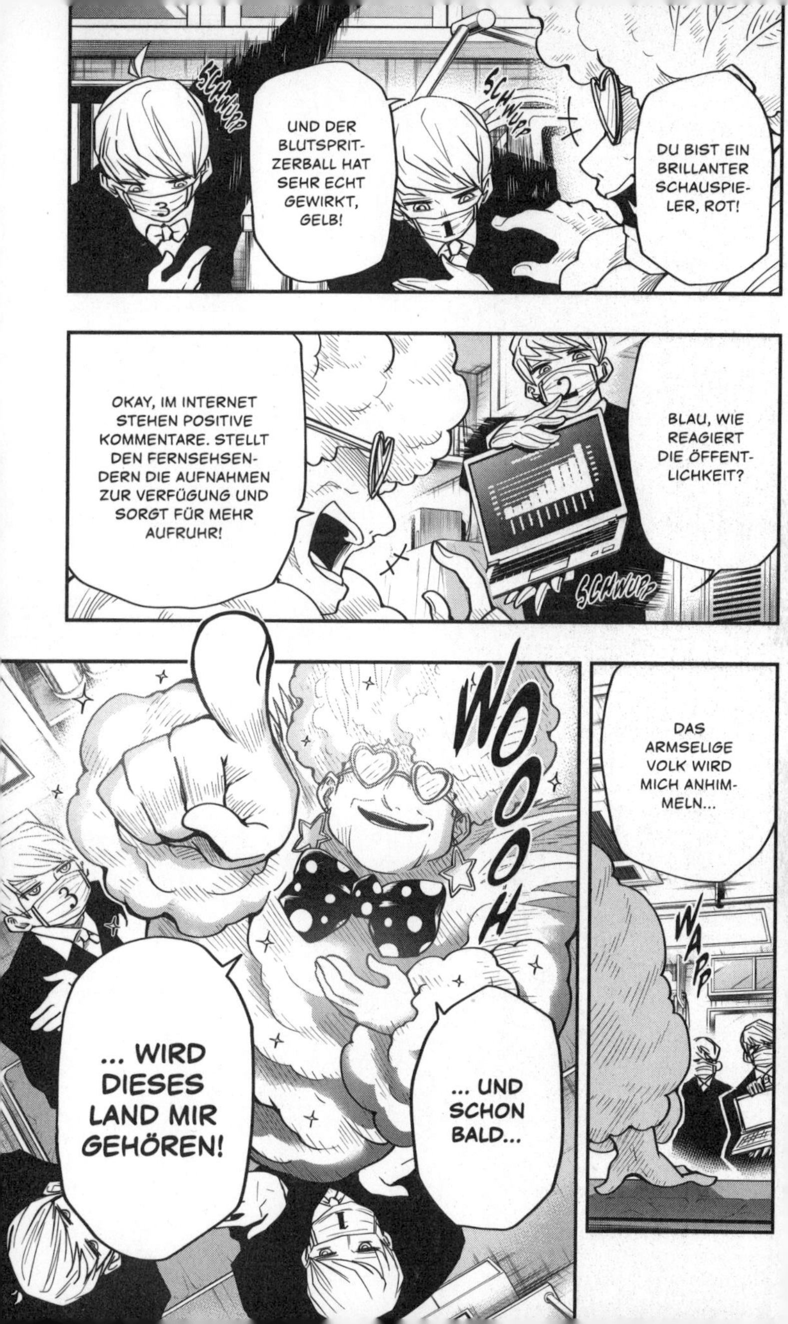
SCHWUPP
DU BIST EIN BRILLANTER SCHAUSPIELER, ROT!
UND DER BLUTSPRITZERBALL HAT SEHR ECHT GEWIRKT, GELB!
SCHWUPP
BLAU, WIE REAGIERT DIE ÖFFENTLICHKEIT?
SCHWUPP
OKAY, IM INTERNET STEHEN POSITIVE KOMMENTARE. STELLT DEN FERNSEHSENDERN DIE AUFNAHMEN ZUR VERFÜGUNG UND SORGT FÜR MEHR AUFRUHR!
DAS ARMSELIGE VOLK WIRD MICH ANHIMMELN...
WAPP
WOOOOH
... UND SCHON BALD...
... WIRD DIESES LAND MIR GEHÖREN!

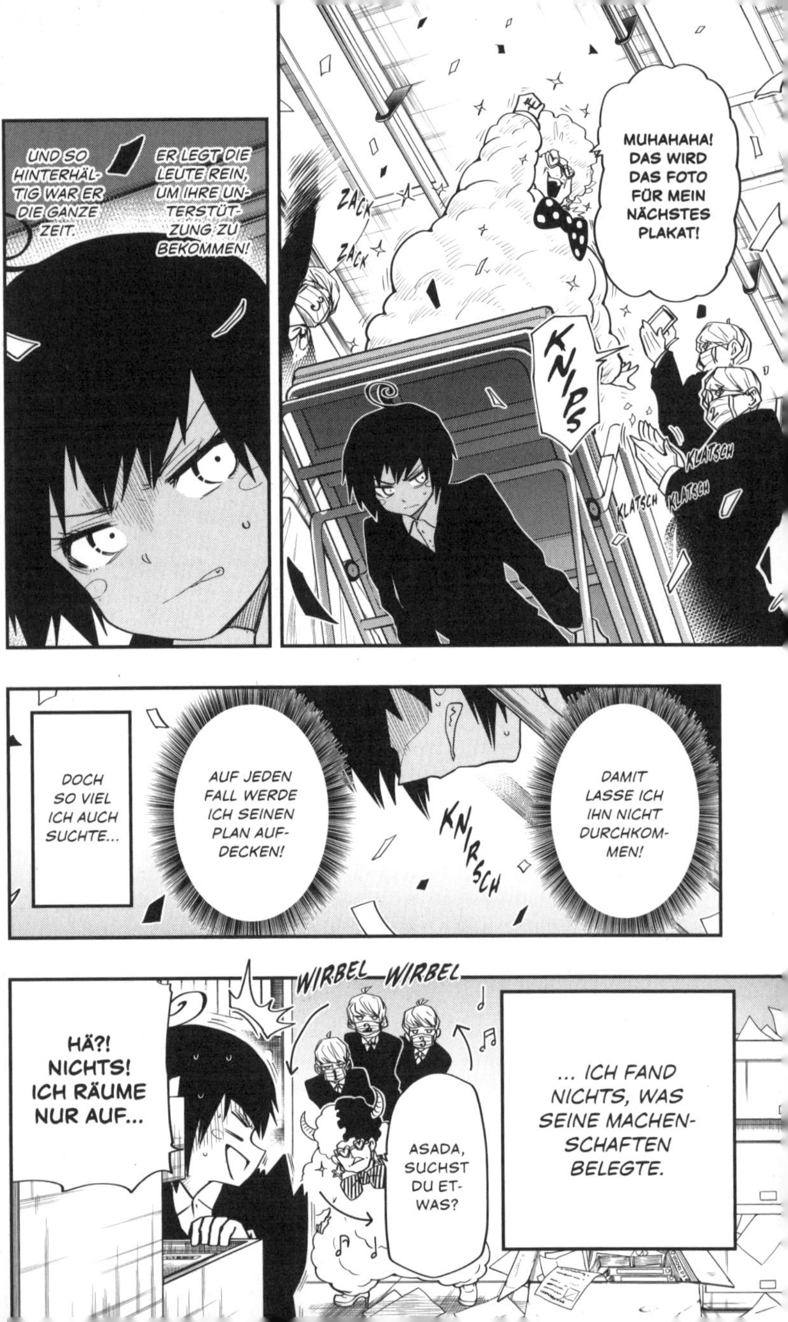
MUHAHAHA! DAS WIRD DAS FOTO FÜR MEIN NÄCHSTES PLAKAT!
ZACK
ZACK
KNIPS
KLATSCH
KLATSCH
KLATSCH
ER LEGT DIE LEUTE REIN, UM IHRE UNTERSTÜTZUNG ZU BEKOMMEN!
UND SO HINTERHÄLTIG WAR ER DIE GANZE ZEIT.
DAMIT LASSE ICH IHN NICHT DURCHKOMMEN!
KNIRSCH
AUF JEDEN FALL WERDE ICH SEINEN PLAN AUFDECKEN!
DOCH SO VIEL ICH AUCH SUCHTE...
... ICH FAND NICHTS, WAS SEINE MACHENSCHAFTEN BELEGTE.
WIRBEL WIRBEL
ASADA, SUCHST DU ETWAS?
HÄ?! NICHTS! ICH RÄUME NUR AUF...

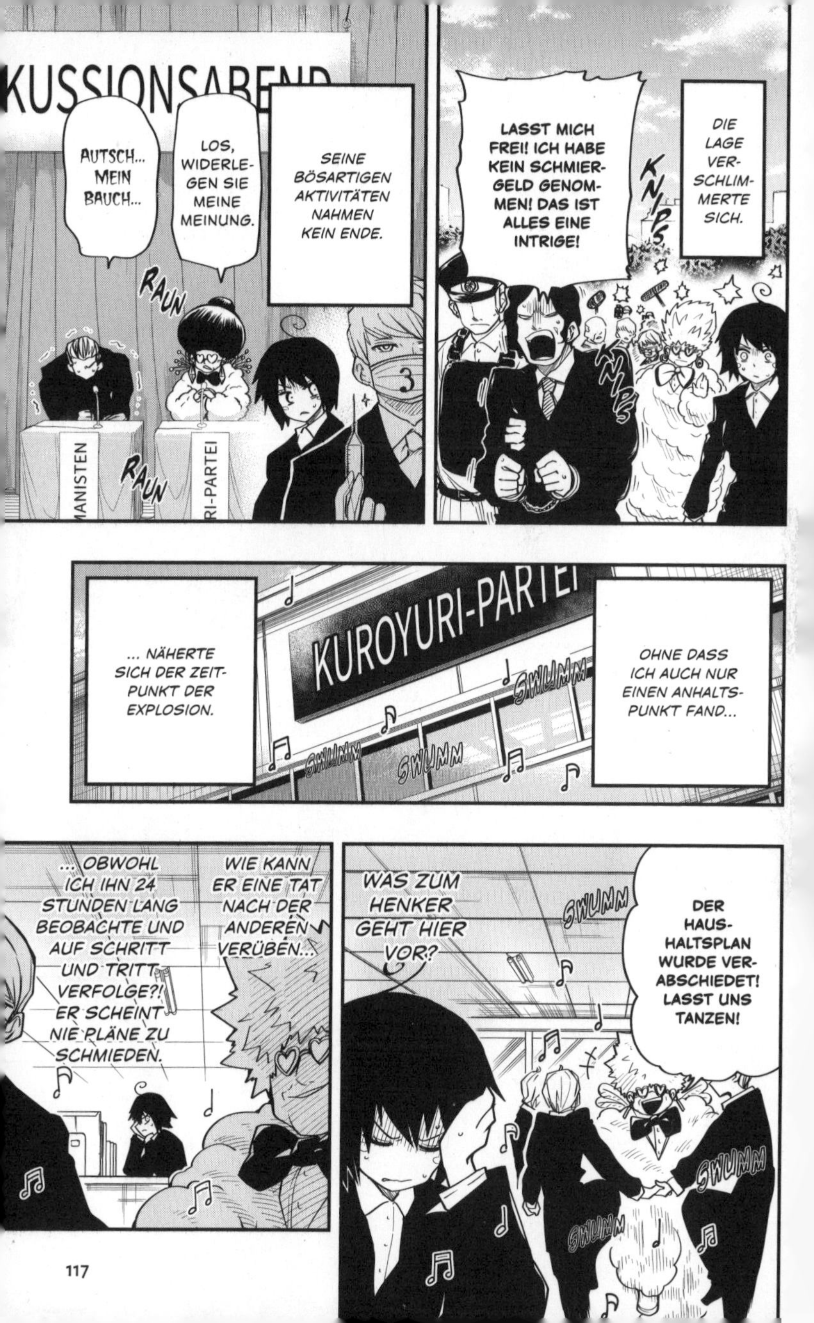
KUSSIONSABEND
DIE LAGE VERSCHLIMMERTE SICH.
KNIPS
LASST MICH FREI! ICH HABE KEIN SCHMIERGELD GENOMMEN! DAS IST ALLES EINE INTRIGE!
KNIPS
SEINE BÖSARTIGEN AKTIVITÄTEN NAHMEN KEIN ENDE.
LOS, WIDERLEGEN SIE MEINE MEINUNG.
RAUN
AUTSCH... MEIN BAUCH...
RAUN
MANISTEN
RI-PARTEI
OHNE DASS ICH AUCH NUR EINEN ANHALTSPUNKT FAND...
KUROYURI-PARTEI
SWUMM
SWUMM
SWUMM
... NÄHERTE SICH DER ZEITPUNKT DER EXPLOSION.
DER HAUSHALTSPLAN WURDE VERABSCHIEDET! LASST UNS TANZEN!
SWUMM
WAS ZUM HENKER GEHT HIER VOR?
SWUMM
SWUMM
WIE KANN ER EINE TAT NACH DER ANDEREN VERÜBEN...
... OBWOHL ICH IHN 24 STUNDEN LANG BEOBACHTE UND AUF SCHRITT UND TRITT VERFOLGE?! ER SCHEINT NIE PLÄNE ZU SCHMIEDEN.

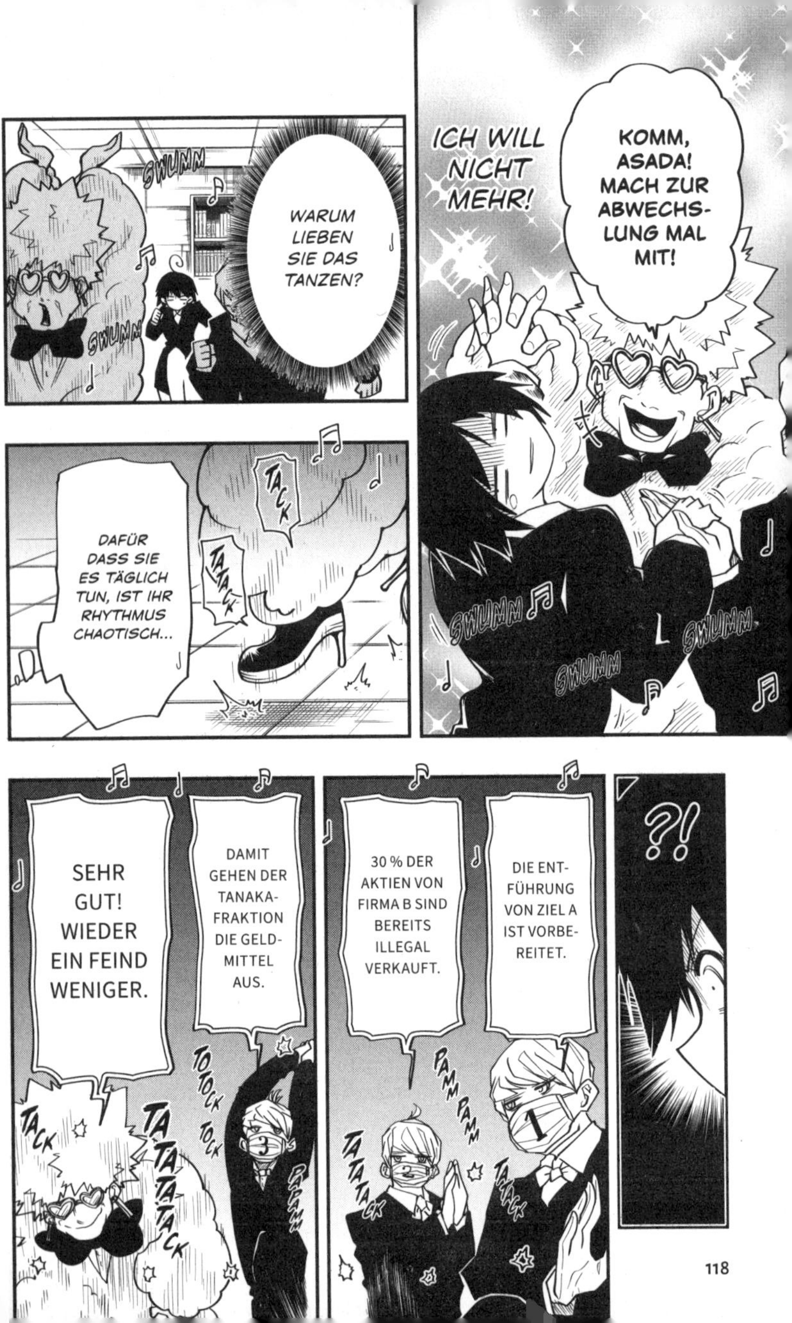
KOMM, ASADA! MACH ZUR ABWECHS-LUNG MAL MIT!
ICH WILL NICHT MEHR!
SWUMM
SWUMM
SWUMM
SWUMM
WARUM LIEBEN SIE DAS TANZEN?
SWUMM
TACK
TATATACK
DAFÜR DASS SIE ES TÄGLICH TUN, IST IHR RHYTHMUS CHAOTISCH...
?!
DIE ENT-FÜHRUNG VON ZIEL A IST VORBE-REITET.
30 % DER AKTIEN VON FIRMA B SIND BEREITS ILLEGAL VERKAUFT.
PAMM PAMM
TATACK
TATATACK
DAMIT GEHEN DER TANAKA-FRAKTION DIE GELD-MITTEL AUS.
TOTOCK TOCK
PAPAMM
SEHR GUT! WIEDER EIN FEIND WENIGER.
TACK
TATATATACK

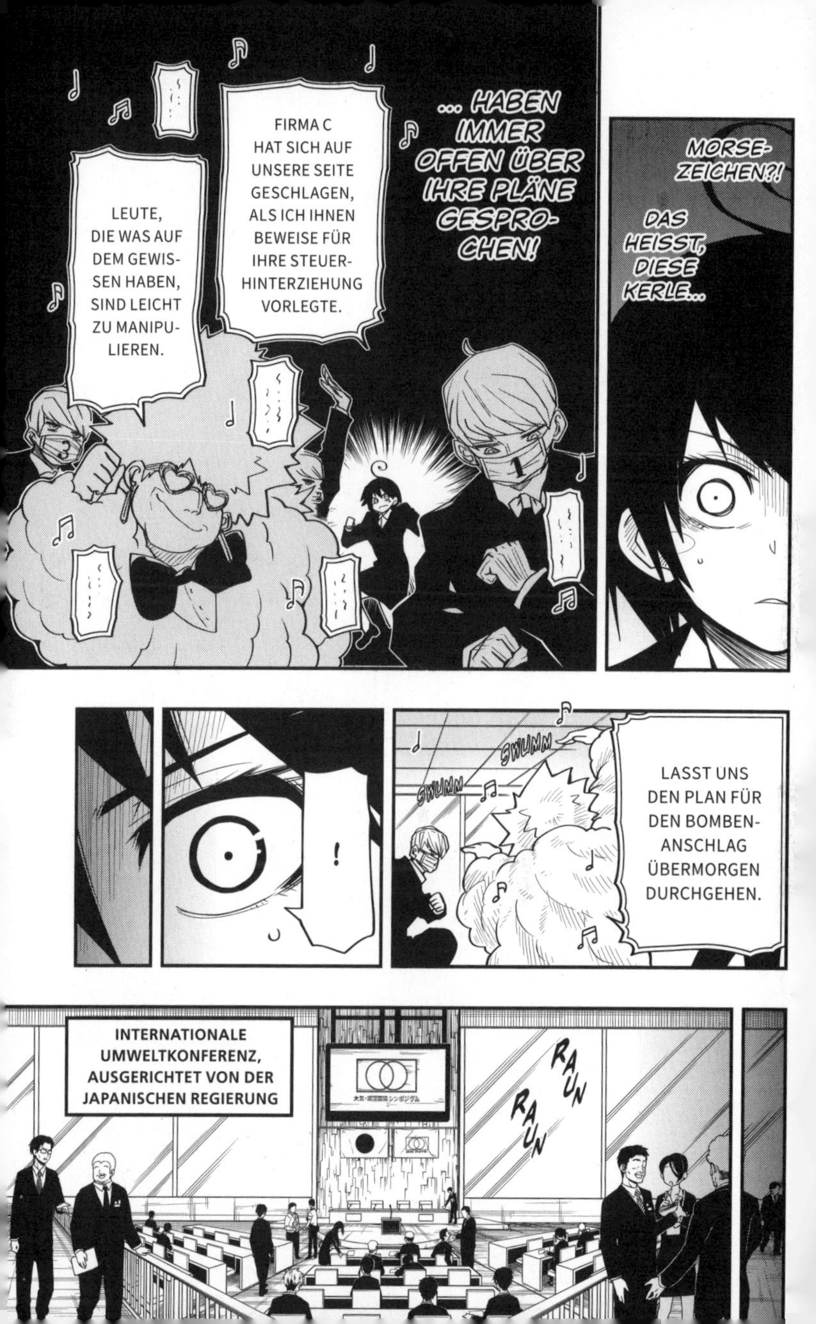
MORSE-ZEICHEN?!
DAS HEISST, DIESE KERLE...
... HABEN IMMER OFFEN ÜBER IHRE PLÄNE GESPROCHEN!
FIRMA C HAT SICH AUF UNSERE SEITE GESCHLAGEN, ALS ICH IHNEN BEWEISE FÜR IHRE STEUER-HINTERZIEHUNG VORLEGTE.
LEUTE, DIE WAS AUF DEM GEWISSEN HABEN, SIND LEICHT ZU MANIPULIEREN.
LASST UNS DEN PLAN FÜR DEN BOMBEN-ANSCHLAG ÜBERMORGEN DURCHGEHEN.
SWUMM
SWUMM
!
INTERNATIONALE UMWELTKONFERENZ, AUSGERICHTET VON DER JAPANISCHEN REGIERUNG
RAUN
RAUN

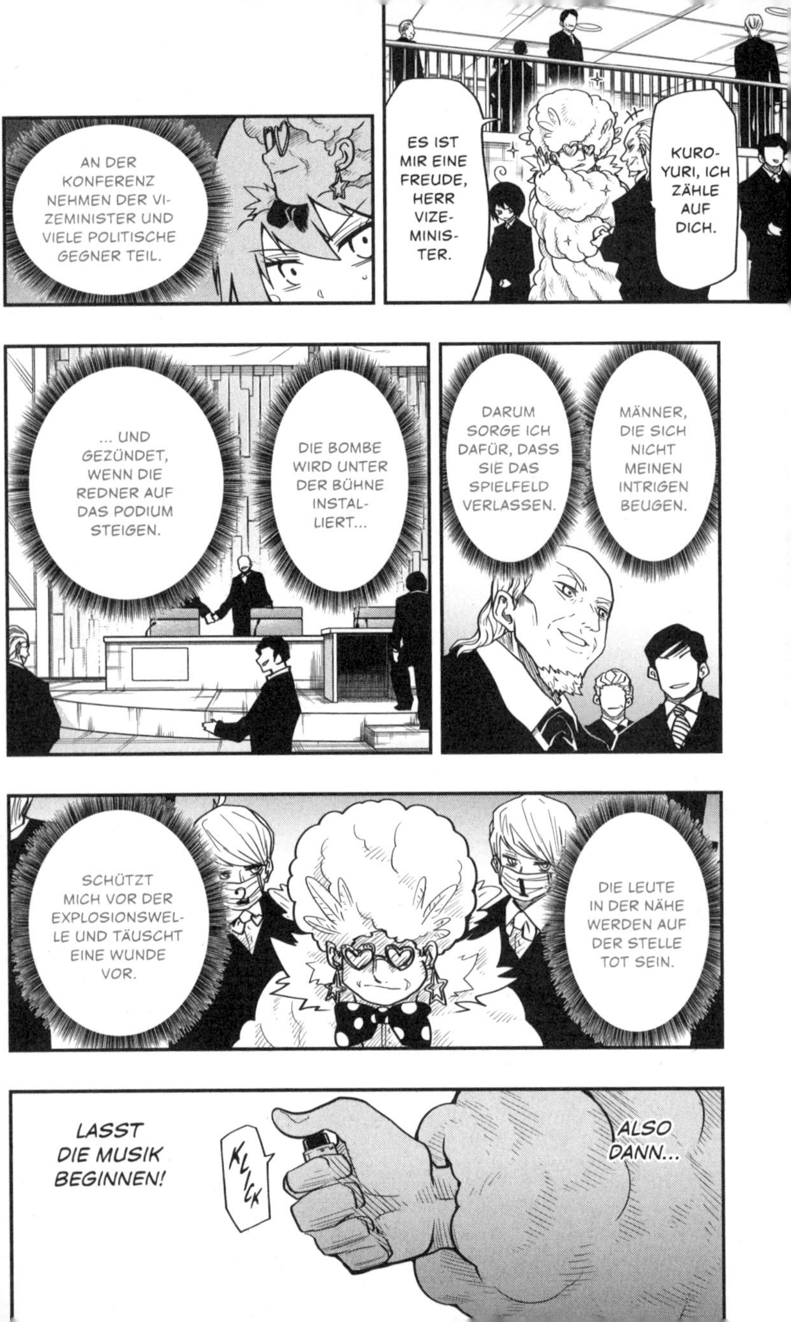
KURO-YURI, ICH ZÄHLE AUF DICH.
ES IST MIR EINE FREUDE, HERR VIZE-MINISTER.
AN DER KONFERENZ NEHMEN DER VIZEMINISTER UND VIELE POLITISCHE GEGNER TEIL.
MÄNNER, DIE SICH NICHT MEINEN INTRIGEN BEUGEN.
DARUM SORGE ICH DAFÜR, DASS SIE DAS SPIELFELD VERLASSEN.
DIE BOMBE WIRD UNTER DER BÜHNE INSTALLIERT...
... UND GEZÜNDET, WENN DIE REDNER AUF DAS PODIUM STEIGEN.
DIE LEUTE IN DER NÄHE WERDEN AUF DER STELLE TOT SEIN.
SCHÜTZT MICH VOR DER EXPLOSIONSWELLE UND TÄUSCHT EINE WUNDE VOR.
ALSO DANN...
KLICK
LASST DIE MUSIK BEGINNEN!

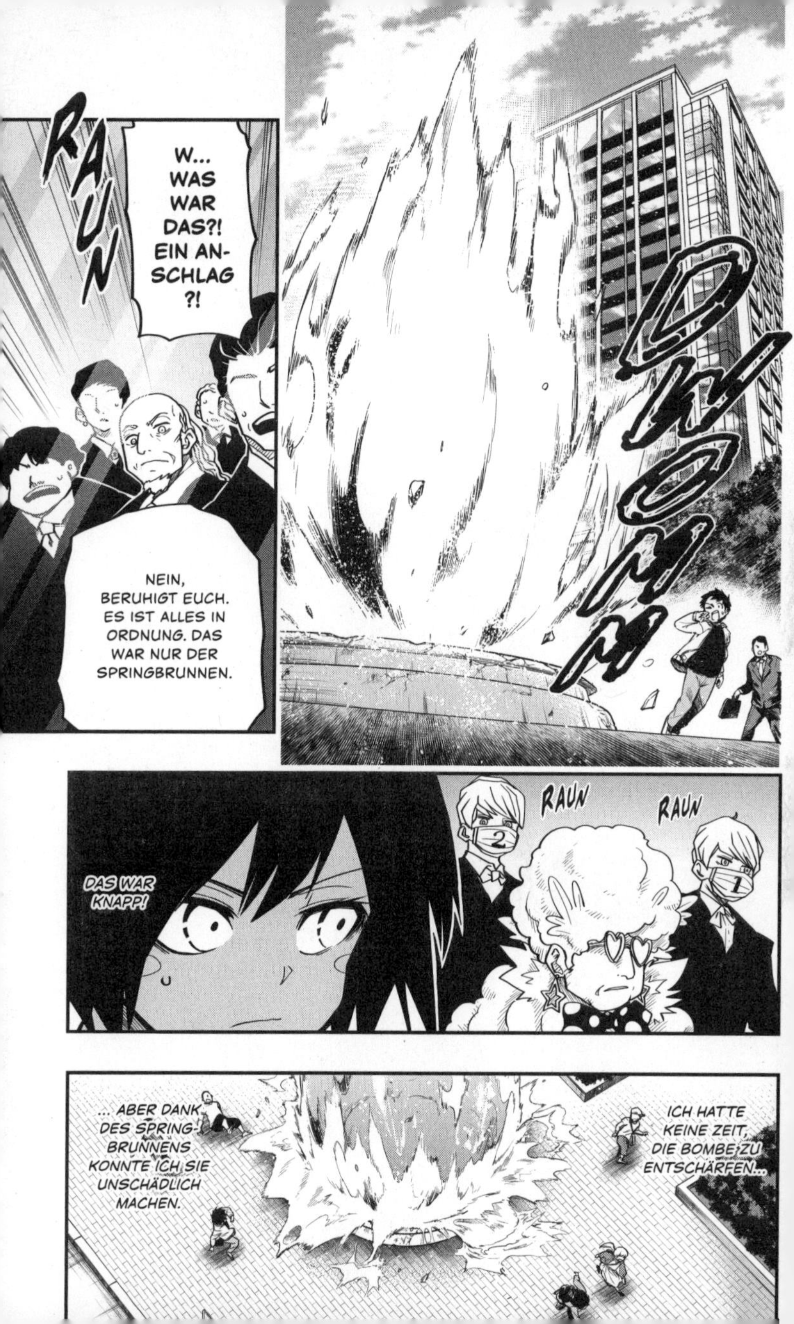

RAUN
W... WAS WAR DAS?! EIN ANSCHLAG?!
NEIN, BERUHIGT EUCH. ES IST ALLES IN ORDNUNG. DAS WAR NUR DER SPRINGBRUNNEN.
RAUN
RAUN
DAS WAR KNAPP!
ICH HATTE KEINE ZEIT, DIE BOMBE ZU ENTSCHÄRFEN...
... ABER DANK DES SPRINGBRUNNENS KONNTE ICH SIE UNSCHÄDLICH MACHEN.

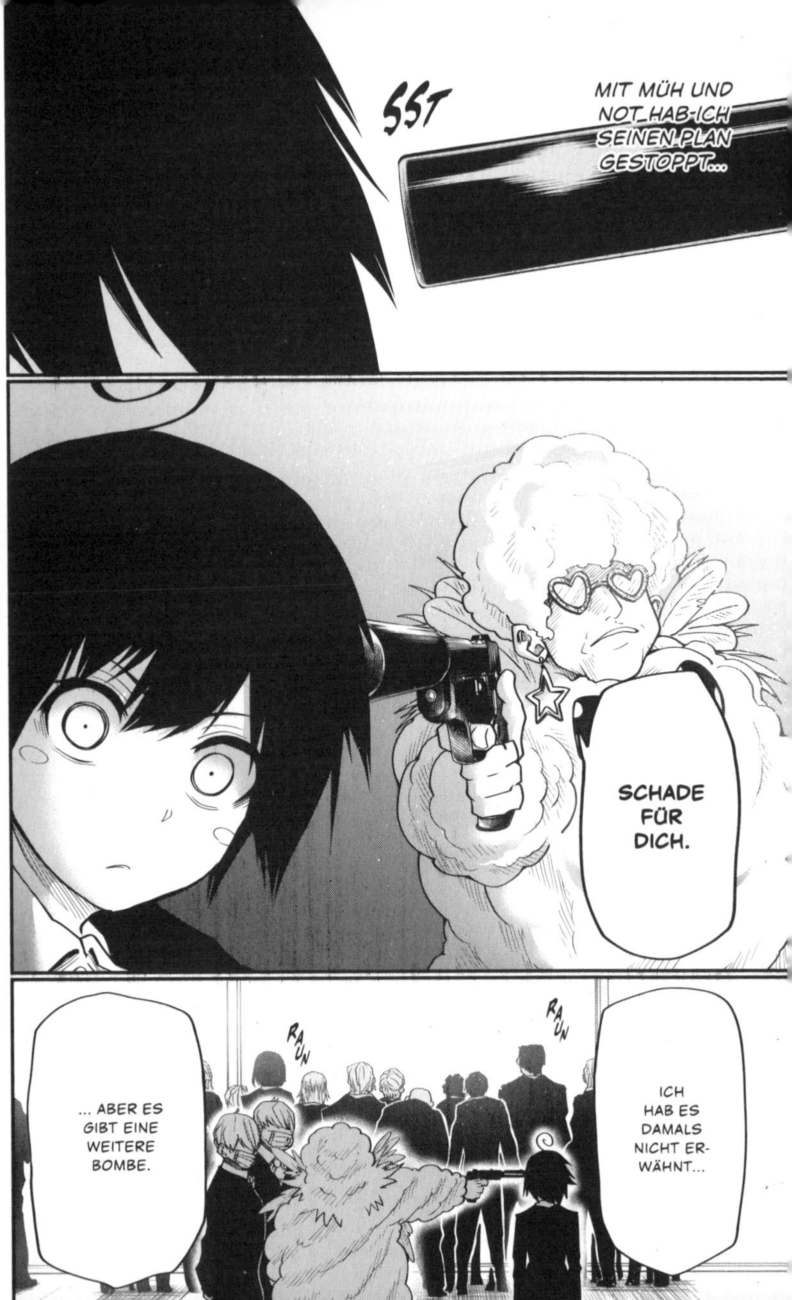
SST
MIT MÜH UND NOT HAB ICH SEINEN PLAN GESTOPPT...
SCHADE FÜR DICH.
RAUN
RAUN
ICH HAB ES DAMALS NICHT ER-WÄHNT...
... ABER ES GIBT EINE WEITERE BOMBE.

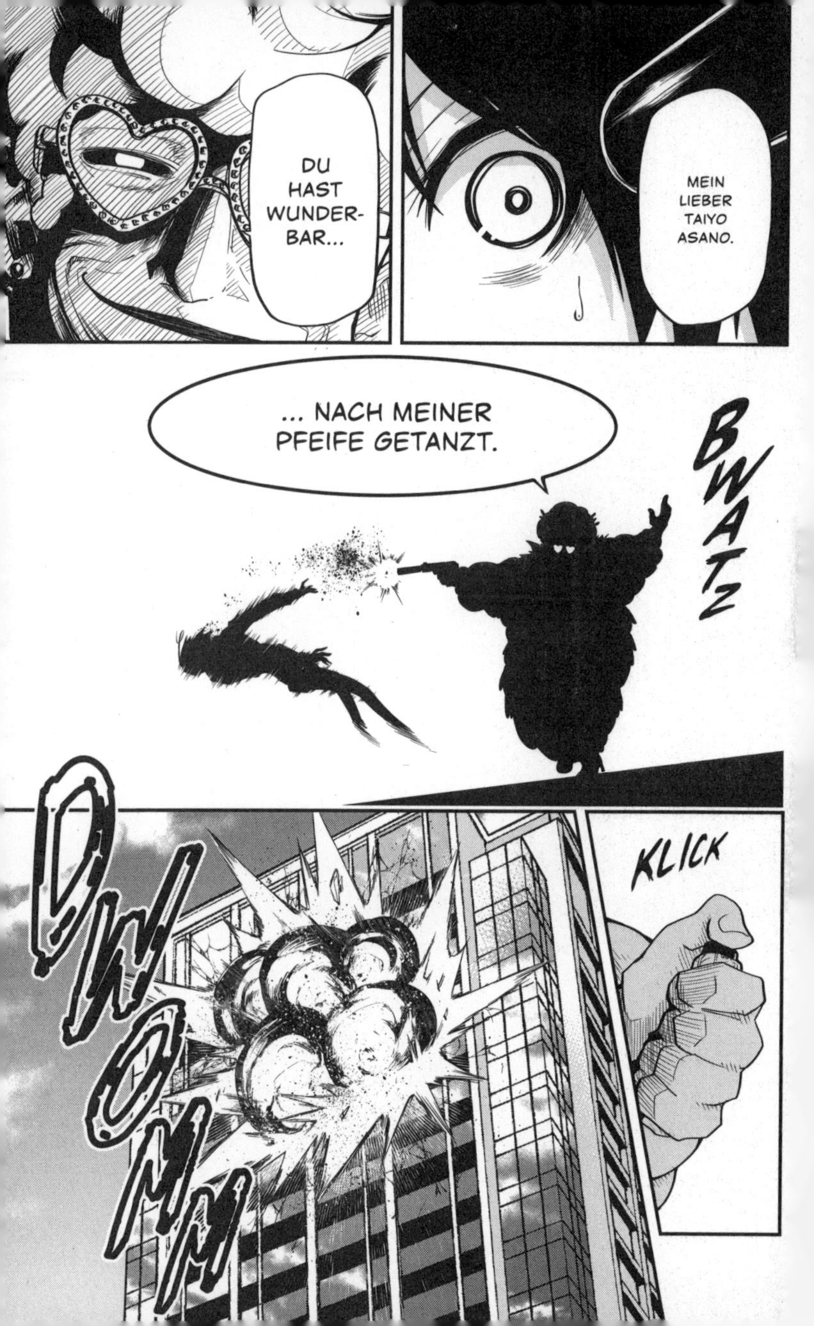
MEIN LIEBER TAIYO ASANO.
DU HAST WUNDER-BAR...
... NACH MEINER PFEIFE GETANZT.
BWATZ
KLICK
DWOMM

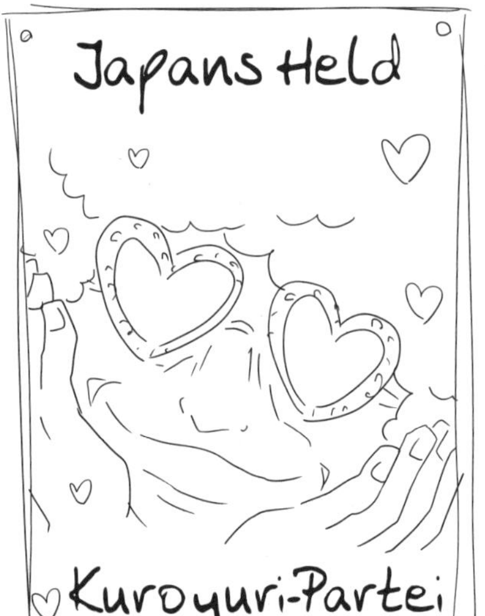
Japans Held
Kuroyuri-Partei

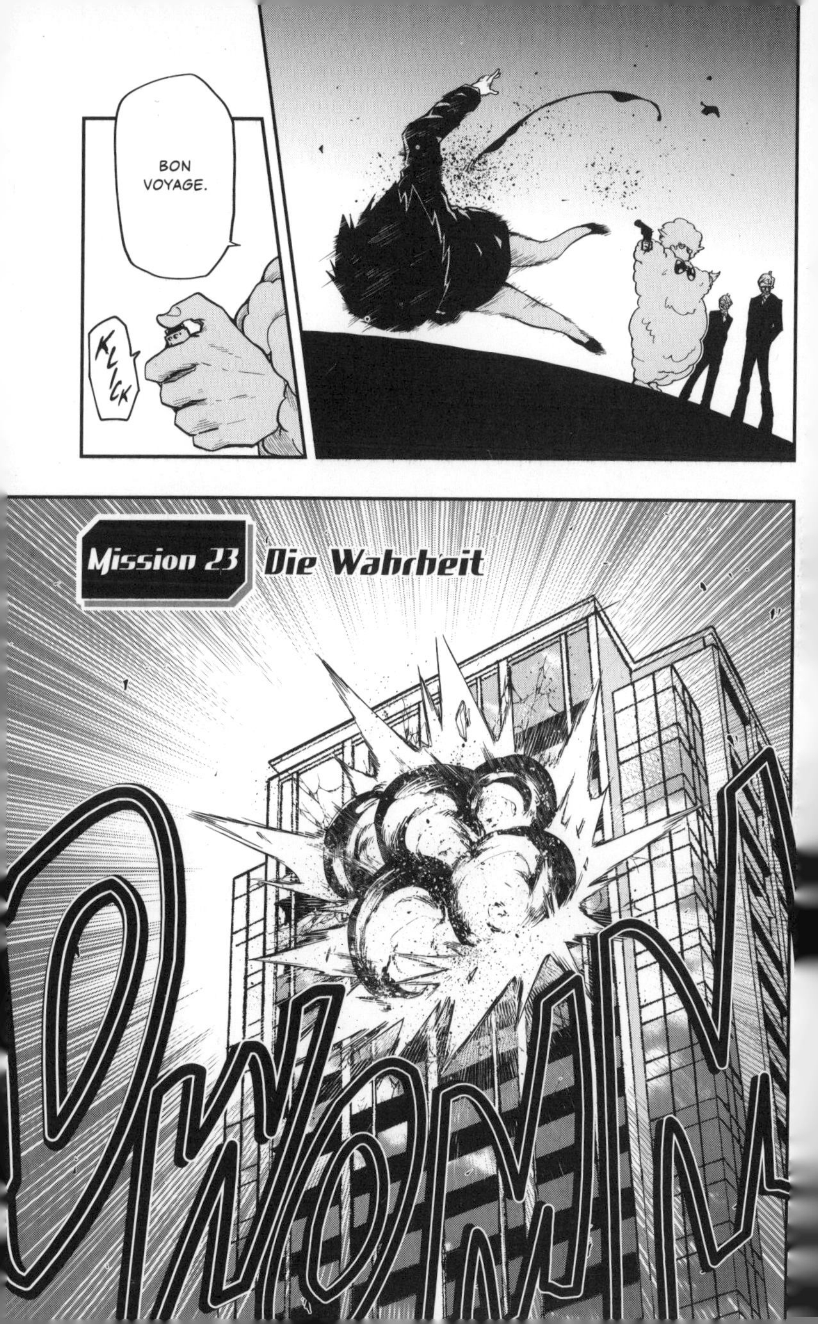
BON VOYAGE.
KLICK
Mission 23 Die Wahrheit

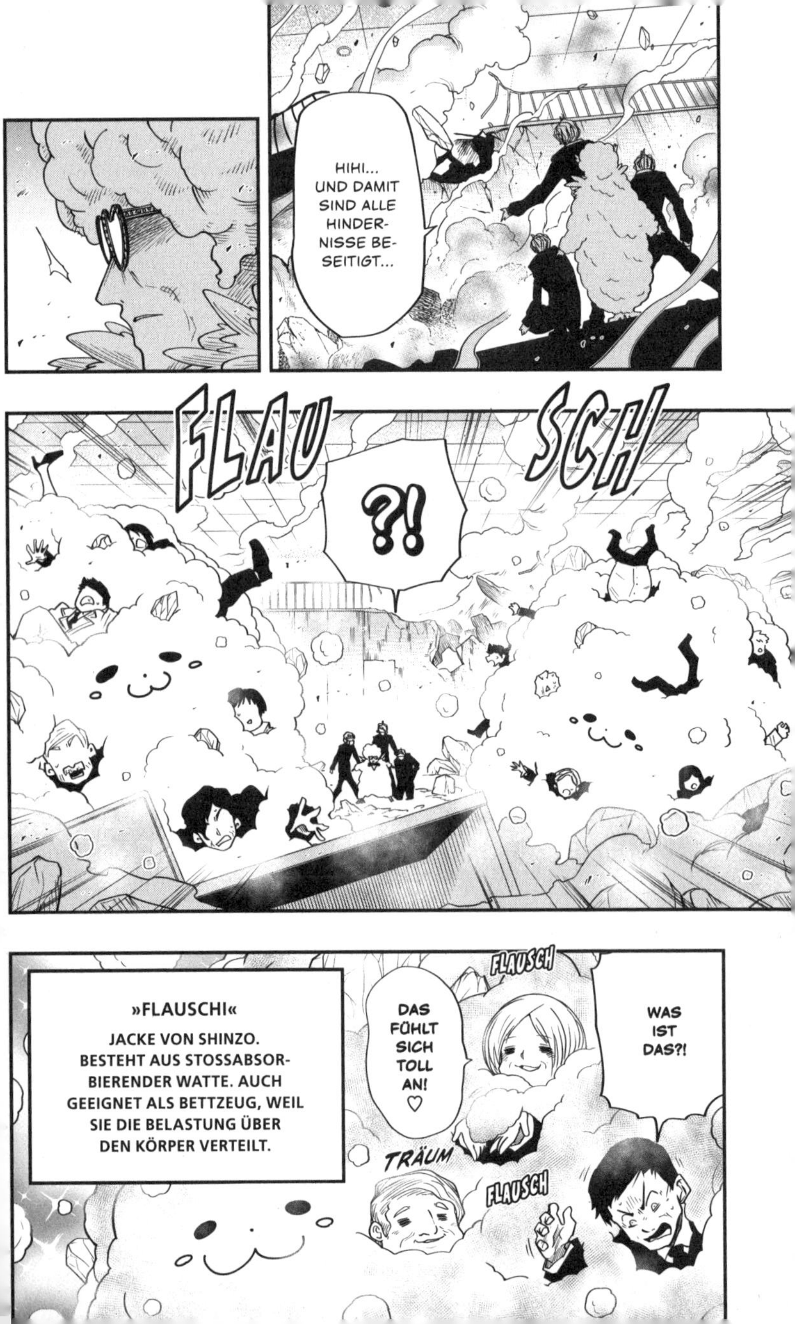
HIHI... UND DAMIT SIND ALLE HINDER-NISSE BE-SEITIGT...
FLAU SCH
?!
WAS IST DAS?!
FLAUSCH
DAS FÜHLT SICH TOLL AN! ♡
FLAUSCH
TRÄUM
»FLAUSCHI«
JACKE VON SHINZO. BESTEHT AUS STOSSABSOR-BIERENDER WATTE. AUCH GEEIGNET ALS BETTZEUG, WEIL SIE DIE BELASTUNG ÜBER DEN KÖRPER VERTEILT.

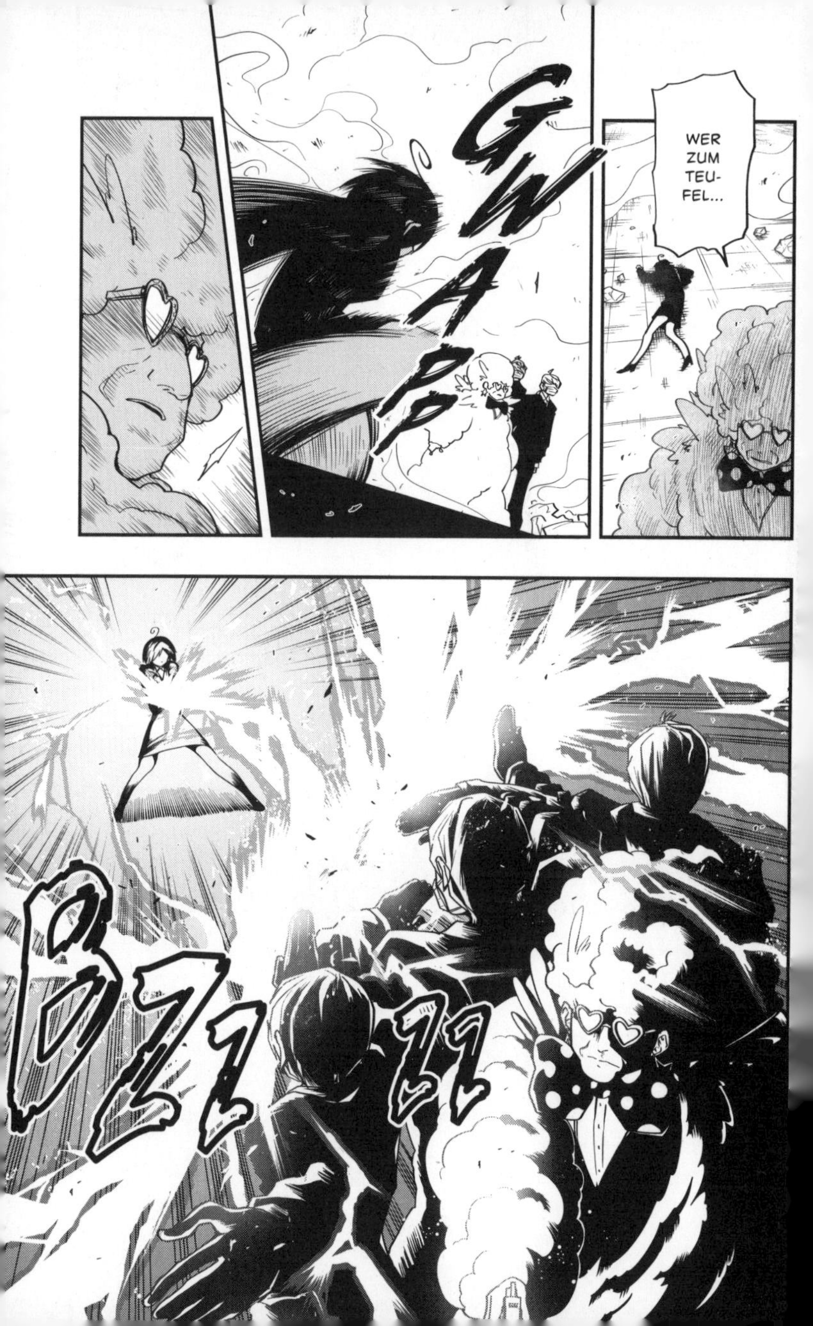
GWAPP
WER ZUM TEU-FEL...
BZZZZ

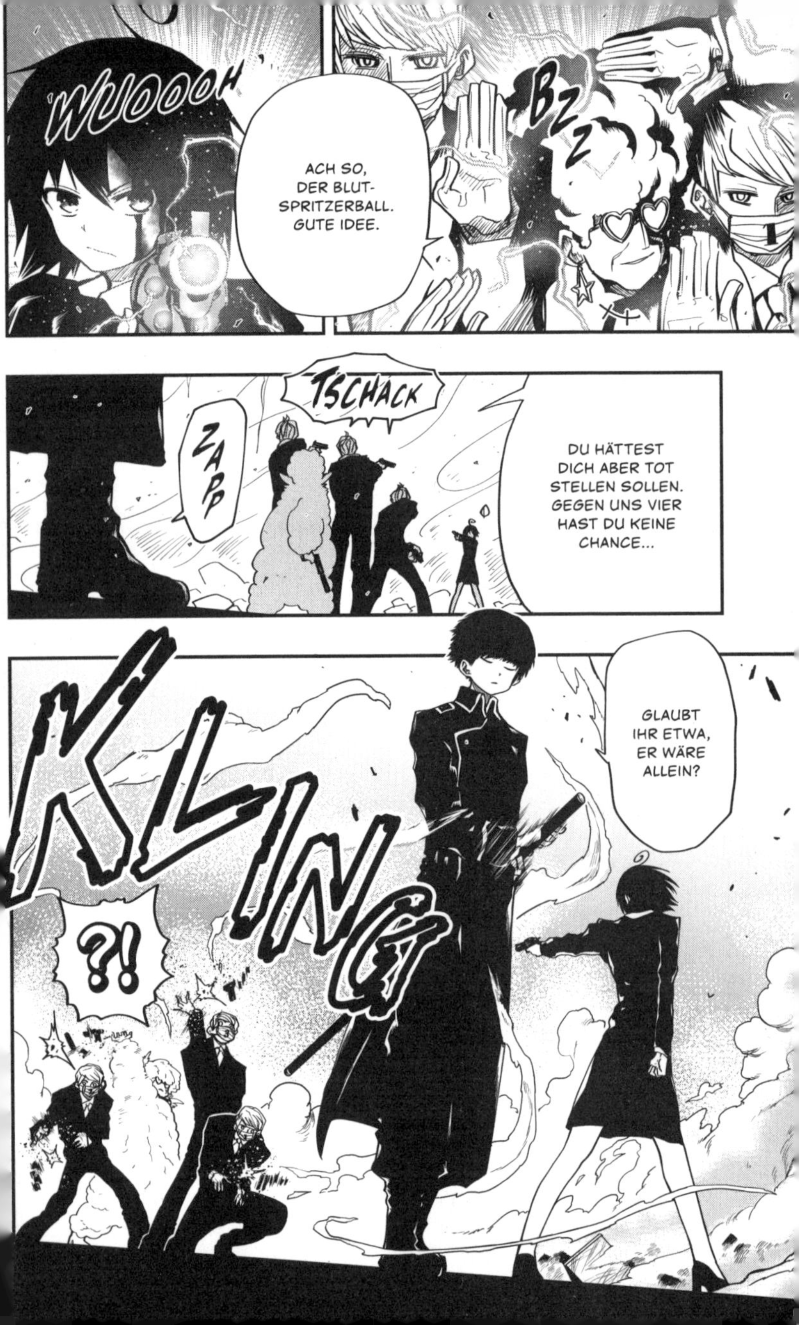
WUOOOH
BZZZ
ACH SO, DER BLUT-SPRITZERBALL. GUTE IDEE.
TSCHACK
ZAPP
DU HÄTTEST DICH ABER TOT STELLEN SOLLEN. GEGEN UNS VIER HAST DU KEINE CHANCE...
GLAUBT IHR ETWA, ER WÄRE ALLEIN?
KLING
?!

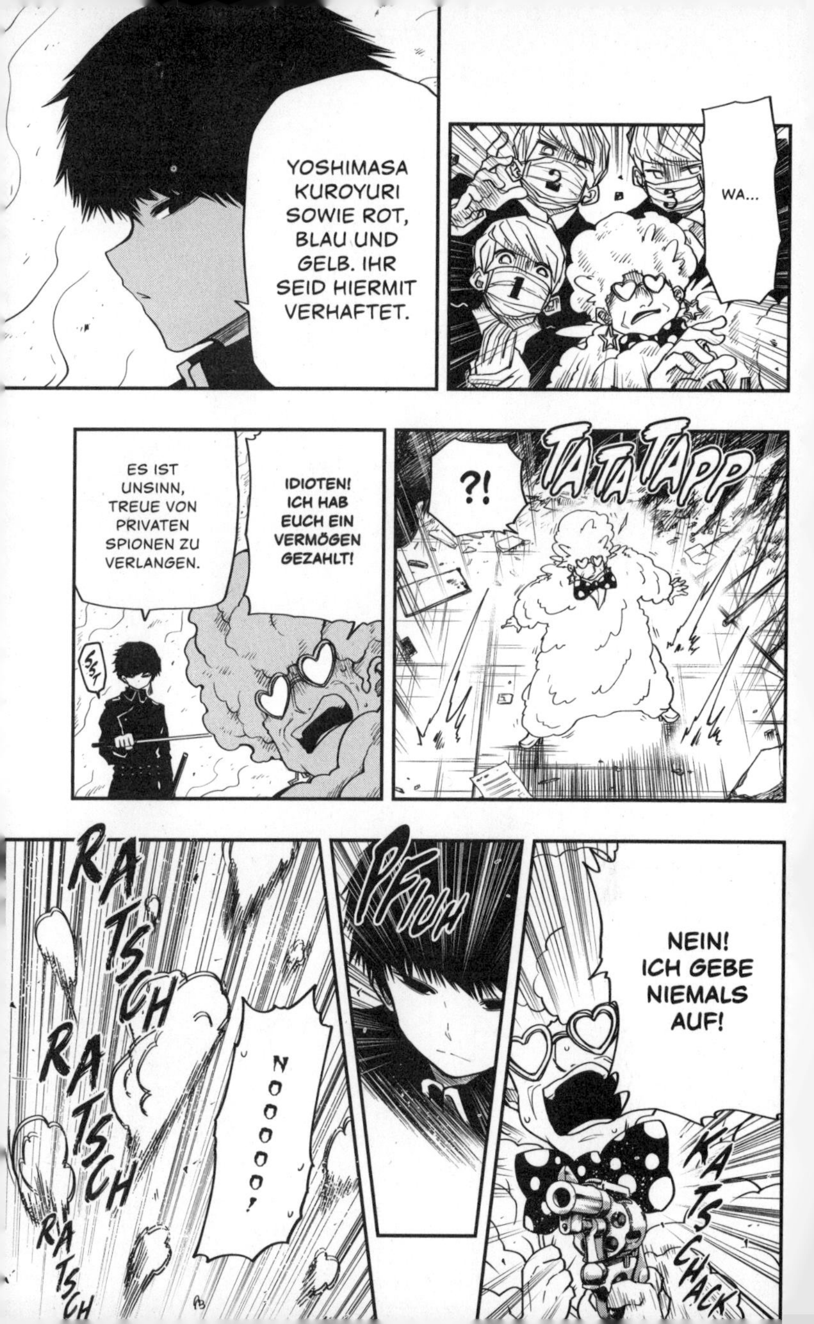
WA...
YOSHIMASA KUROYURI SOWIE ROT, BLAU UND GELB. IHR SEID HIERMIT VERHAFTET.
TATATAPP
?!
IDIOTEN! ICH HAB EUCH EIN VERMÖGEN GEZAHLT!
ES IST UNSINN, TREUE VON PRIVATEN SPIONEN ZU VERLANGEN.
NEIN! ICH GEBE NIEMALS AUF!
KATSCHACK
PFIUH
NOOOOOO!
RATSCH RATSCH RATSCH

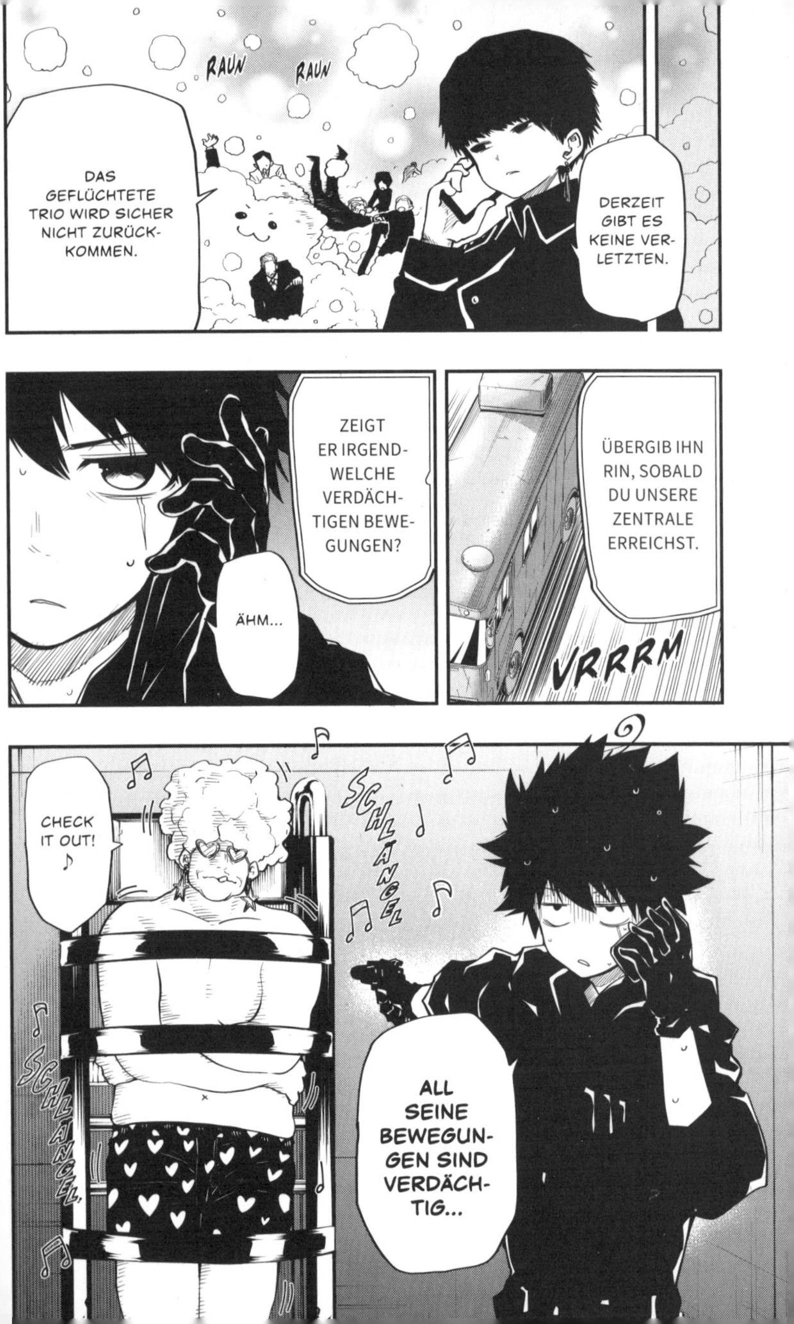
RAUN
RAUN
DERZEIT GIBT ES KEINE VERLETZTEN.
DAS GEFLÜCHTETE TRIO WIRD SICHER NICHT ZURÜCKKOMMEN.
ÜBERGIB IHN RIN, SOBALD DU UNSERE ZENTRALE ERREICHST.
VRRRM
ZEIGT ER IRGENDWELCHE VERDÄCHTIGEN BEWEGUNGEN?
ÄHM...
ALL SEINE BEWEGUNGEN SIND VERDÄCHTIG...
SCHLÄNGEL
CHECK IT OUT! ♪
SCHLÄNGEL,

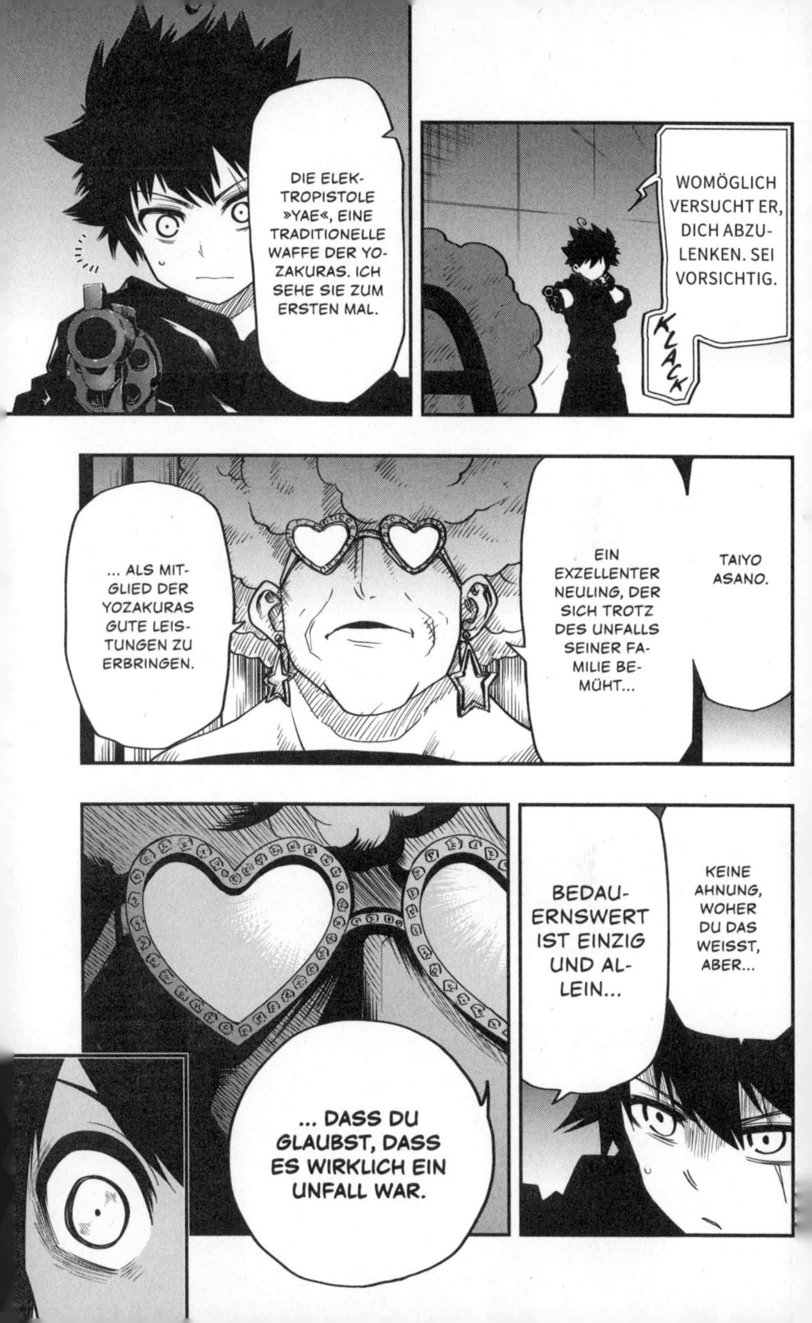
WOMÖGLICH VERSUCHT ER, DICH ABZULENKEN. SEI VORSICHTIG.
KLACK
DIE ELEKTROPISTOLE »YAE«, EINE TRADITIONELLE WAFFE DER YOZAKURAS. ICH SEHE SIE ZUM ERSTEN MAL.
TAIYO ASANO.
EIN EXZELLENTER NEULING, DER SICH TROTZ DES UNFALLS SEINER FAMILIE BEMÜHT...
... ALS MITGLIED DER YOZAKURAS GUTE LEISTUNGEN ZU ERBRINGEN.
KEINE AHNUNG, WOHER DU DAS WEISST, ABER...
BEDAUERNSWERT IST EINZIG UND ALLEIN...
... DASS DU GLAUBST, DASS ES WIRKLICH EIN UNFALL WAR.

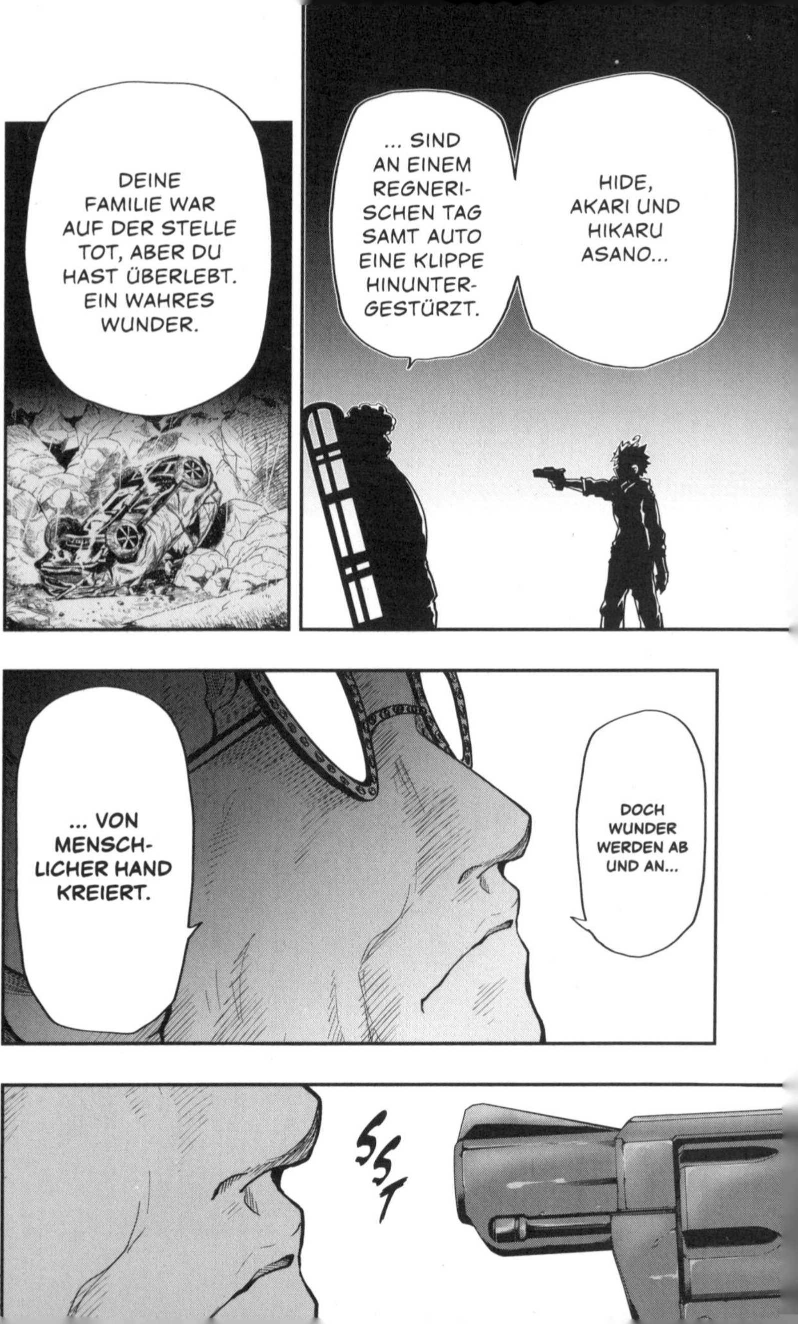
HIDE, AKARI UND HIKARU ASANO...
... SIND AN EINEM REGNERISCHEN TAG SAMT AUTO EINE KLIPPE HINUNTERGESTÜRZT.
DEINE FAMILIE WAR AUF DER STELLE TOT, ABER DU HAST ÜBERLEBT. EIN WAHRES WUNDER.
DOCH WUNDER WERDEN AB UND AN...
... VON MENSCHLICHER HAND KREIERT.
SST

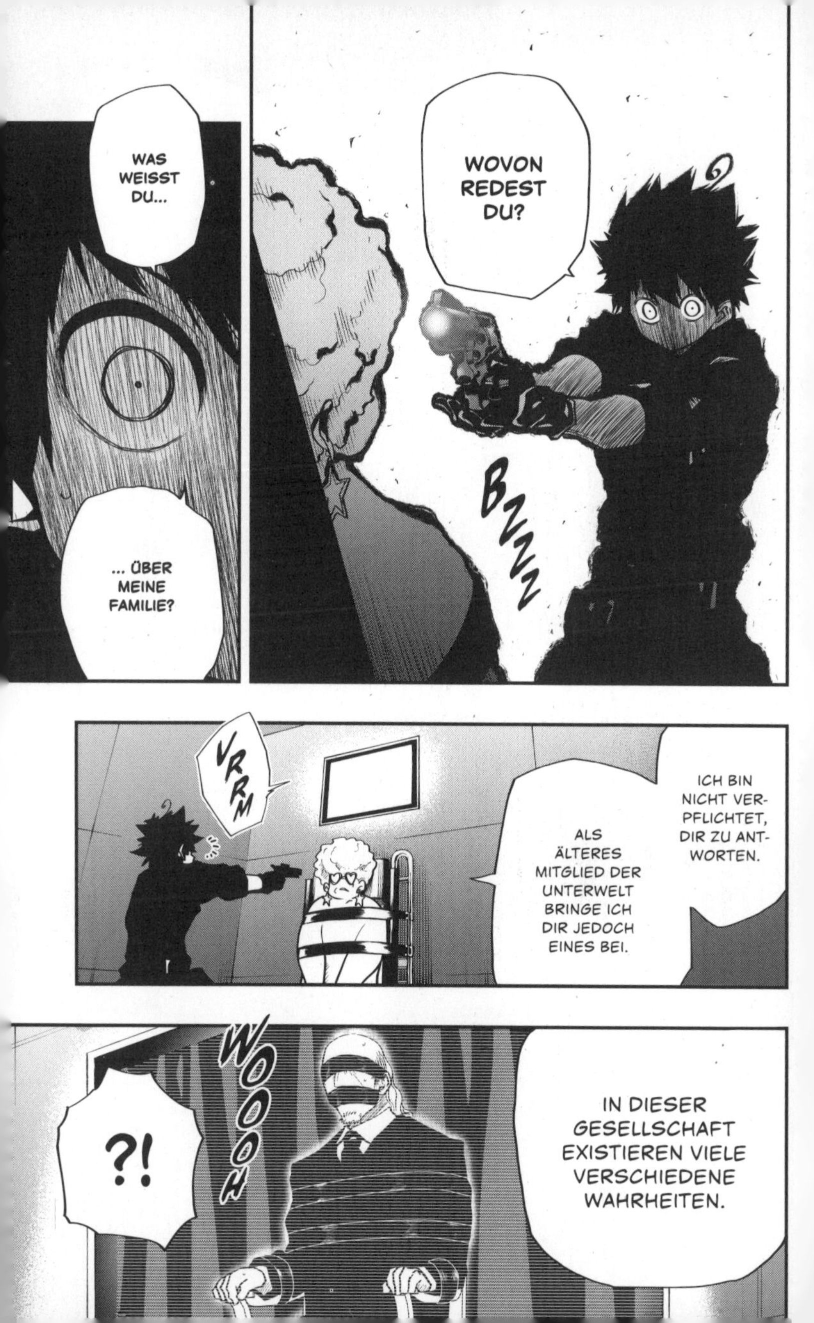
WOVON REDEST DU?
BZZZ
WAS WEISST DU...
... ÜBER MEINE FAMILIE?
ICH BIN NICHT VER-PFLICHTET, DIR ZU ANT-WORTEN.
ALS ÄLTERES MITGLIED DER UNTERWELT BRINGE ICH DIR JEDOCH EINES BEI.
VRRM
IN DIESER GESELLSCHAFT EXISTIEREN VIELE VERSCHIEDENE WAHRHEITEN.
WOOOOH
?!

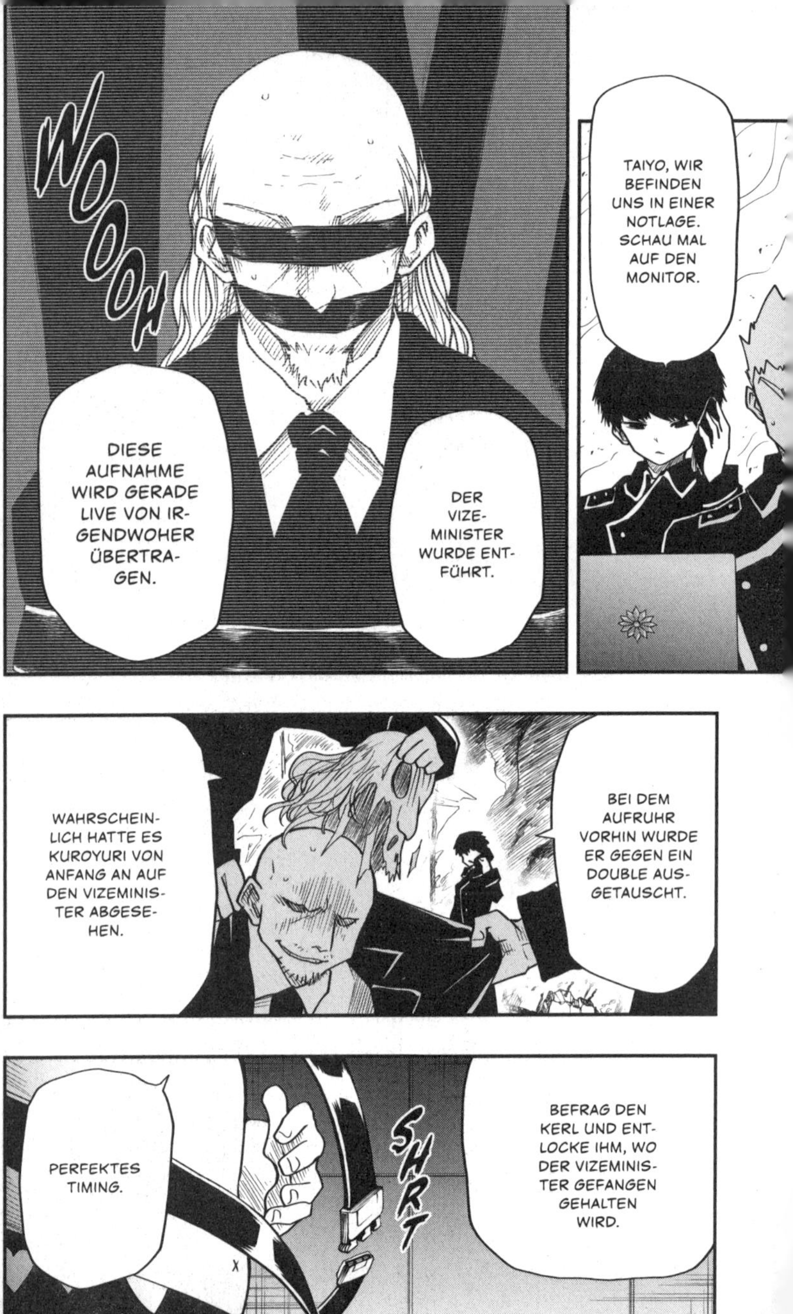

TAIYO, WIR BEFINDEN UNS IN EINER NOTLAGE. SCHAU MAL AUF DEN MONITOR.
DER VIZE-MINISTER WURDE ENT-FÜHRT.
DIESE AUFNAHME WIRD GERADE LIVE VON IR-GENDWOHER ÜBERTRA-GEN.
WOOOOH
BEI DEM AUFRUHR VORHIN WURDE ER GEGEN EIN DOUBLE AUS-GETAUSCHT.
WAHRSCHEIN-LICH HATTE ES KUROYURI VON ANFANG AN AUF DEN VIZEMINIS-TER ABGESE-HEN.
BEFRAG DEN KERL UND ENT-LOCKE IHM, WO DER VIZEMINIS-TER GEFANGEN GEHALTEN WIRD.
SHRT
PERFEKTES TIMING.

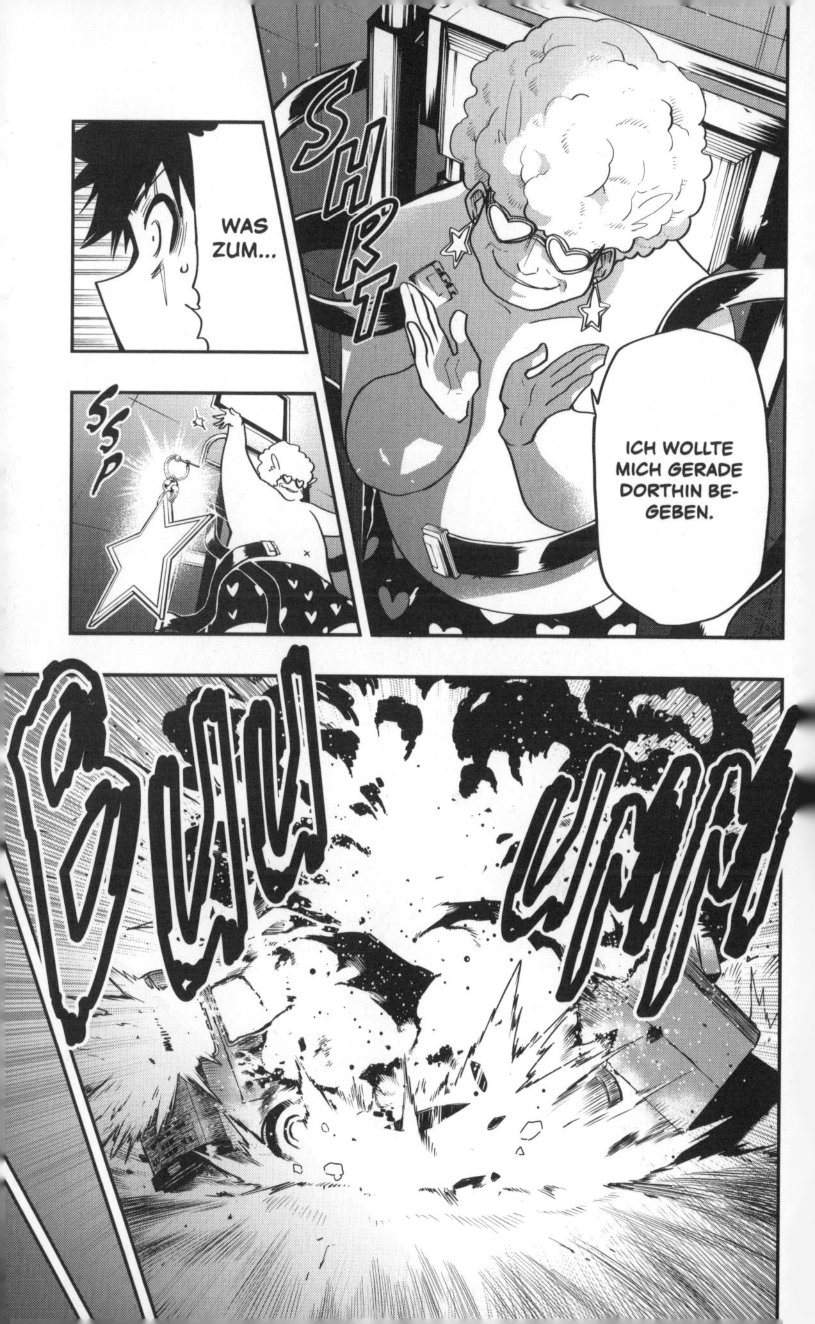
SHRT
ICH WOLLTE MICH GERADE DORTHIN BE-GEBEN.
WAS ZUM...
SSP

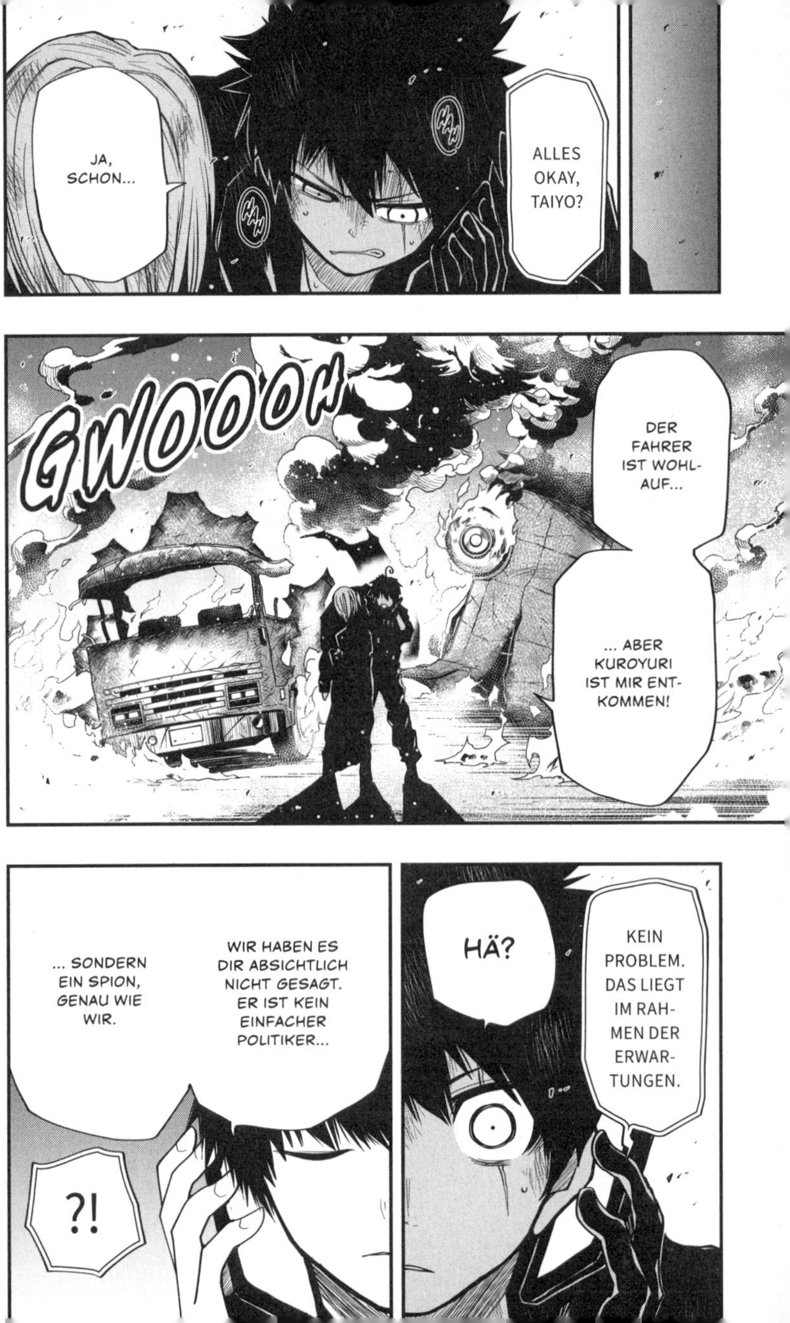
ALLES OKAY, TAIYO?
JA, SCHON…
GWOOOH
DER FAHRER IST WOHLAUF…
… ABER KUROYURI IST MIR ENTKOMMEN!
KEIN PROBLEM. DAS LIEGT IM RAHMEN DER ERWARTUNGEN.
HÄ?
WIR HABEN ES DIR ABSICHTLICH NICHT GESAGT. ER IST KEIN EINFACHER POLITIKER…
… SONDERN EIN SPION, GENAU WIE WIR.
?!

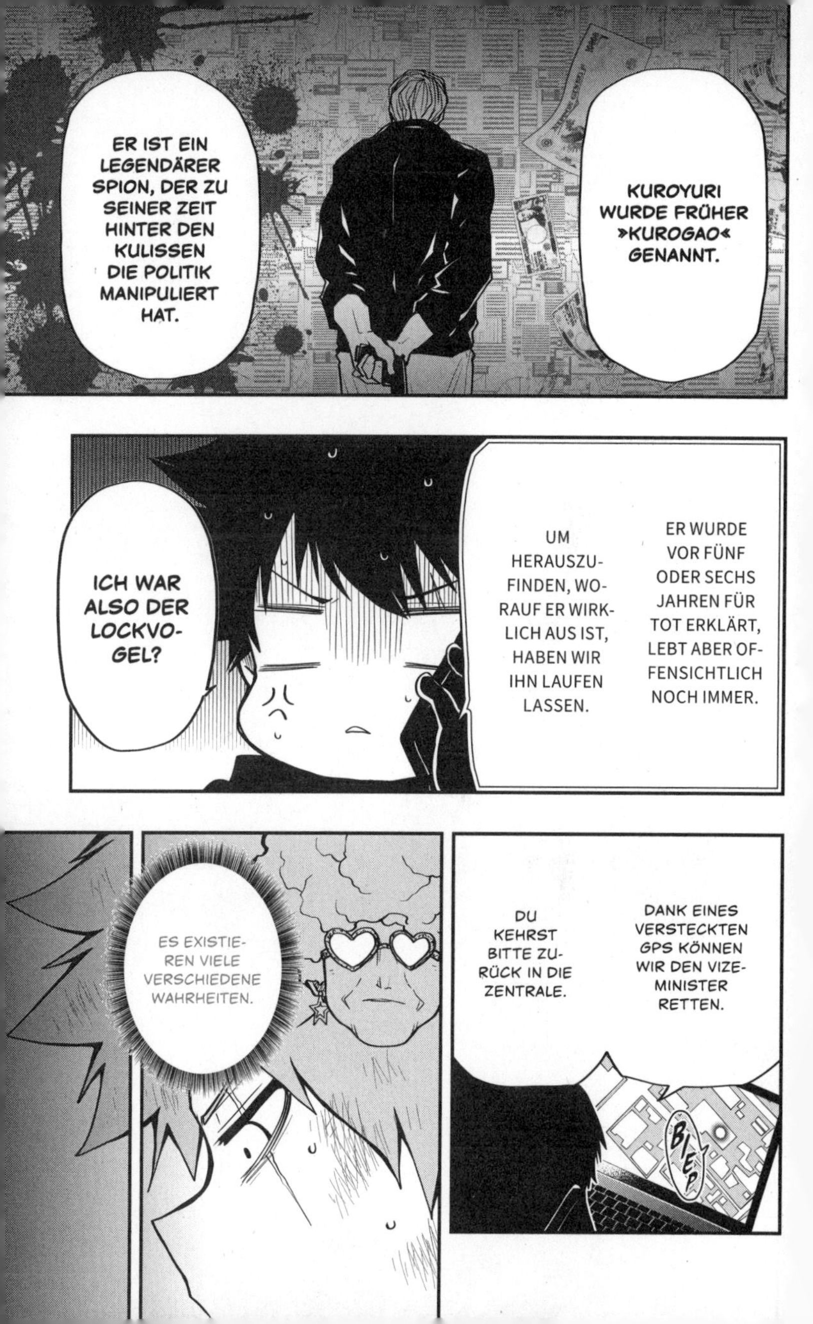
KUROYURI WURDE FRÜHER »KUROGAO« GENANNT.
ER IST EIN LEGENDÄRER SPION, DER ZU SEINER ZEIT HINTER DEN KULISSEN DIE POLITIK MANIPULIERT HAT.
ER WURDE VOR FÜNF ODER SECHS JAHREN FÜR TOT ERKLÄRT, LEBT ABER OFFENSICHTLICH NOCH IMMER.
UM HERAUSZUFINDEN, WORAUF ER WIRKLICH AUS IST, HABEN WIR IHN LAUFEN LASSEN.
ICH WAR ALSO DER LOCKVOGEL?
DANK EINES VERSTECKTEN GPS KÖNNEN WIR DEN VIZEMINISTER RETTEN.
DU KEHRST BITTE ZURÜCK IN DIE ZENTRALE.
BIEP
ES EXISTIEREN VIELE VERSCHIEDENE WAHRHEITEN.

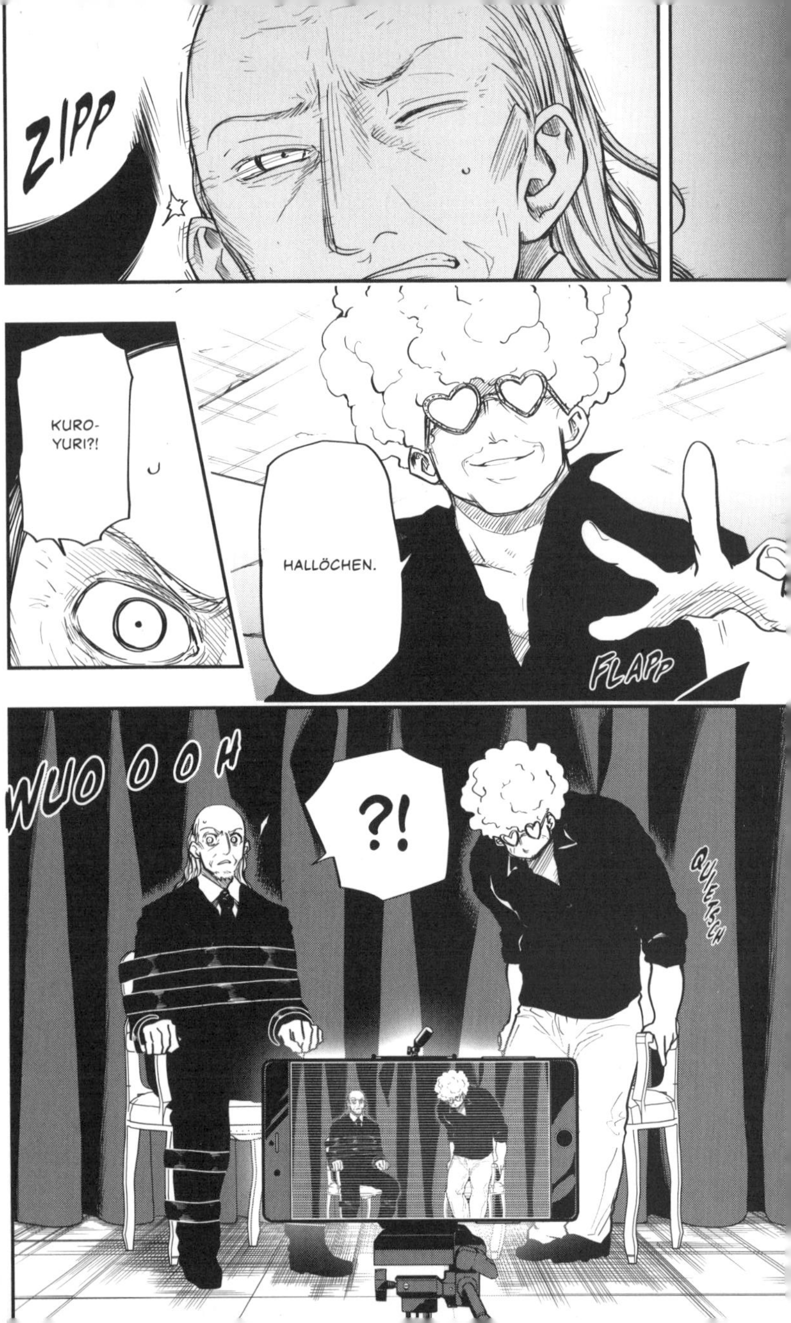
ZIPP
KURO-
YURI?!
HALLÖCHEN.
FLAPP
WUOOOH
?!
QUIETSCH

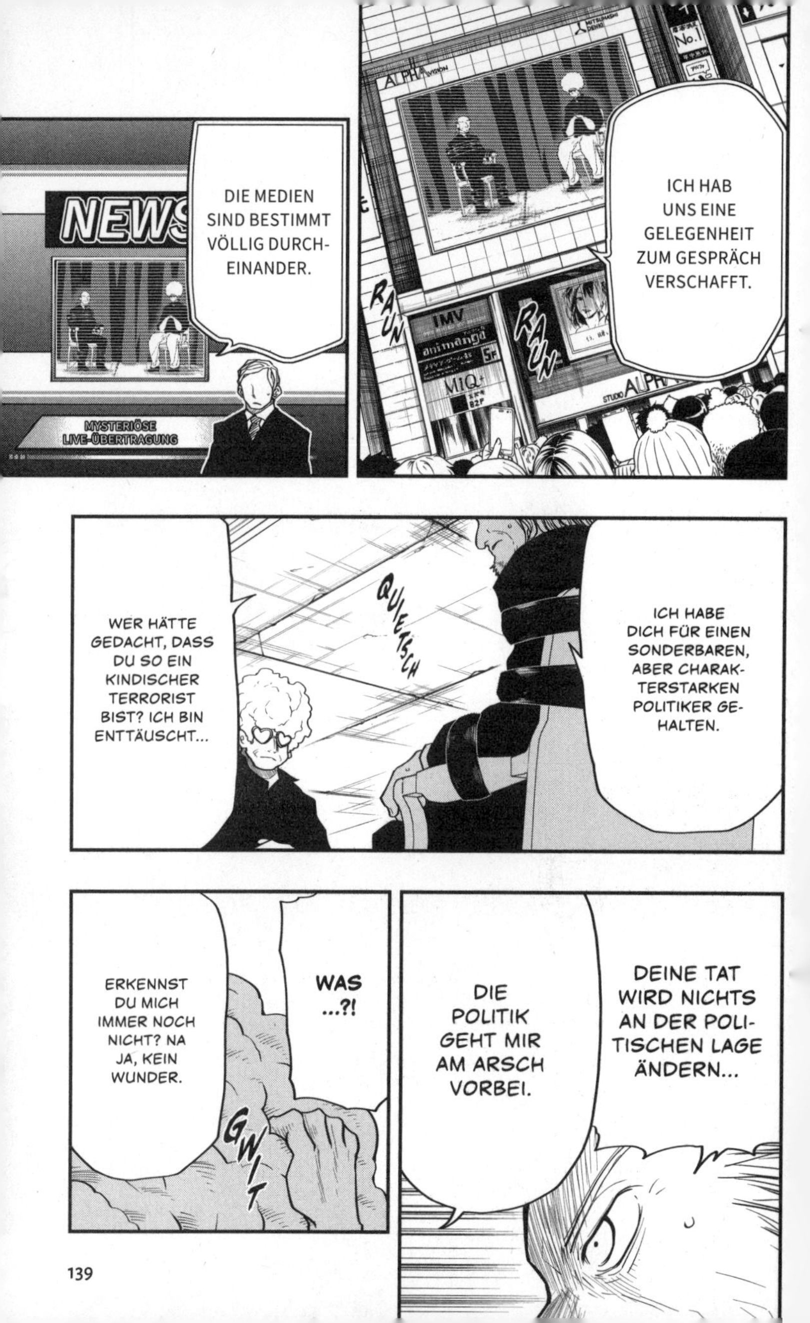

ICH HAB UNS EINE GELEGENHEIT ZUM GESPRÄCH VERSCHAFFT.
RAUN
RAUN
NEWS
DIE MEDIEN SIND BESTIMMT VÖLLIG DURCH-EINANDER.
MYSTERIÖSE LIVE-ÜBERTRAGUNG
ICH HABE DICH FÜR EINEN SONDERBAREN, ABER CHARAK-TERSTARKEN POLITIKER GE-HALTEN.
QUIETSCH
WER HÄTTE GEDACHT, DASS DU SO EIN KINDISCHER TERRORIST BIST? ICH BIN ENTTÄUSCHT...
DEINE TAT WIRD NICHTS AN DER POLI-TISCHEN LAGE ÄNDERN...
DIE POLITIK GEHT MIR AM ARSCH VORBEI.
WAS ...?!
ERKENNST DU MICH IMMER NOCH NICHT? NA JA, KEIN WUNDER.
GWIT

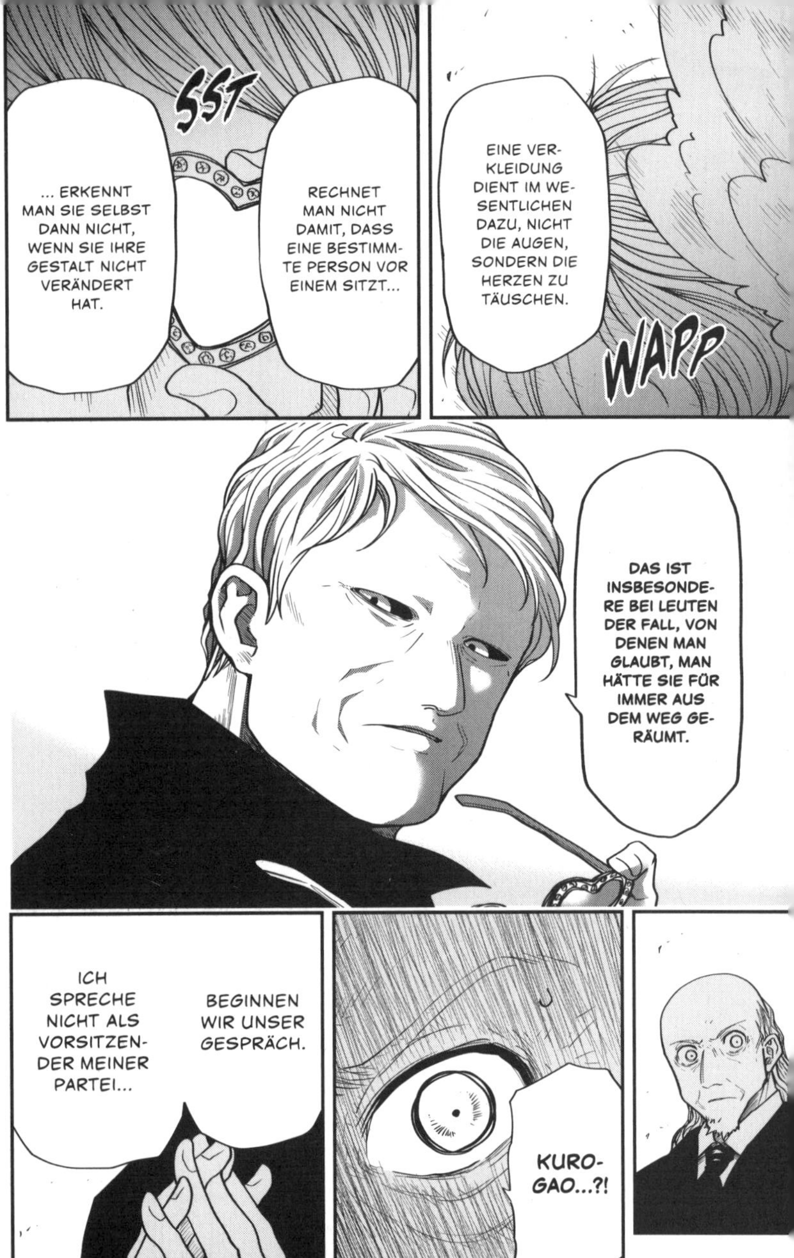
WAPP
EINE VERKLEIDUNG DIENT IM WESENTLICHEN DAZU, NICHT DIE AUGEN, SONDERN DIE HERZEN ZU TÄUSCHEN.
SST
RECHNET MAN NICHT DAMIT, DASS EINE BESTIMMTE PERSON VOR EINEM SITZT...
... ERKENNT MAN SIE SELBST DANN NICHT, WENN SIE IHRE GESTALT NICHT VERÄNDERT HAT.
DAS IST INSBESONDERE BEI LEUTEN DER FALL, VON DENEN MAN GLAUBT, MAN HÄTTE SIE FÜR IMMER AUS DEM WEG GERÄUMT.
KURO-GAO...?!
ICH SPRECHE NICHT ALS VORSITZENDER MEINER PARTEI...
BEGINNEN WIR UNSER GESPRÄCH.

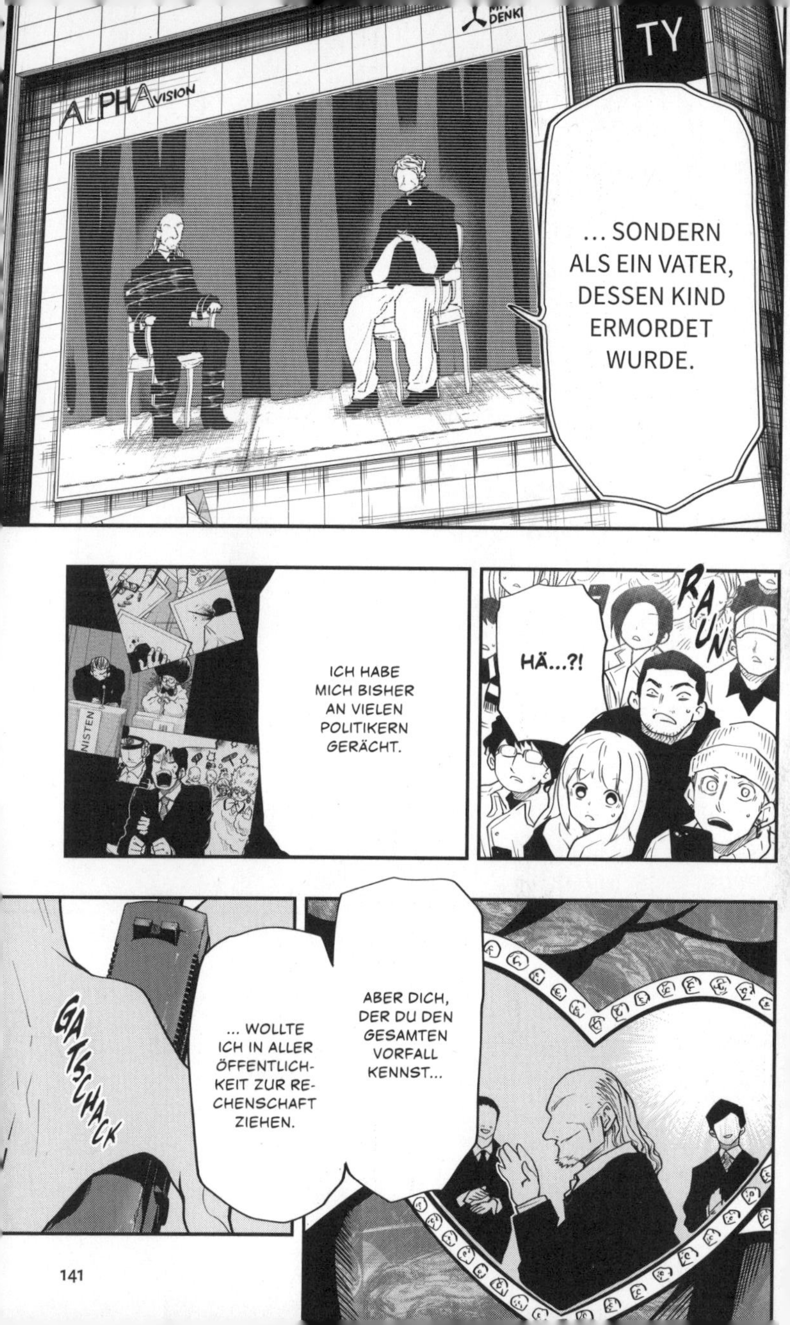

TY
ALPHA VISION
DENKI
... SONDERN ALS EIN VATER, DESSEN KIND ERMORDET WURDE.
RAUN
HÄ...?!
ICH HABE MICH BISHER AN VIELEN POLITIKERN GERÄCHT.
ABER DICH, DER DU DEN GESAMTEN VORFALL KENNST...
... WOLLTE ICH IN ALLER ÖFFENTLICH-KEIT ZUR RE-CHENSCHAFT ZIEHEN.
GATSCHACK

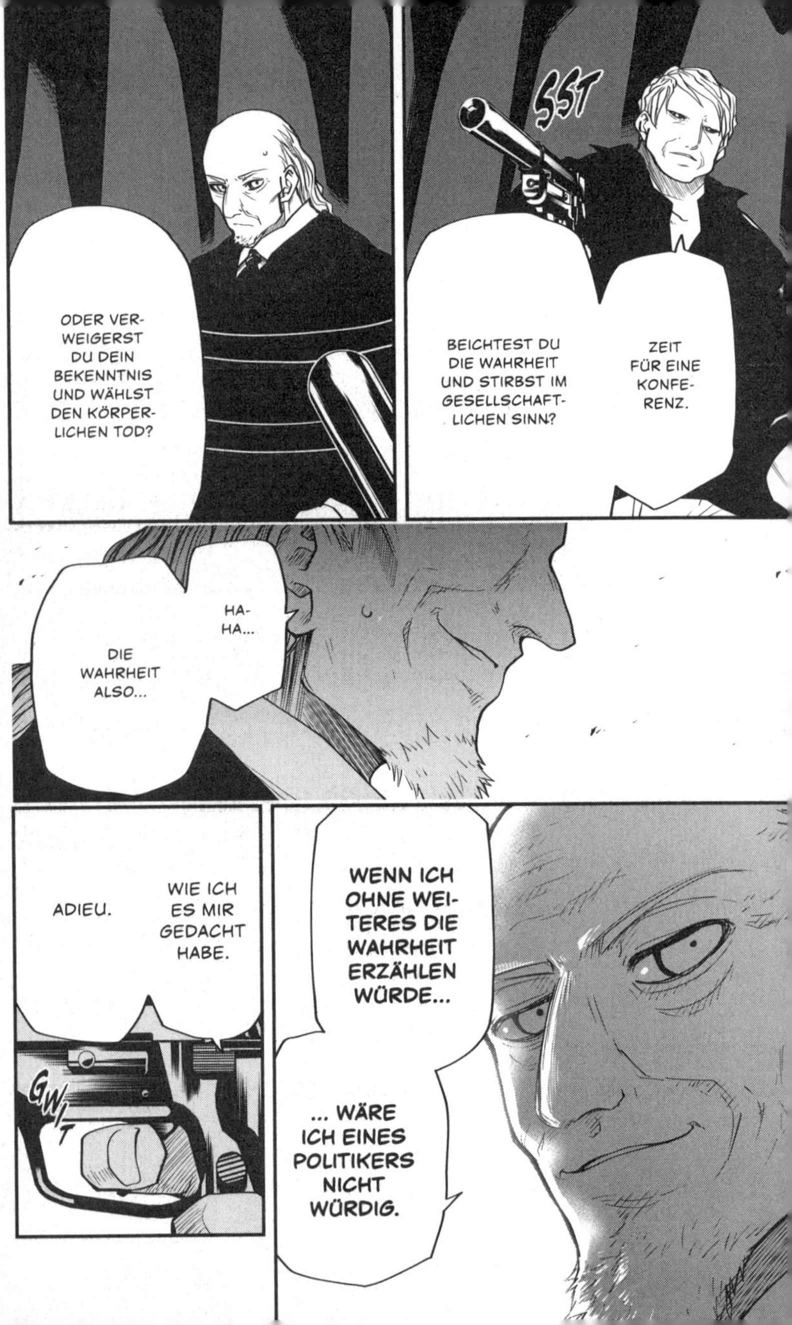
SST
ZEIT FÜR EINE KONFERENZ.
BEICHTEST DU DIE WAHRHEIT UND STIRBST IM GESELLSCHAFTLICHEN SINN?
ODER VERWEIGERST DU DEIN BEKENNTNIS UND WÄHLST DEN KÖRPERLICHEN TOD?
HAHA...
DIE WAHRHEIT ALSO...
WENN ICH OHNE WEITERES DIE WAHRHEIT ERZÄHLEN WÜRDE...
... WÄRE ICH EINES POLITIKERS NICHT WÜRDIG.
WIE ICH ES MIR GEDACHT HABE.
ADIEU.
GWIT

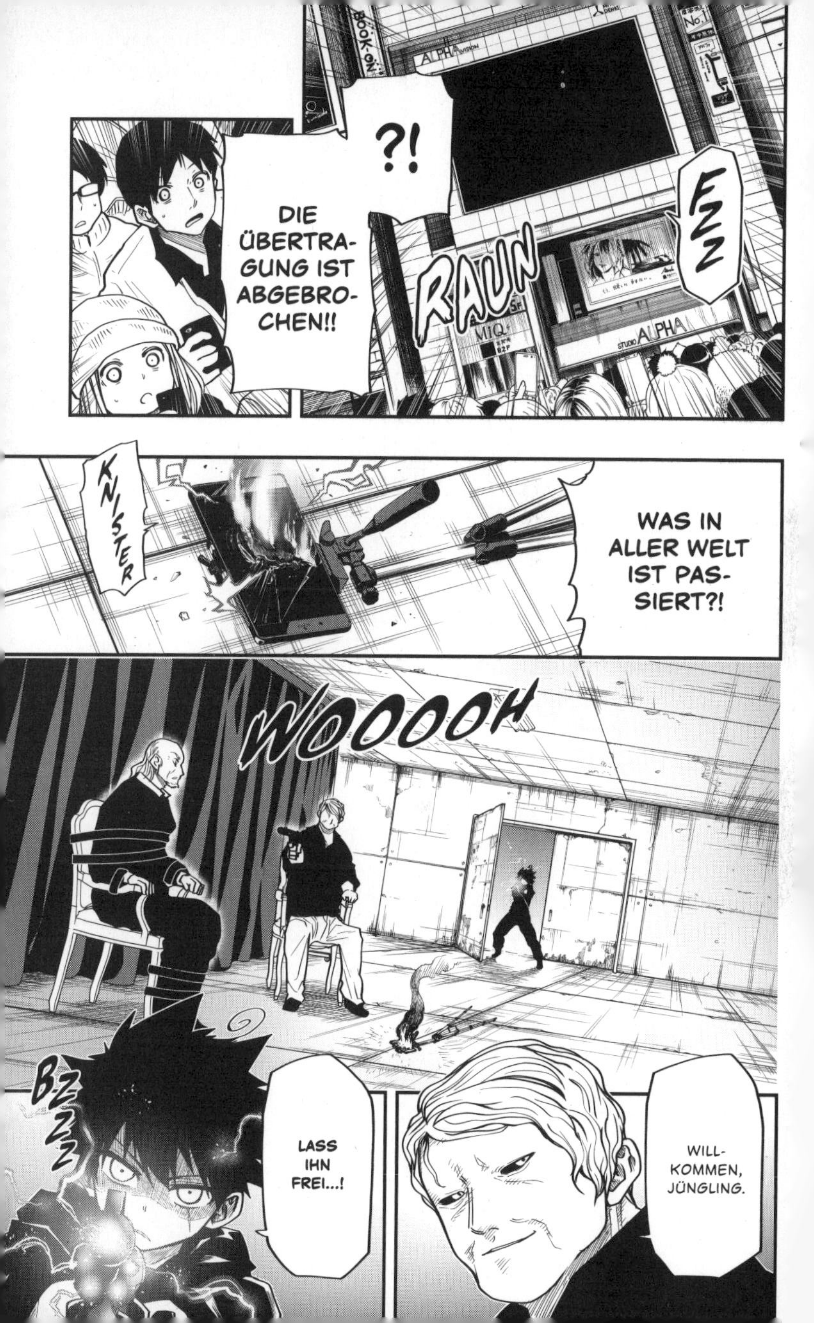
FZZ
RAUN
?!
DIE ÜBERTRAGUNG IST ABGEBROCHEN!!
WAS IN ALLER WELT IST PASSIERT?!
KNISTER
WOOOOH
WILLKOMMEN, JÜNGLING.
LASS IHN FREI...!
B-ZZZ

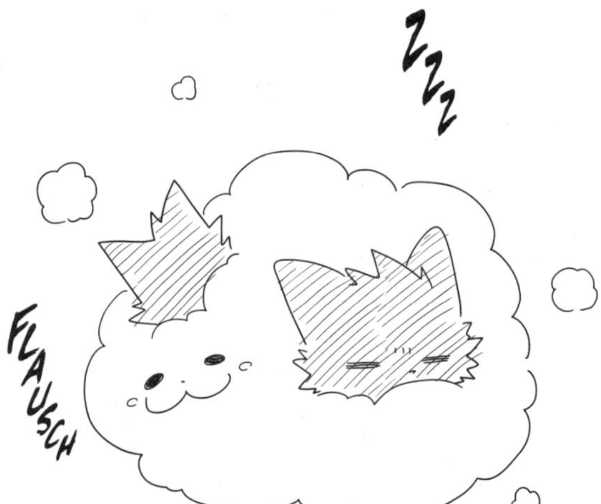
FLAUSCH
ZZZ

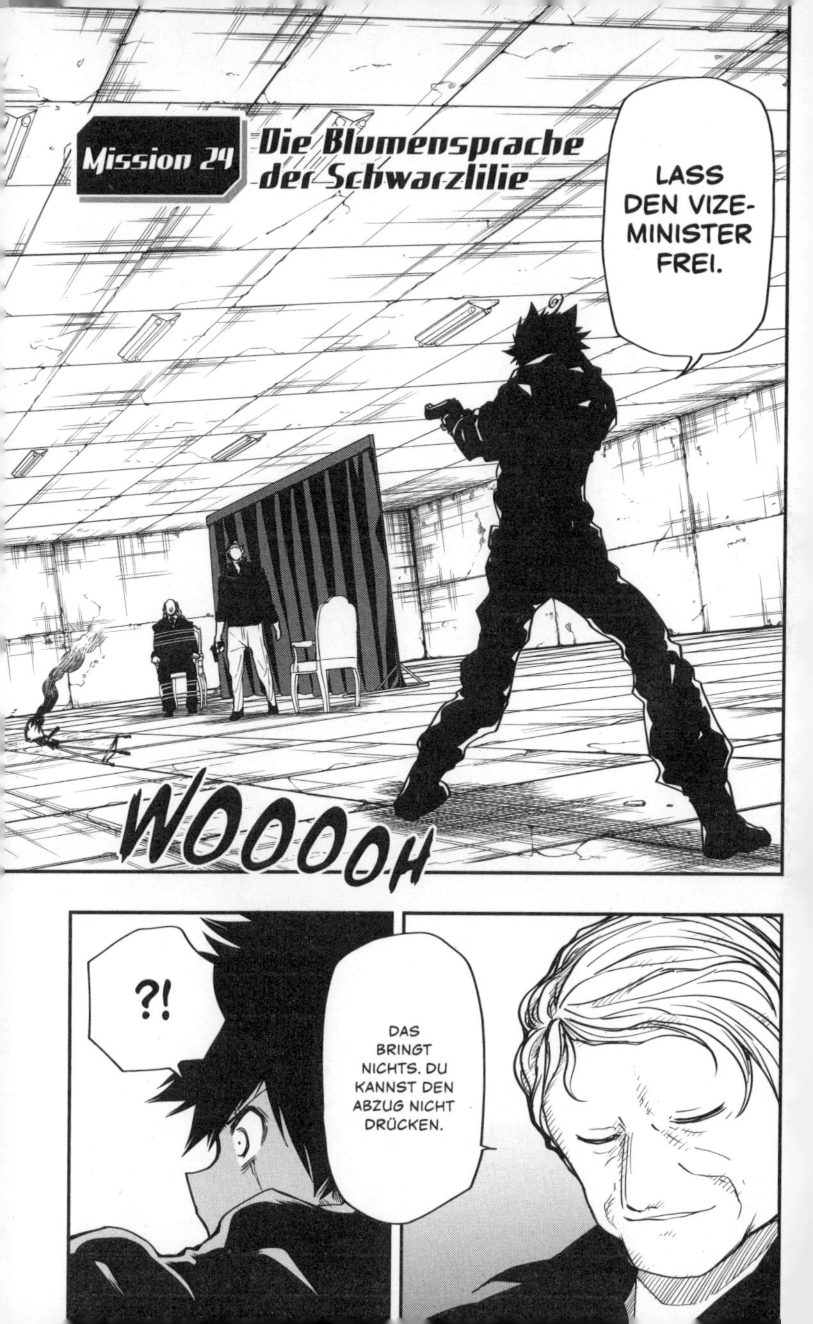
Mission 24
Die Blumensprache der Schwarzlilie
LASS DEN VIZE-MINISTER FREI.
WOOOOH
DAS BRINGT NICHTS. DU KANNST DEN ABZUG NICHT DRÜCKEN.
?!

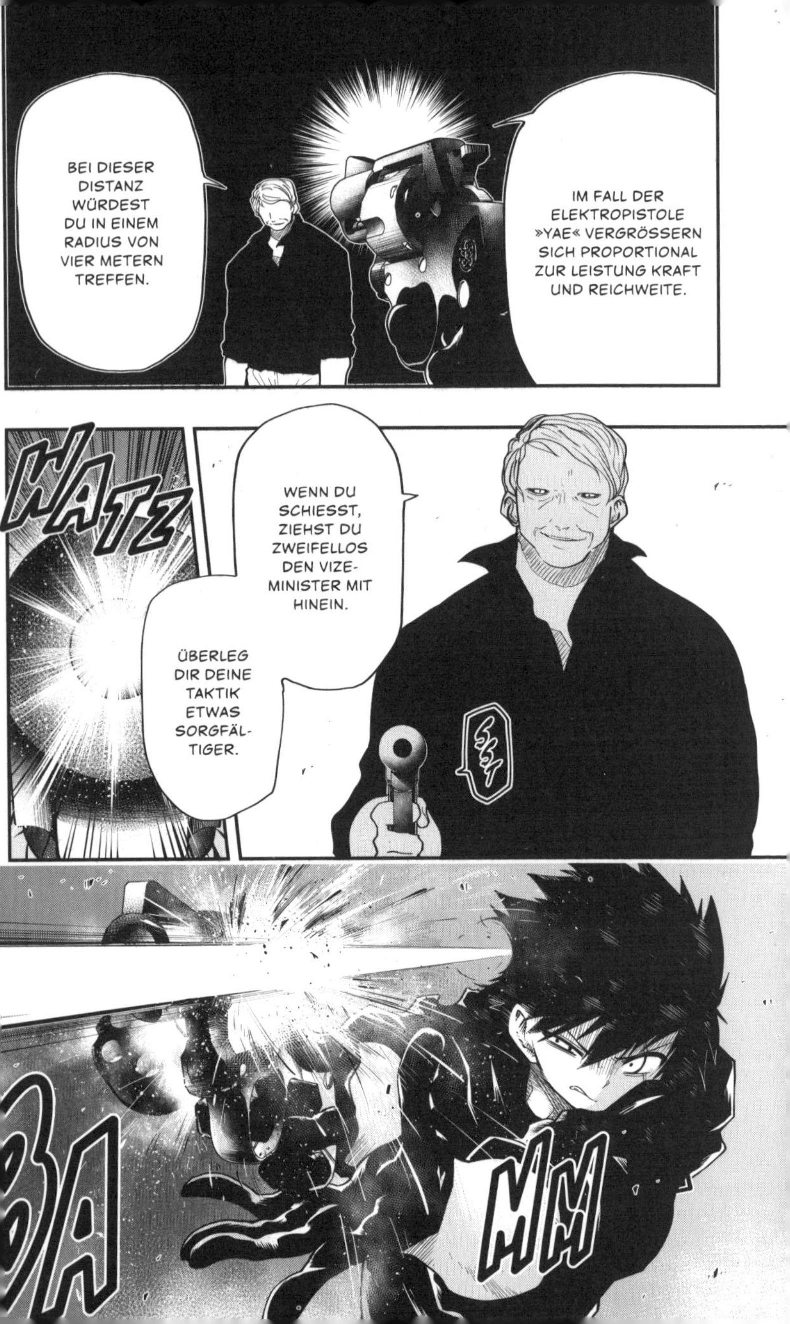

IM FALL DER ELEKTROPISTOLE »YAE« VERGRÖSSERN SICH PROPORTIONAL ZUR LEISTUNG KRAFT UND REICHWEITE.
BEI DIESER DISTANZ WÜRDEST DU IN EINEM RADIUS VON VIER METERN TREFFEN.
WENN DU SCHIESST, ZIEHST DU ZWEIFELLOS DEN VIZE-MINISTER MIT HINEIN.
ÜBERLEG DIR DEINE TAKTIK ETWAS SORGFÄL-TIGER.
WATZ
BAMM

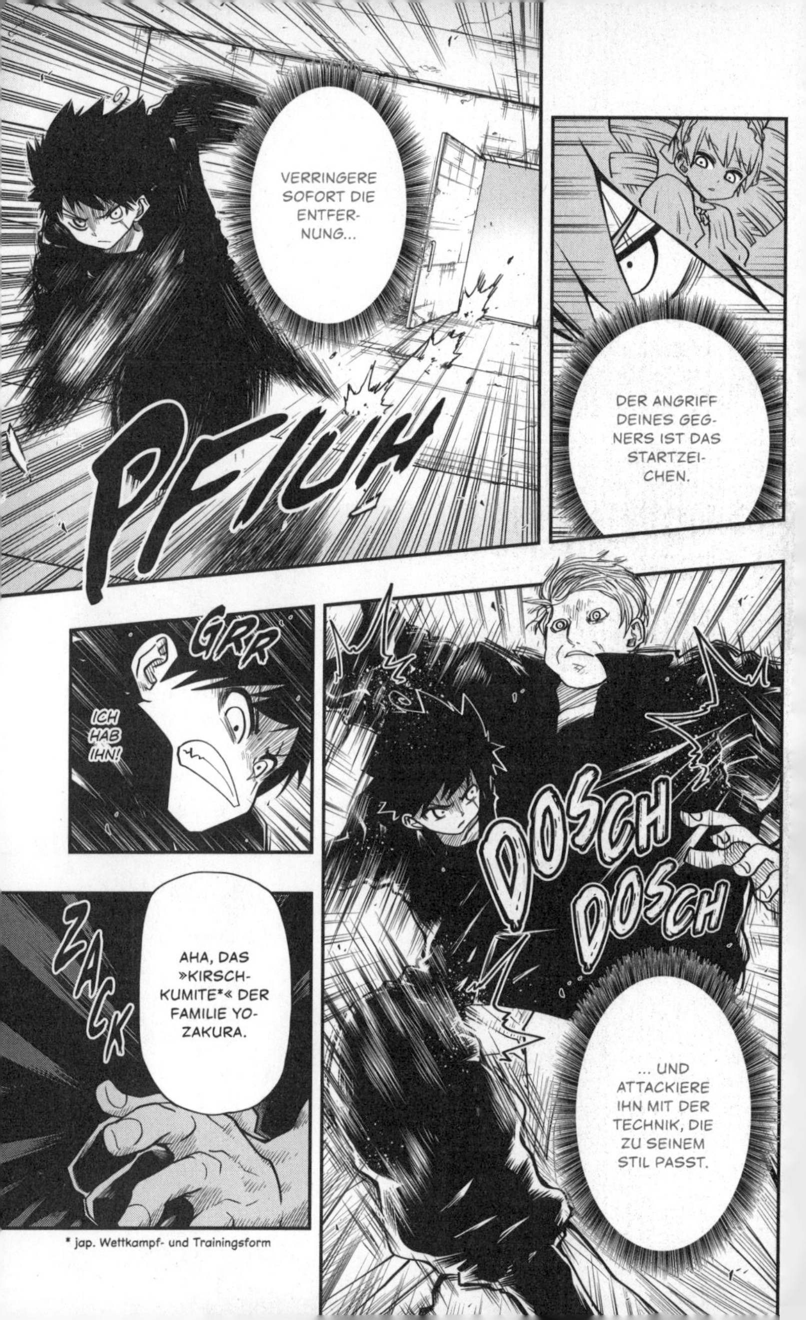

* jap. Wettkampf- und Trainingsform

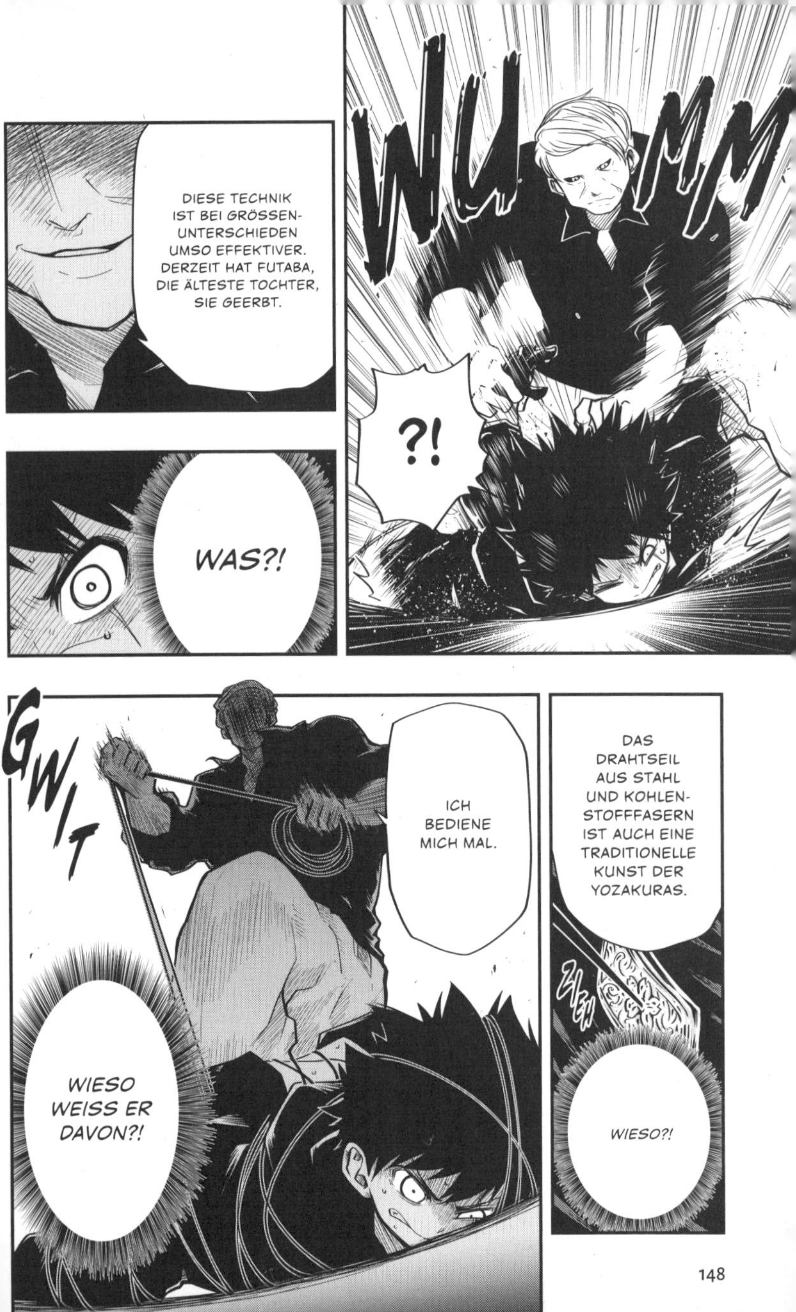
WUMM
?!
DIESE TECHNIK IST BEI GRÖSSEN-UNTERSCHIEDEN UMSO EFFEKTIVER. DERZEIT HAT FUTABA, DIE ÄLTESTE TOCHTER, SIE GEERBT.
WAS?!
DAS DRAHTSEIL AUS STAHL UND KOHLEN-STOFFFASERN IST AUCH EINE TRADITIONELLE KUNST DER YOZAKURAS.
WIESO?!
GWIT
ICH BEDIENE MICH MAL.
WIESO WEISS ER DAVON?!

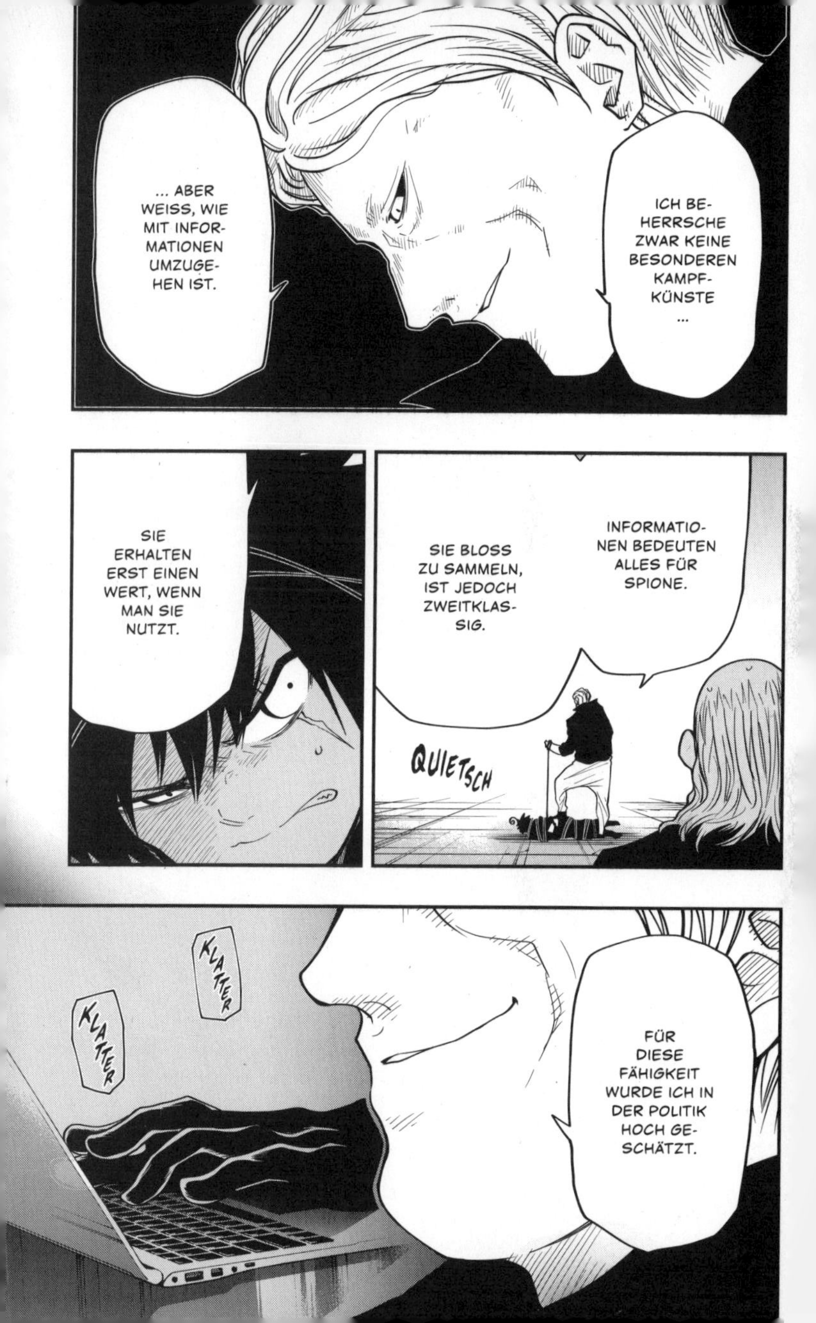
ICH BEHERRSCHE ZWAR KEINE BESONDEREN KAMPFKÜNSTE ...
... ABER WEISS, WIE MIT INFORMATIONEN UMZUGEHEN IST.
INFORMATIONEN BEDEUTEN ALLES FÜR SPIONE.
SIE BLOSS ZU SAMMELN, IST JEDOCH ZWEITKLASSIG.
QUIETSCH
SIE ERHALTEN ERST EINEN WERT, WENN MAN SIE NUTZT.
FÜR DIESE FÄHIGKEIT WURDE ICH IN DER POLITIK HOCH GESCHÄTZT.
KLATTER
KLATTER

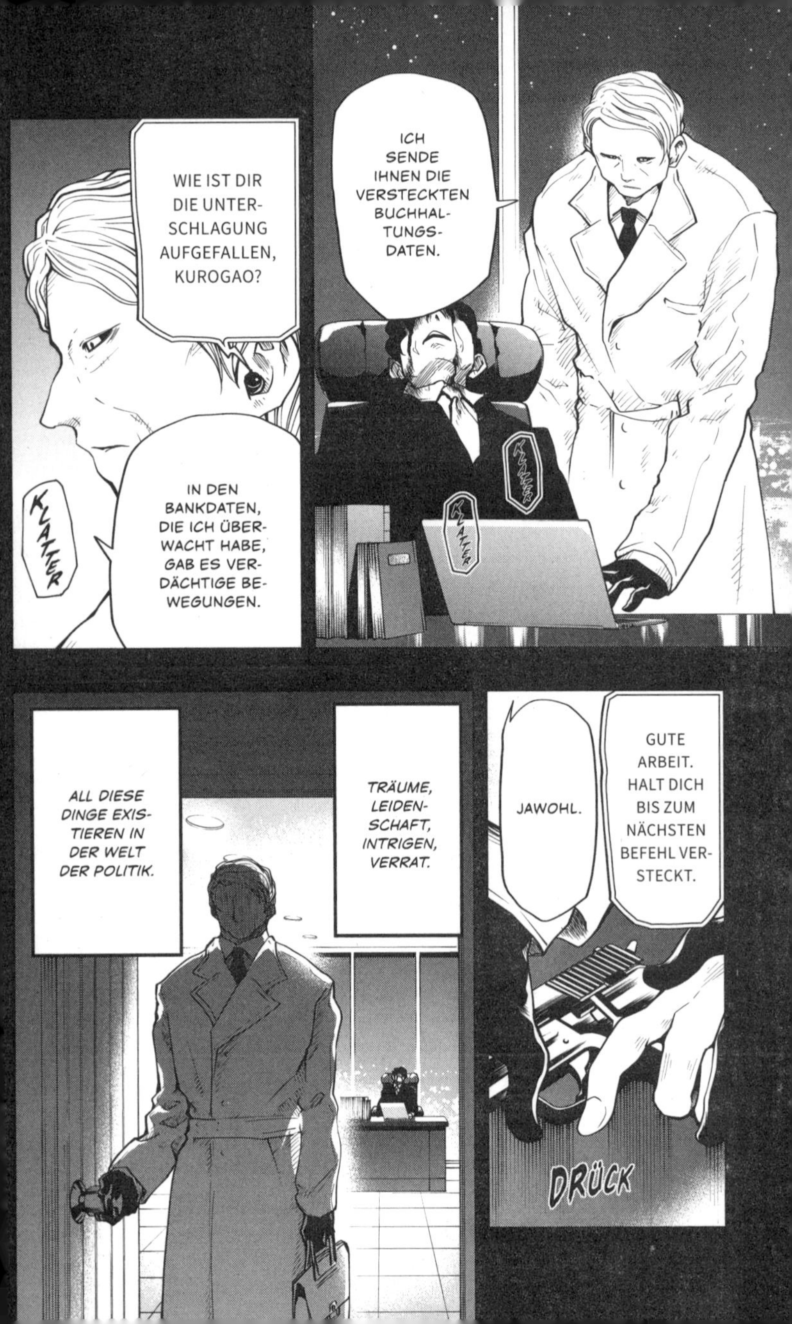

ICH SENDE IHNEN DIE VERSTECKTEN BUCHHALTUNGSDATEN.
KLATTER
KLATTER
WIE IST DIR DIE UNTERSCHLAGUNG AUFGEFALLEN, KUROGAO?
IN DEN BANKDATEN, DIE ICH ÜBERWACHT HABE, GAB ES VERDÄCHTIGE BEWEGUNGEN.
KLATTER
GUTE ARBEIT. HALT DICH BIS ZUM NÄCHSTEN BEFEHL VERSTECKT.
JAWOHL.
DRÜCK
TRÄUME, LEIDENSCHAFT, INTRIGEN, VERRAT.
ALL DIESE DINGE EXISTIEREN IN DER WELT DER POLITIK.

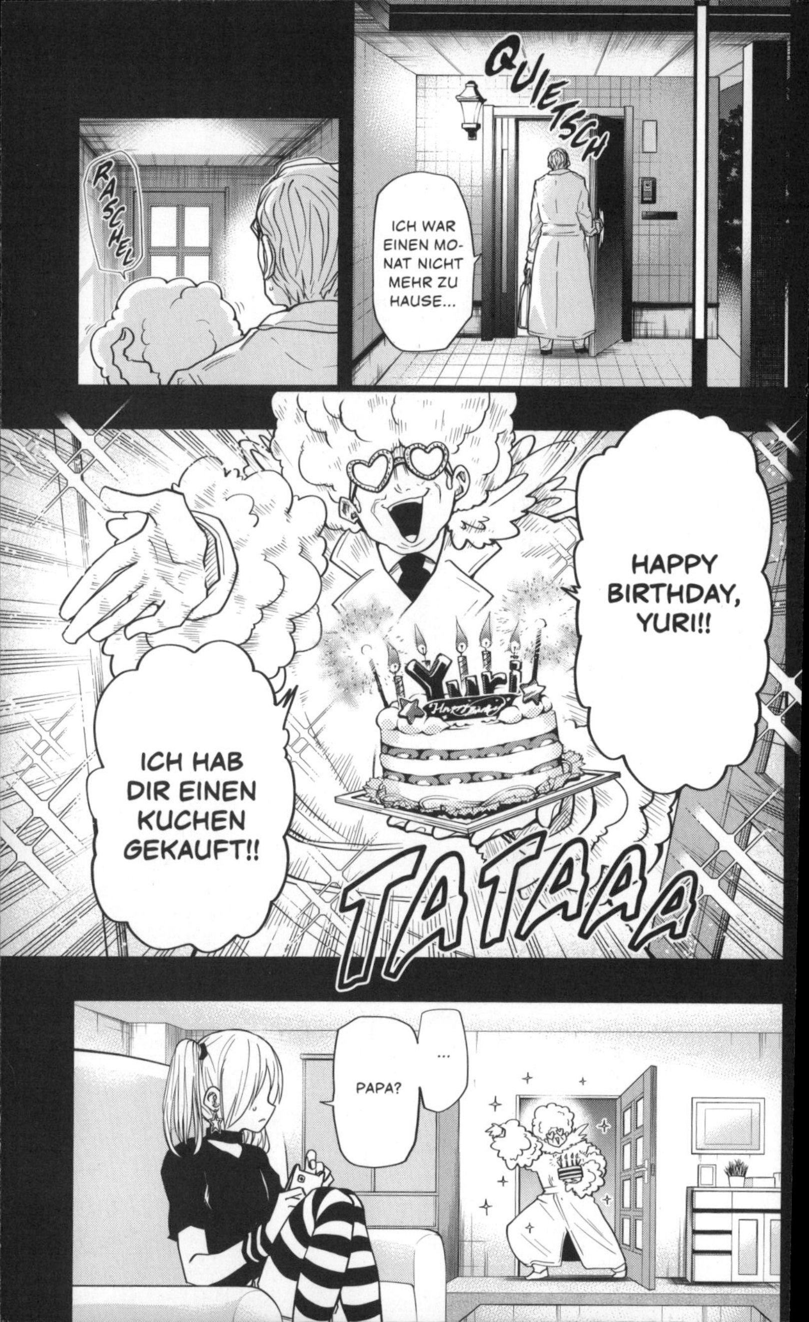

QUIETSCH
ICH WAR EINEN MONAT NICHT MEHR ZU HAUSE...
RASCHEL
HAPPY BIRTHDAY, YURI!!
ICH HAB DIR EINEN KUCHEN GEKAUFT!!
TATAAA
...
PAPA?

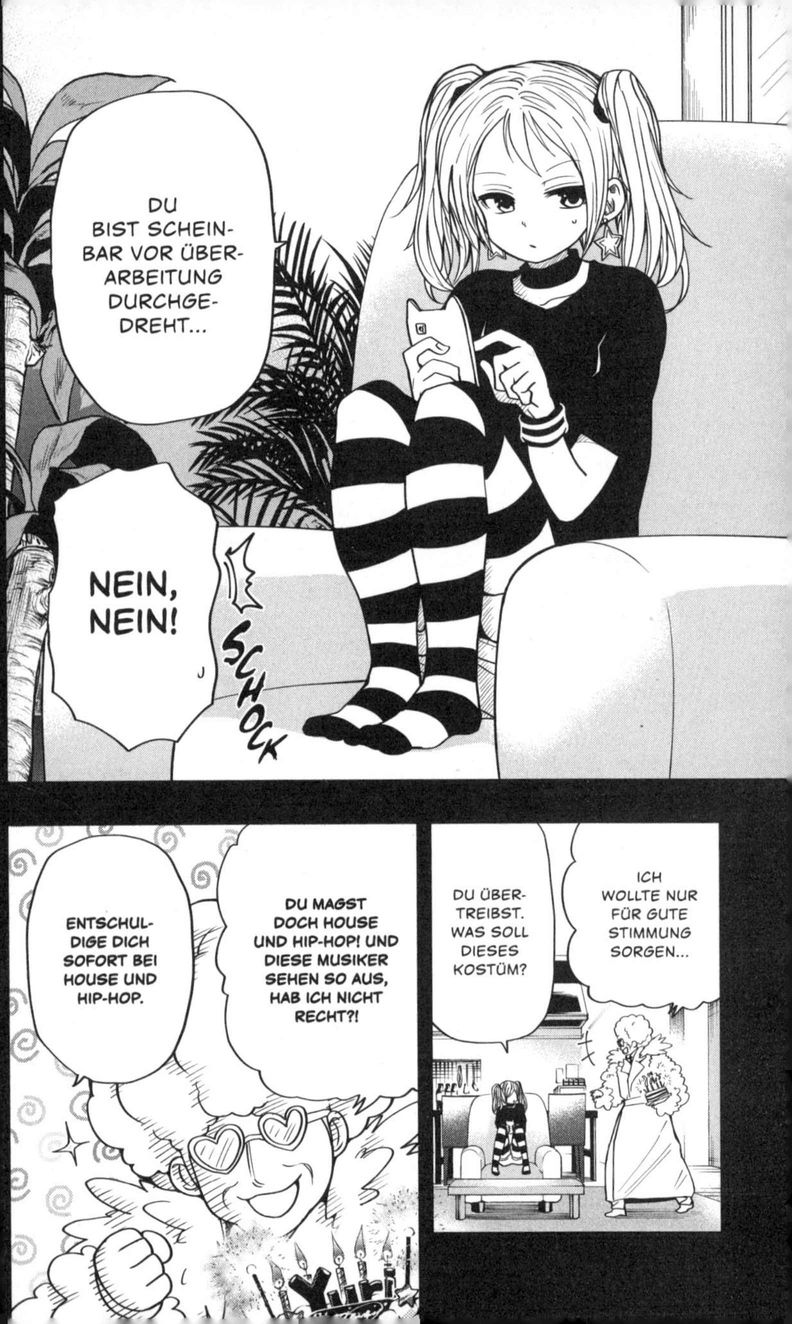
DU BIST SCHEIN-BAR VOR ÜBER-ARBEITUNG DURCHGE-DREHT...
NEIN, NEIN!
SCHOCK
ICH WOLLTE NUR FÜR GUTE STIMMUNG SORGEN...
DU ÜBER-TREIBST. WAS SOLL DIESES KOSTÜM?
DU MAGST DOCH HOUSE UND HIP-HOP! UND DIESE MUSIKER SEHEN SO AUS, HAB ICH NICHT RECHT?!
ENTSCHUL-DIGE DICH SOFORT BEI HOUSE UND HIP-HOP.

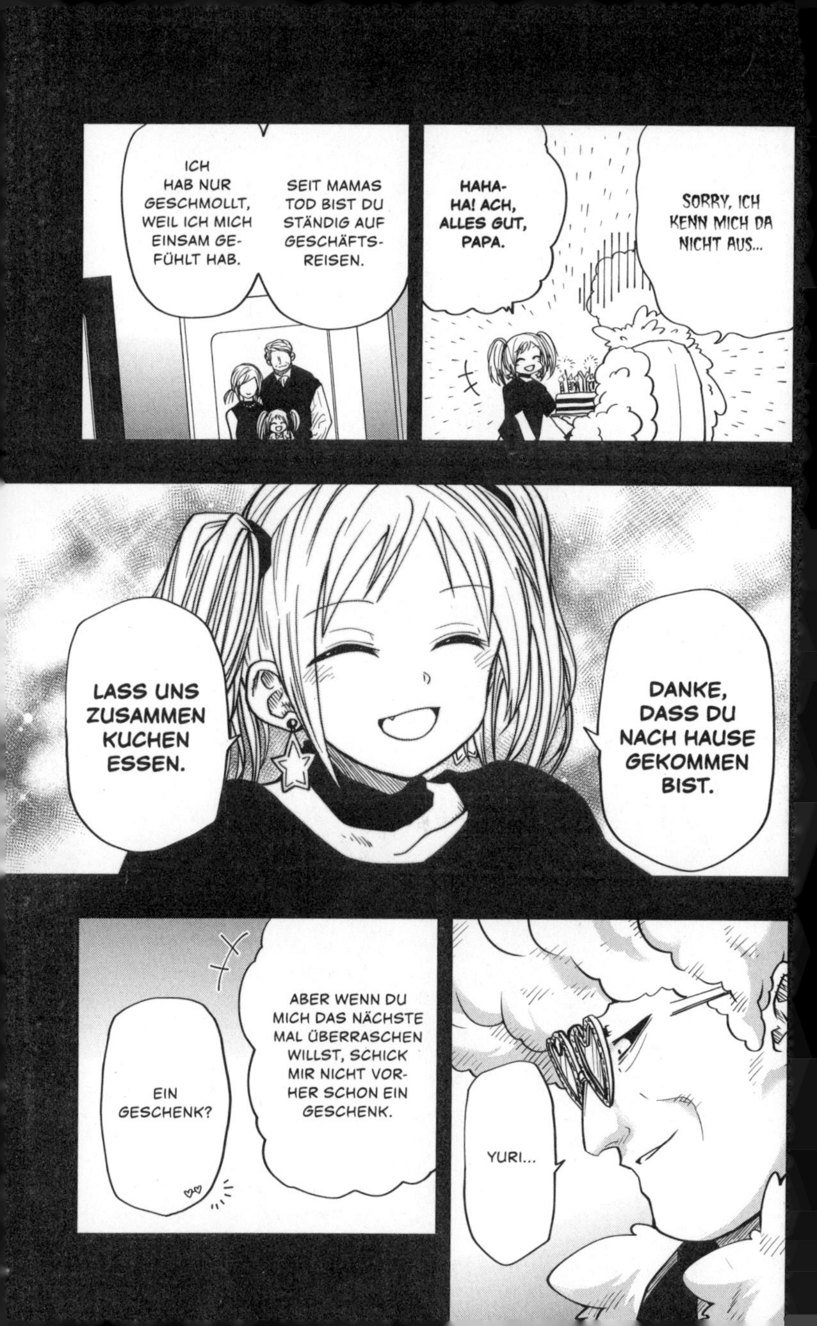
SORRY, ICH KENN MICH DA NICHT AUS...
HAHAHA! ACH, ALLES GUT, PAPA.
SEIT MAMAS TOD BIST DU STÄNDIG AUF GESCHÄFTSREISEN.
ICH HAB NUR GESCHMOLLT, WEIL ICH MICH EINSAM GEFÜHLT HAB.
DANKE, DASS DU NACH HAUSE GEKOMMEN BIST.
LASS UNS ZUSAMMEN KUCHEN ESSEN.
YURI...
ABER WENN DU MICH DAS NÄCHSTE MAL ÜBERRASCHEN WILLST, SCHICK MIR NICHT VORHER SCHON EIN GESCHENK.
EIN GESCHENK?

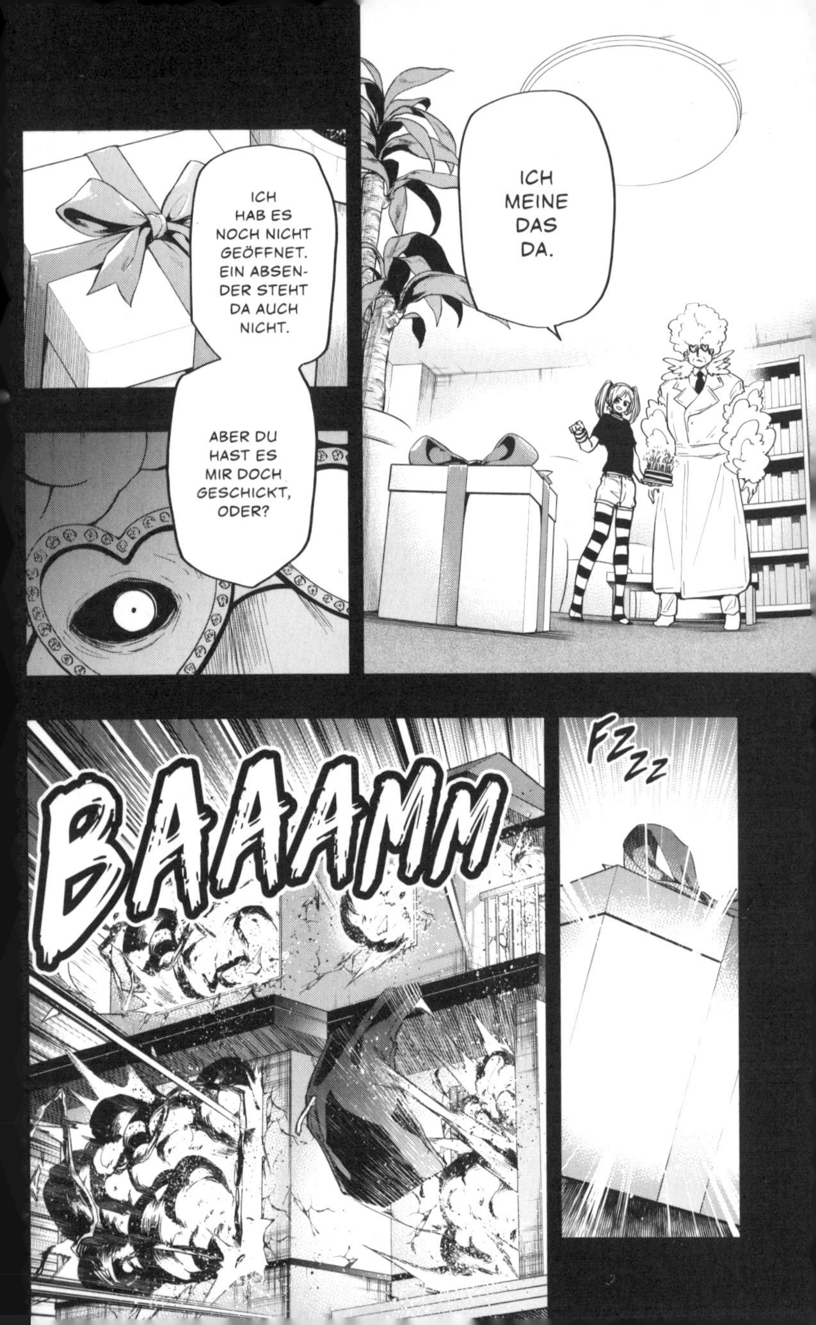
ICH MEINE DAS DA.
ICH HAB ES NOCH NICHT GEÖFFNET. EIN ABSENDER STEHT DA AUCH NICHT.
ABER DU HAST ES MIR DOCH GESCHICKT, ODER?
FZZZ
BAAAMM

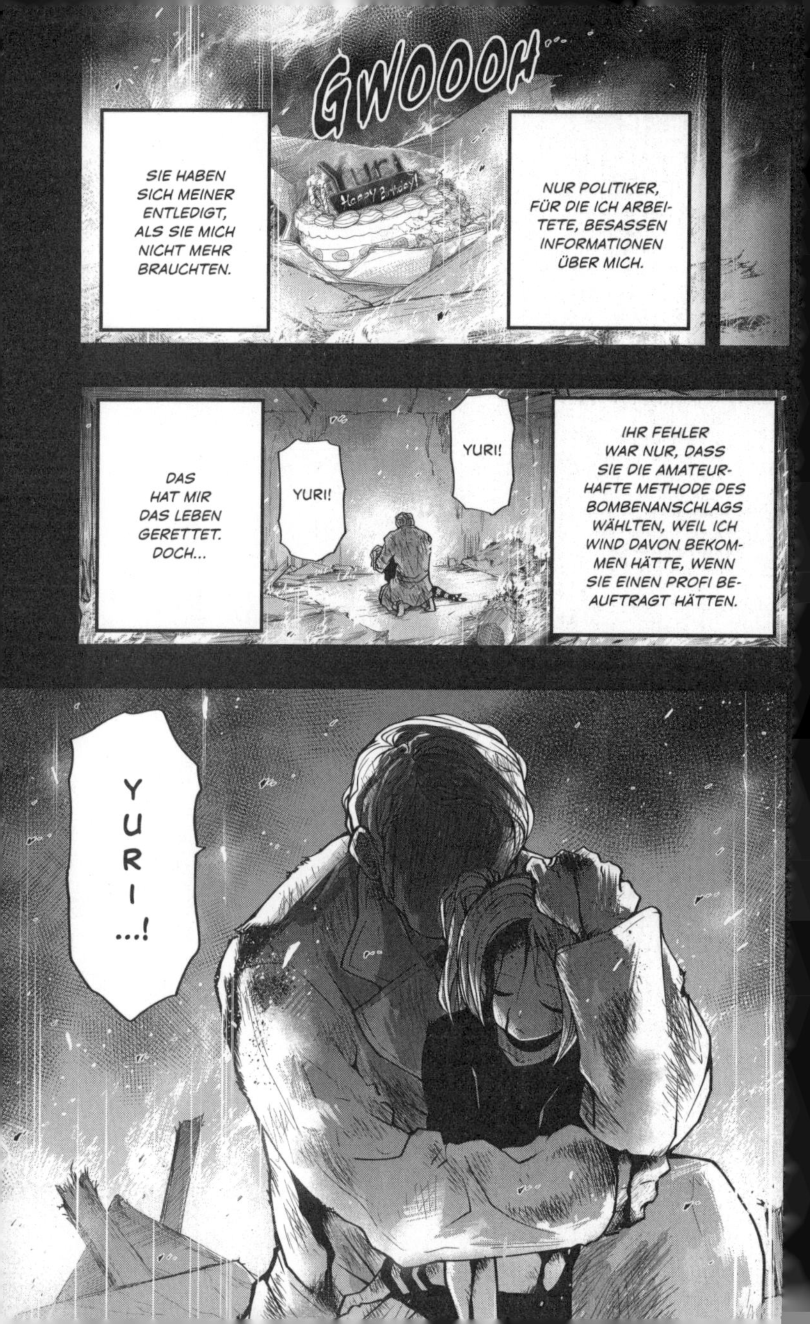
GWOOOH
Yuri
Happy Birthday!
NUR POLITIKER, FÜR DIE ICH ARBEITETE, BESASSEN INFORMATIONEN ÜBER MICH.
SIE HABEN SICH MEINER ENTLEDIGT, ALS SIE MICH NICHT MEHR BRAUCHTEN.
IHR FEHLER WAR NUR, DASS SIE DIE AMATEURHAFTE METHODE DES BOMBENANSCHLAGS WÄHLTEN, WEIL ICH WIND DAVON BEKOMMEN HÄTTE, WENN SIE EINEN PROFI BEAUFTRAGT HÄTTEN.
YURI!
YURI!
DAS HAT MIR DAS LEBEN GERETTET. DOCH...
YURI...!

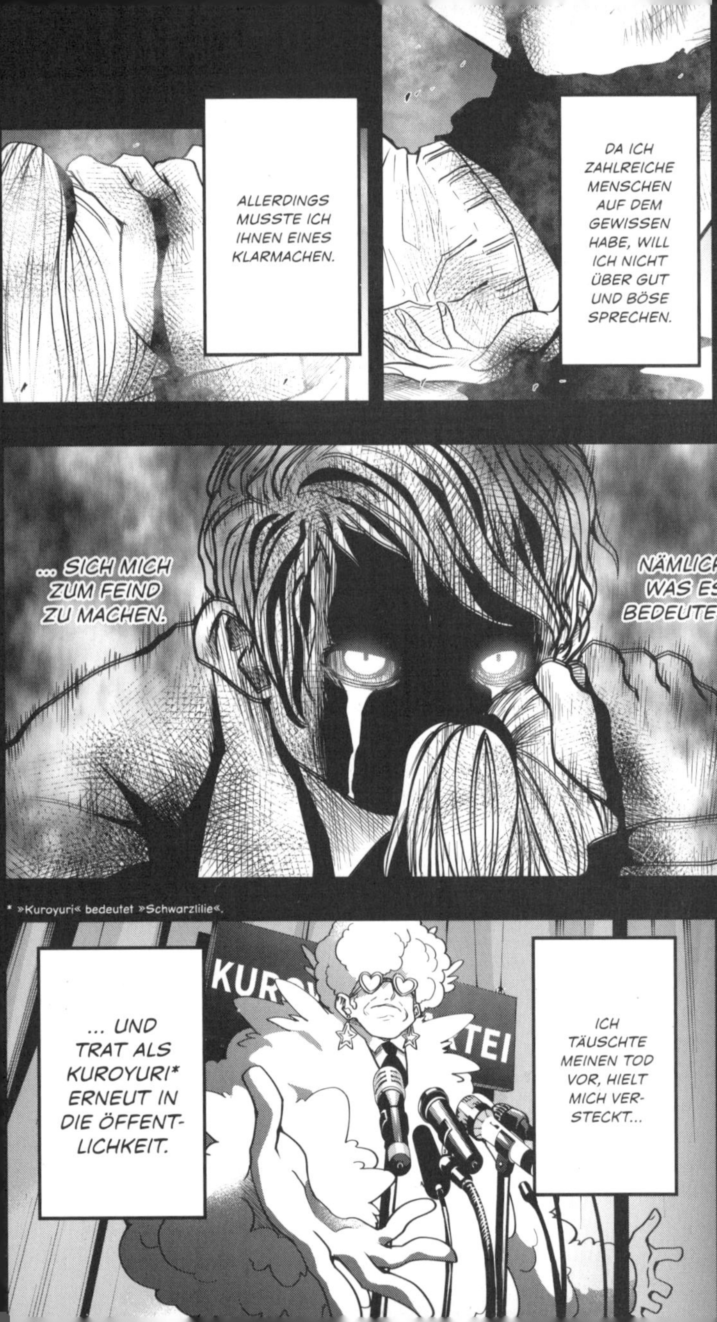

* »Kuroyuri« bedeutet »Schwarzlilie«.

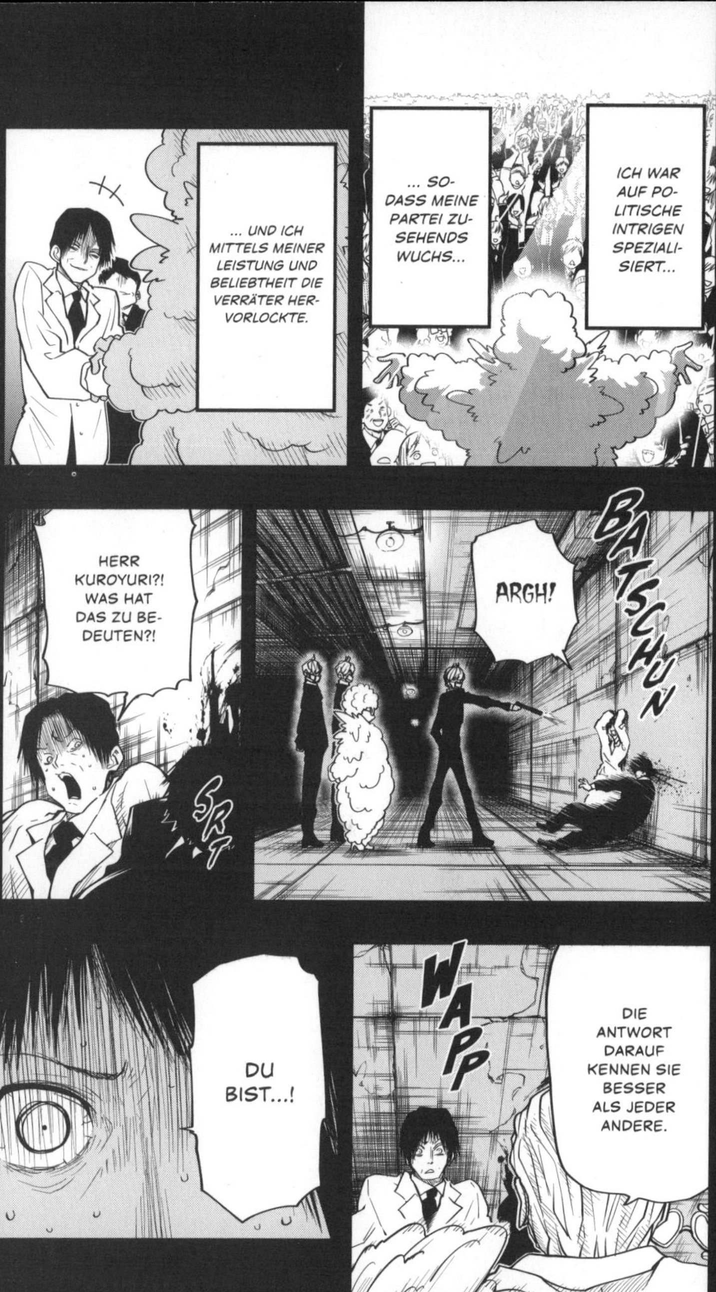
ICH WAR AUF POLITISCHE INTRIGEN SPEZIALISIERT...
... SODASS MEINE PARTEI ZUSEHENDS WUCHS...
... UND ICH MITTELS MEINER LEISTUNG UND BELIEBTHEIT DIE VERRÄTER HERVORLOCKTE.
BATSCHUN
ARGH!
HERR KUROYURI?! WAS HAT DAS ZU BEDEUTEN?!
SRT
WAPP
DIE ANTWORT DARAUF KENNEN SIE BESSER ALS JEDER ANDERE.
DU BIST...!

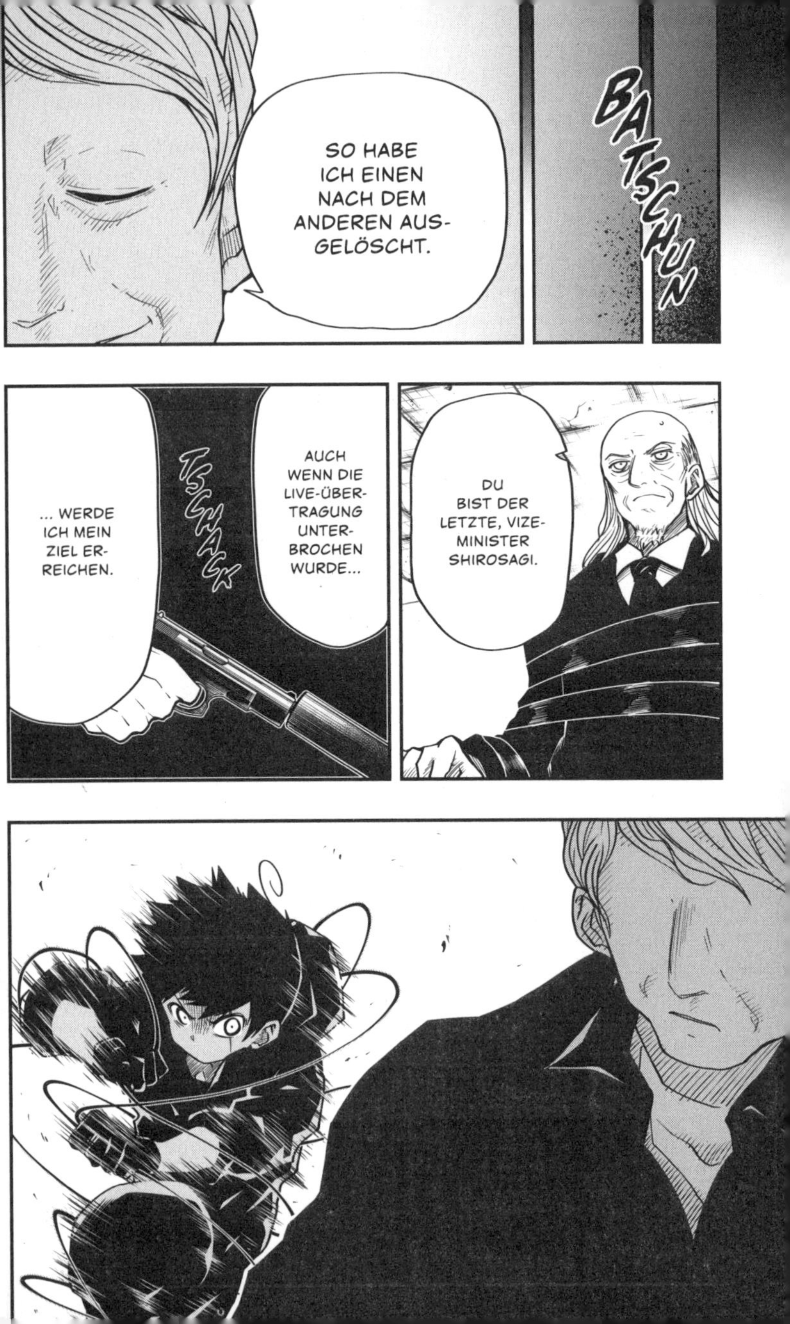
SO HABE ICH EINEN NACH DEM ANDEREN AUS-GELÖSCHT.
BATSCHUN
DU BIST DER LETZTE, VIZE-MINISTER SHIROSAGI.
AUCH WENN DIE LIVE-ÜBER-TRAGUNG UNTER-BROCHEN WURDE...
TSCHACK
... WERDE ICH MEIN ZIEL ER-REICHEN.

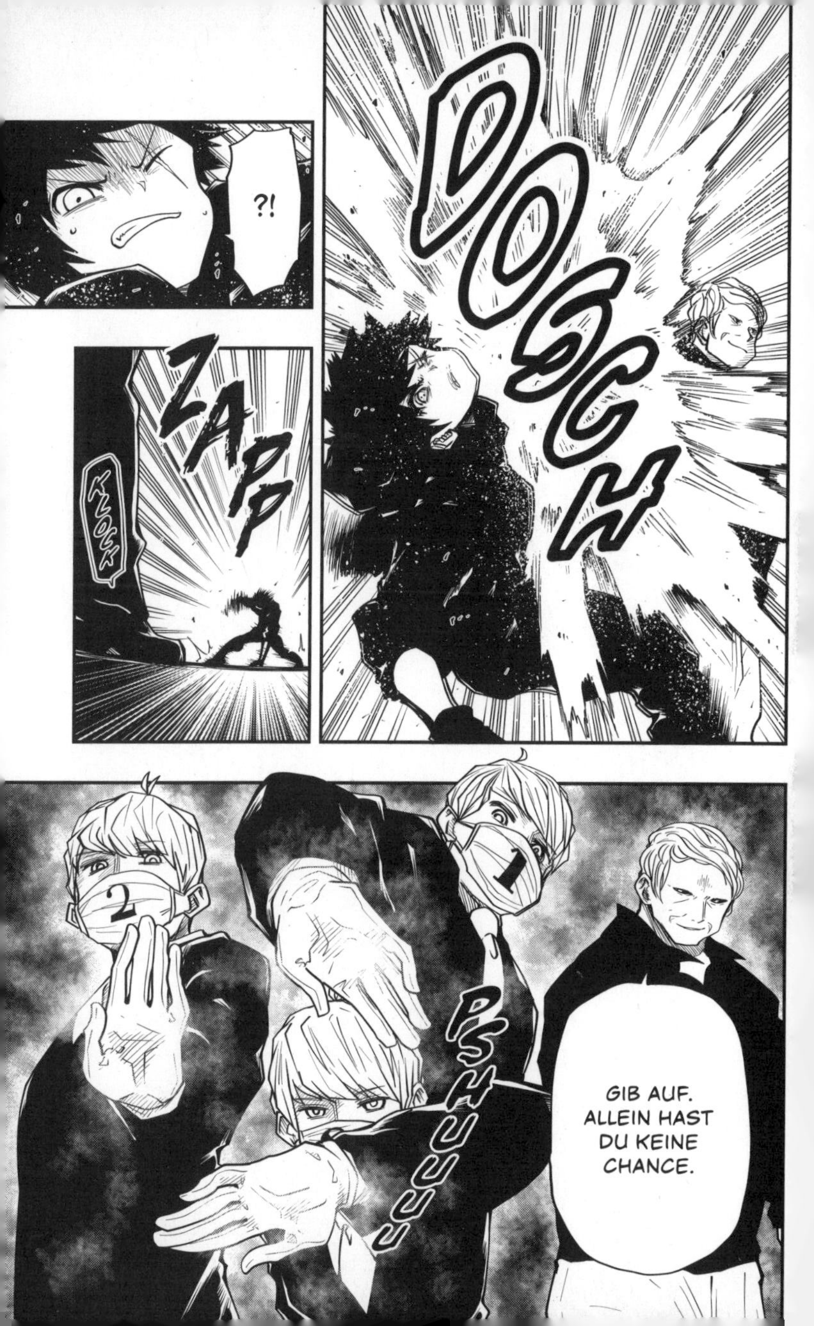
DOOSCH
?!
ZAPP
KLOCK
PSHUUUUU
GIB AUF. ALLEIN HAST DU KEINE CHANCE.

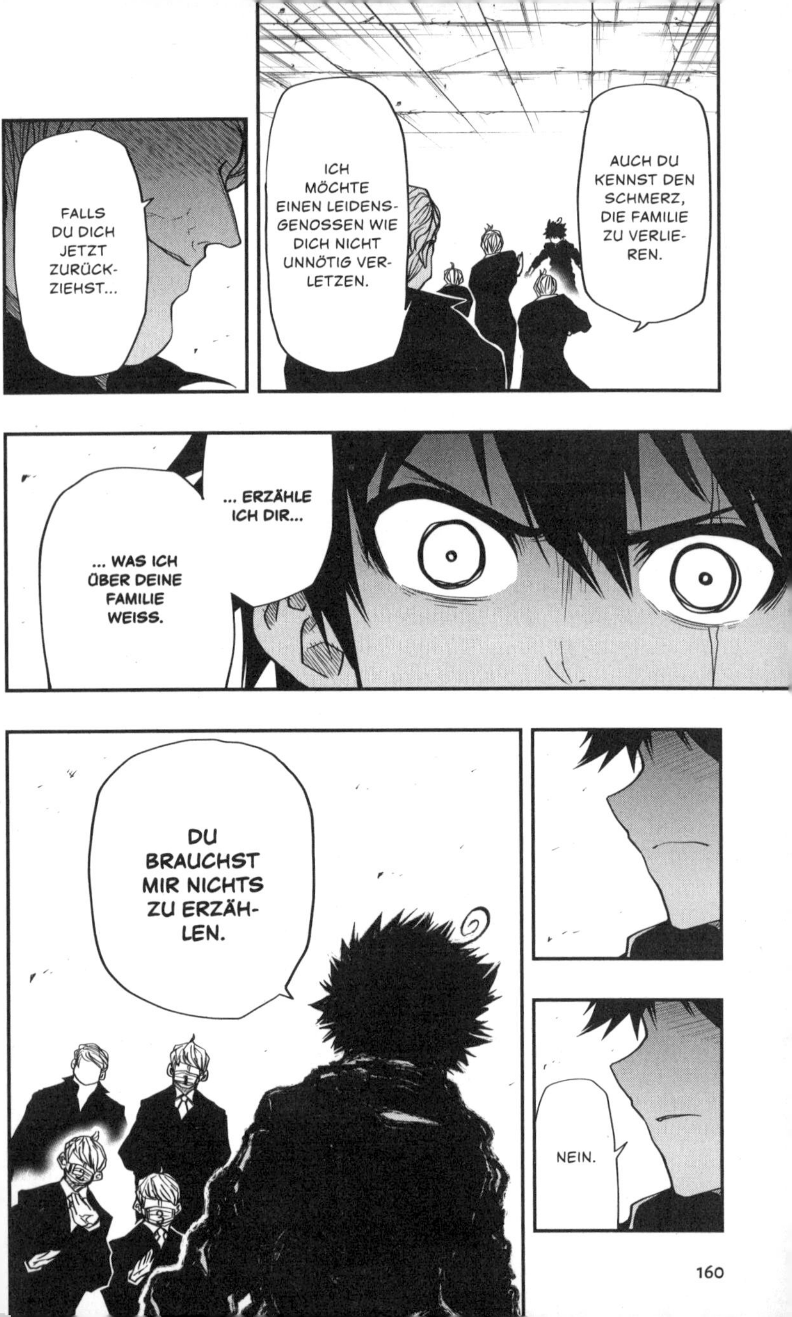
AUCH DU KENNST DEN SCHMERZ, DIE FAMILIE ZU VERLIEREN.
ICH MÖCHTE EINEN LEIDENSGENOSSEN WIE DICH NICHT UNNÖTIG VERLETZEN.
FALLS DU DICH JETZT ZURÜCKZIEHST...
... ERZÄHLE ICH DIR...
... WAS ICH ÜBER DEINE FAMILIE WEISS.
NEIN.
DU BRAUCHST MIR NICHTS ZU ERZÄHLEN.

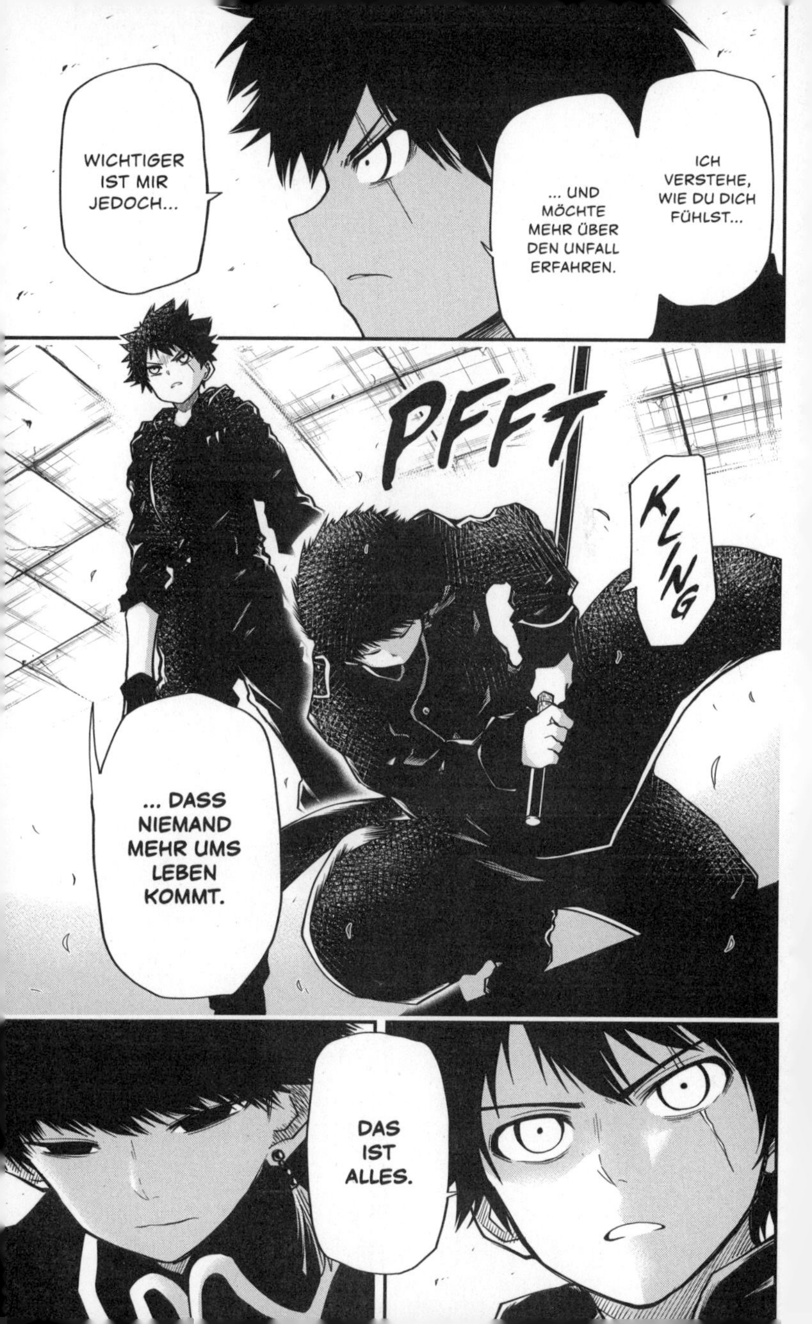
ICH VERSTEHE, WIE DU DICH FÜHLST...
... UND MÖCHTE MEHR ÜBER DEN UNFALL ERFAHREN.
WICHTIGER IST MIR JEDOCH...
PFFT
KLING
... DASS NIEMAND MEHR UMS LEBEN KOMMT.
DAS IST ALLES.

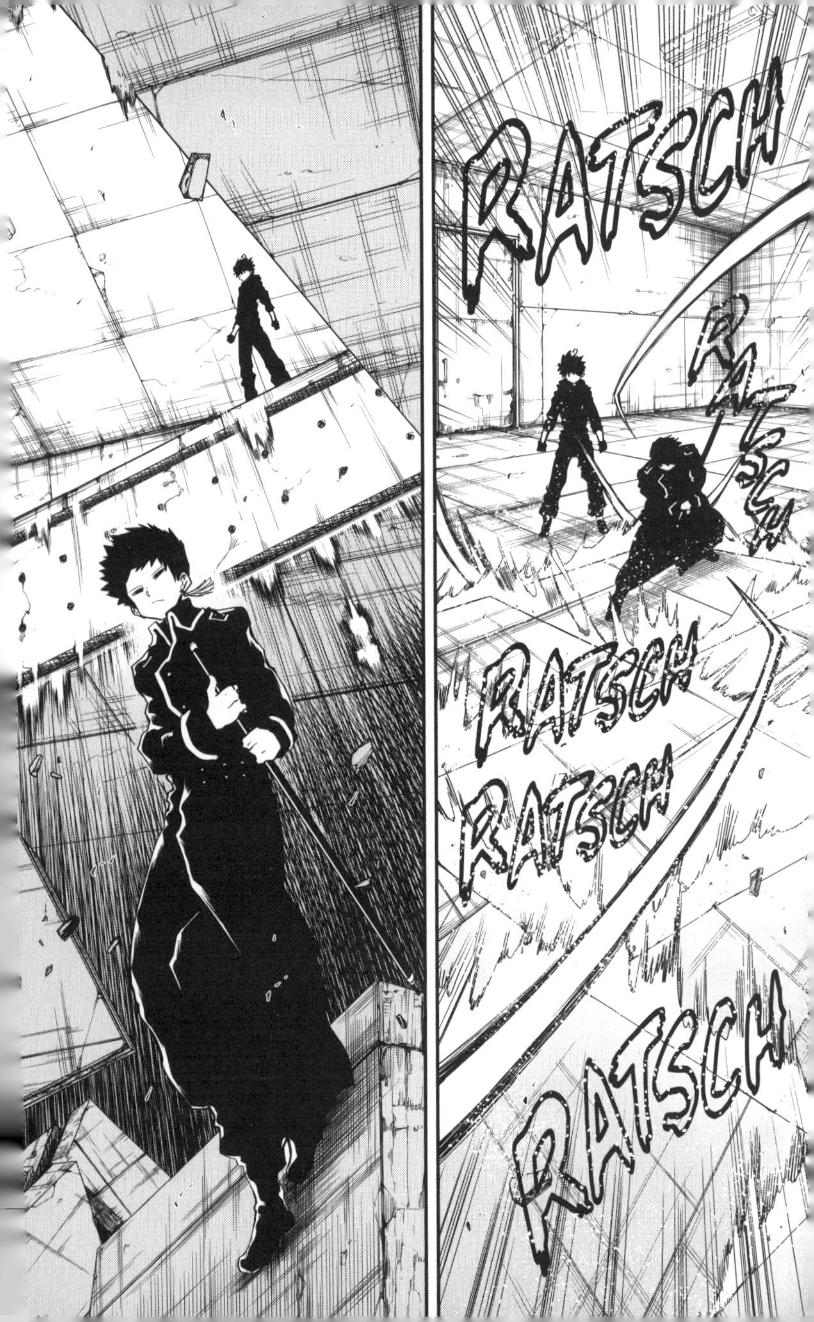
RATSCH
RATSCH
RATSCH
RATSCH
RATSCH

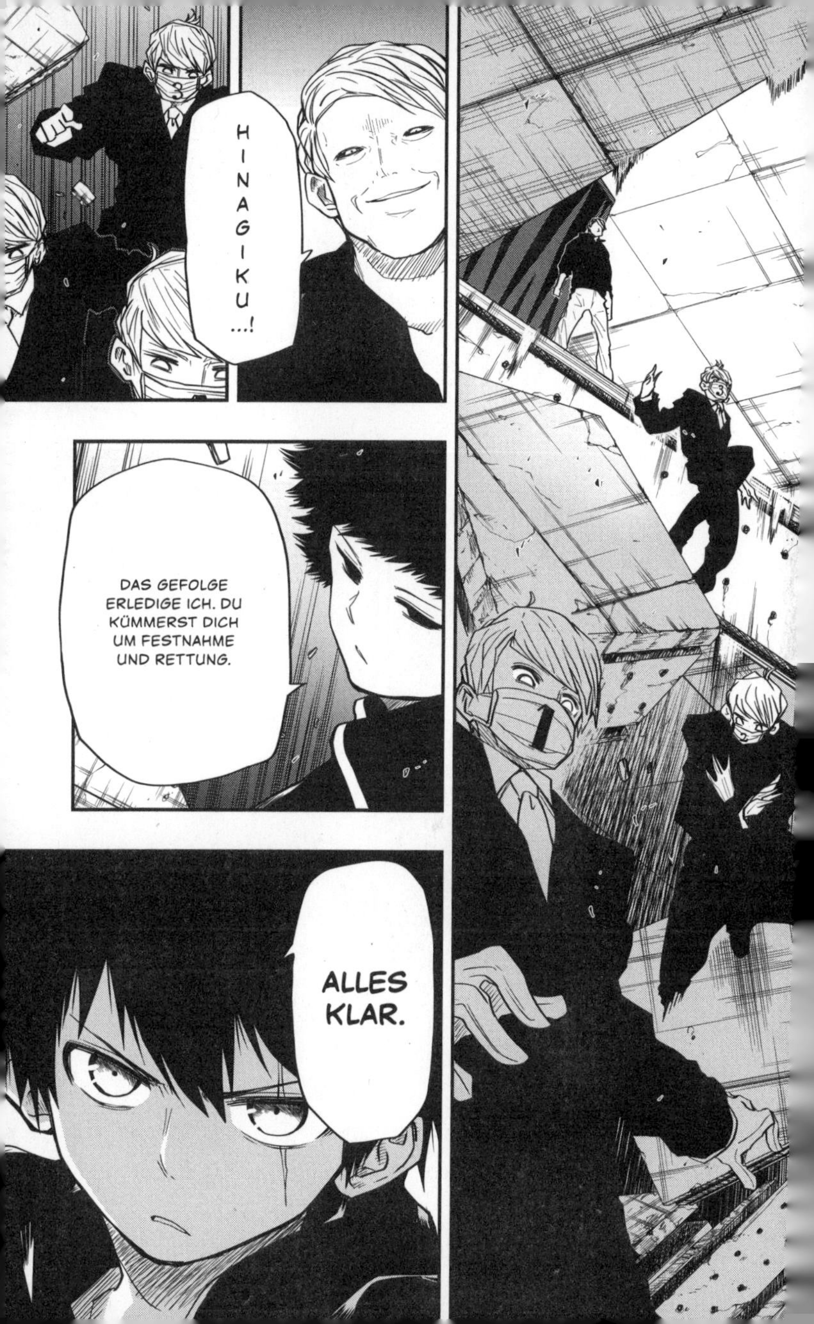
HINAGIKU ...!
DAS GEFOLGE ERLEDIGE ICH. DU KÜMMERST DICH UM FESTNAHME UND RETTUNG.
ALLES KLAR.

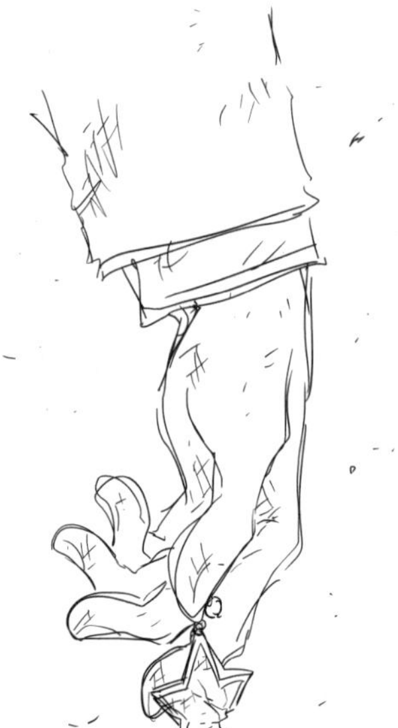

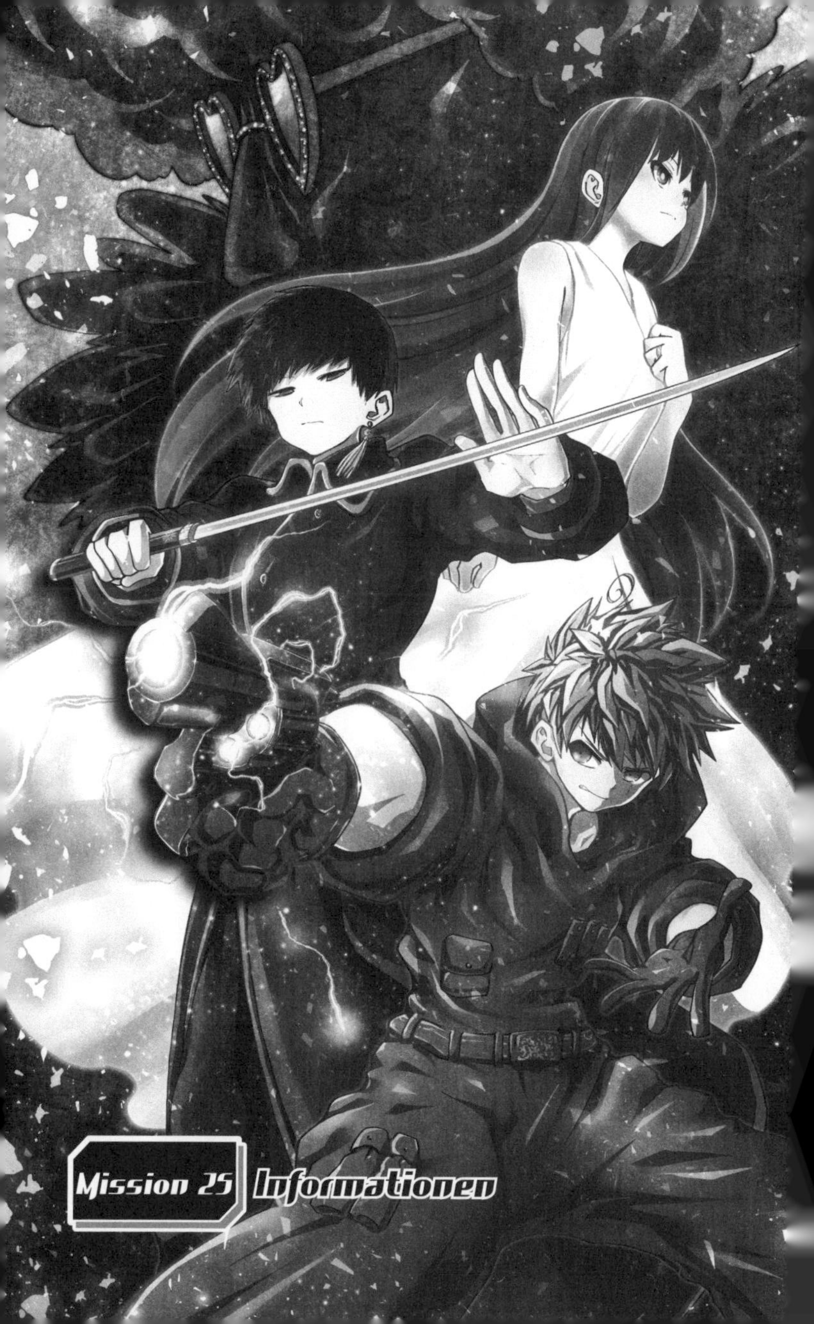
Mission 25
Informationen

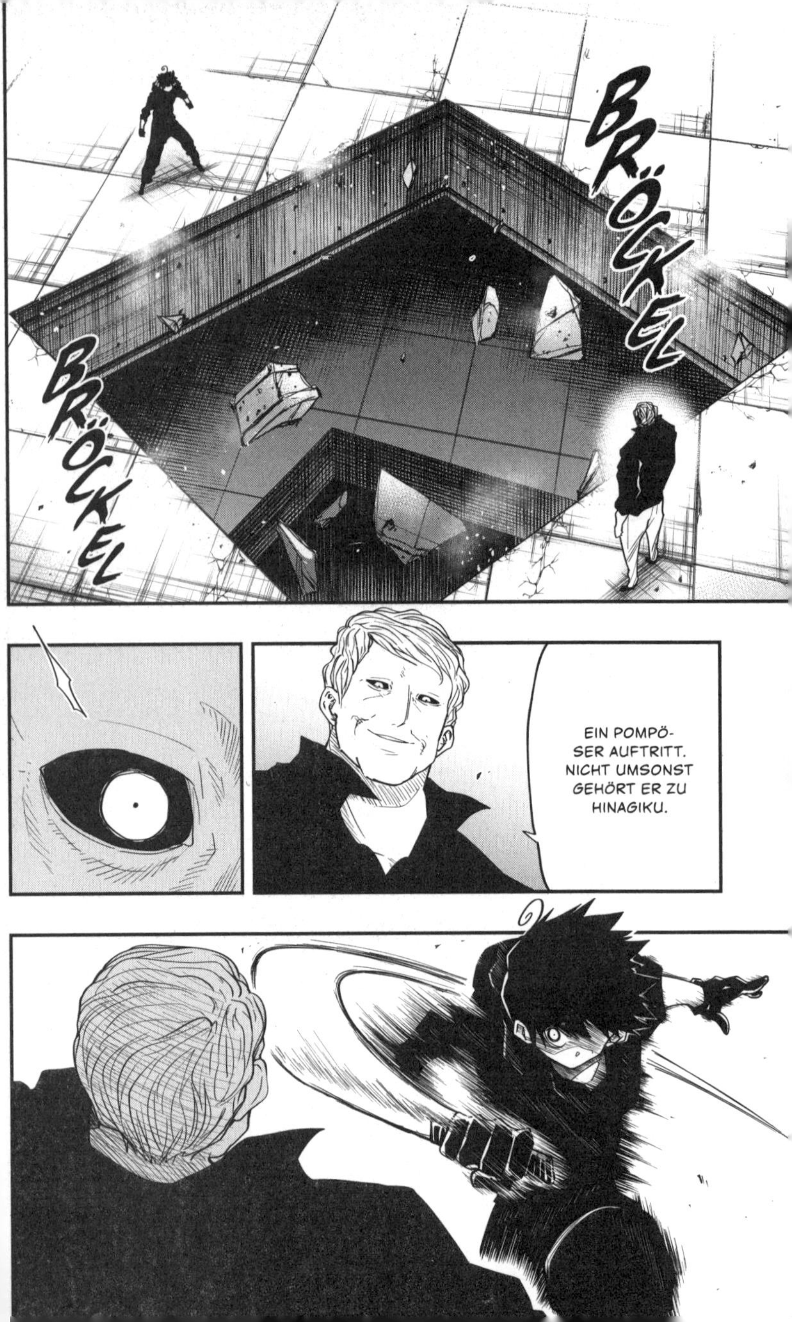
BRÖCKEL
BRÖCKEL
EIN POMPÖSER AUFTRITT. NICHT UMSONST GEHÖRT ER ZU HINAGIKU.

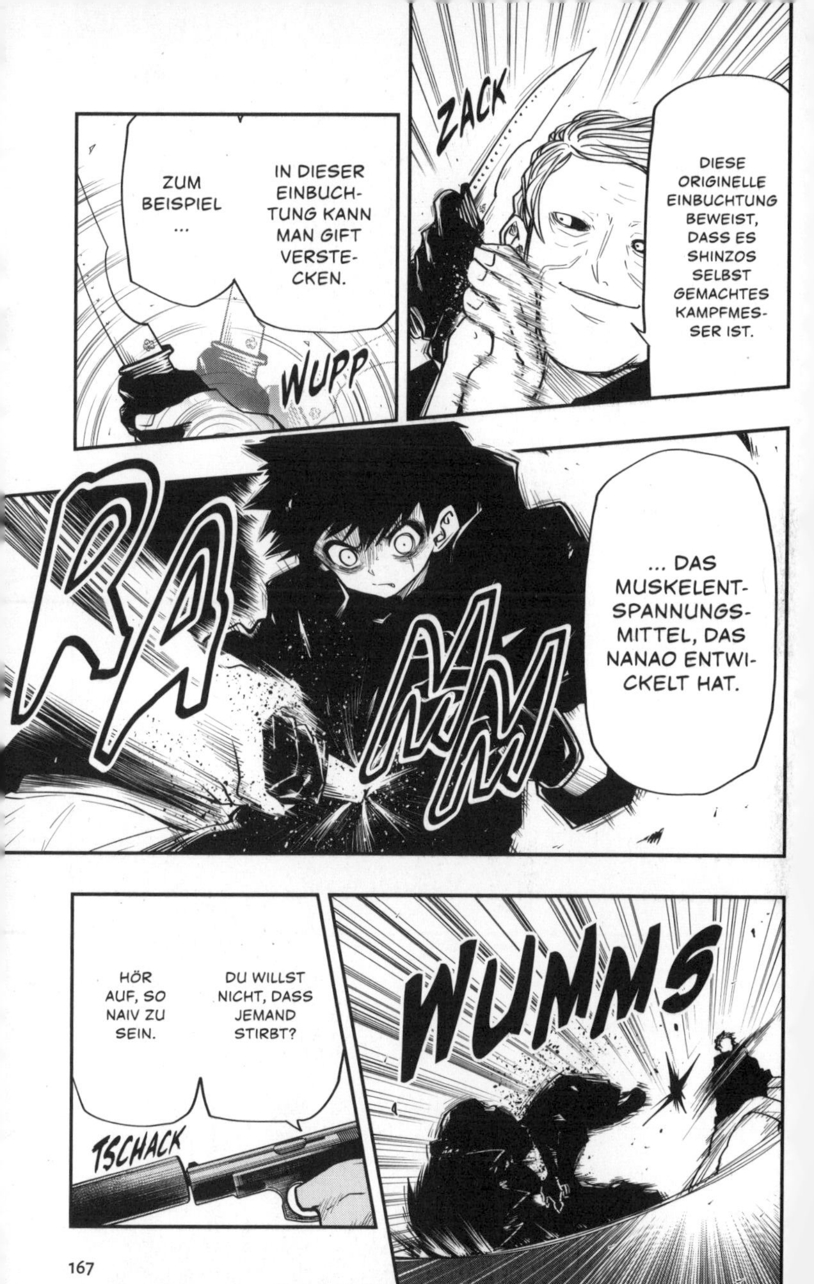
ZACK
DIESE ORIGINELLE EINBUCHTUNG BEWEIST, DASS ES SHINZOS SELBST GEMACHTES KAMPFMESSER IST.
IN DIESER EINBUCHTUNG KANN MAN GIFT VERSTECKEN.
ZUM BEISPIEL ...
WUPP
... DAS MUSKELENTSPANNUNGSMITTEL, DAS NANAO ENTWICKELT HAT.
WUMMS
DU WILLST NICHT, DASS JEMAND STIRBT?
HÖR AUF, SO NAIV ZU SEIN.
TSCHACK

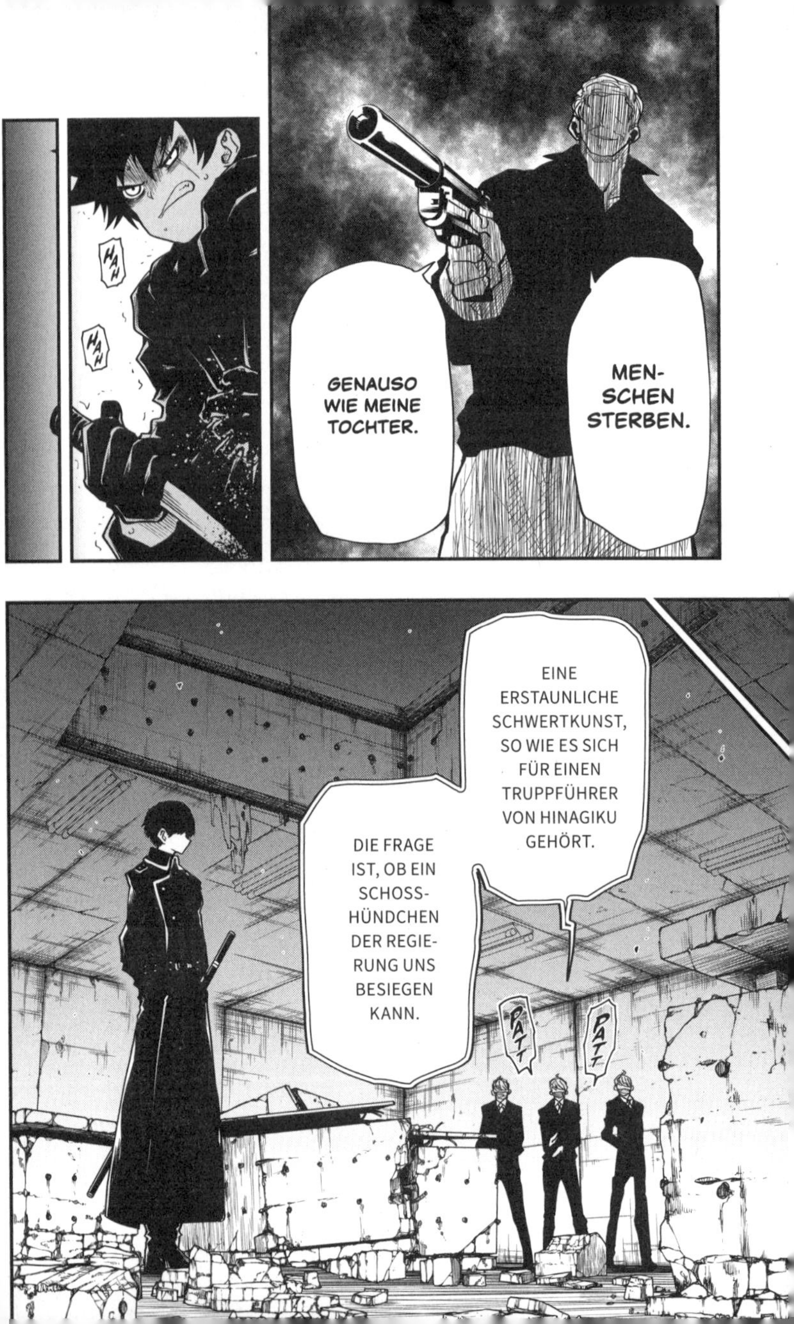
MEN-
SCHEN
STERBEN.
GENAUSO
WIE MEINE
TOCHTER.
HAH
HAH
EINE
ERSTAUNLICHE
SCHWERTKUNST,
SO WIE ES SICH
FÜR EINEN
TRUPPFÜHRER
VON HINAGIKU
GEHÖRT.
DIE FRAGE
IST, OB EIN
SCHOSS-
HÜNDCHEN
DER REGIE-
RUNG UNS
BESIEGEN
KANN.
PATT
PATT

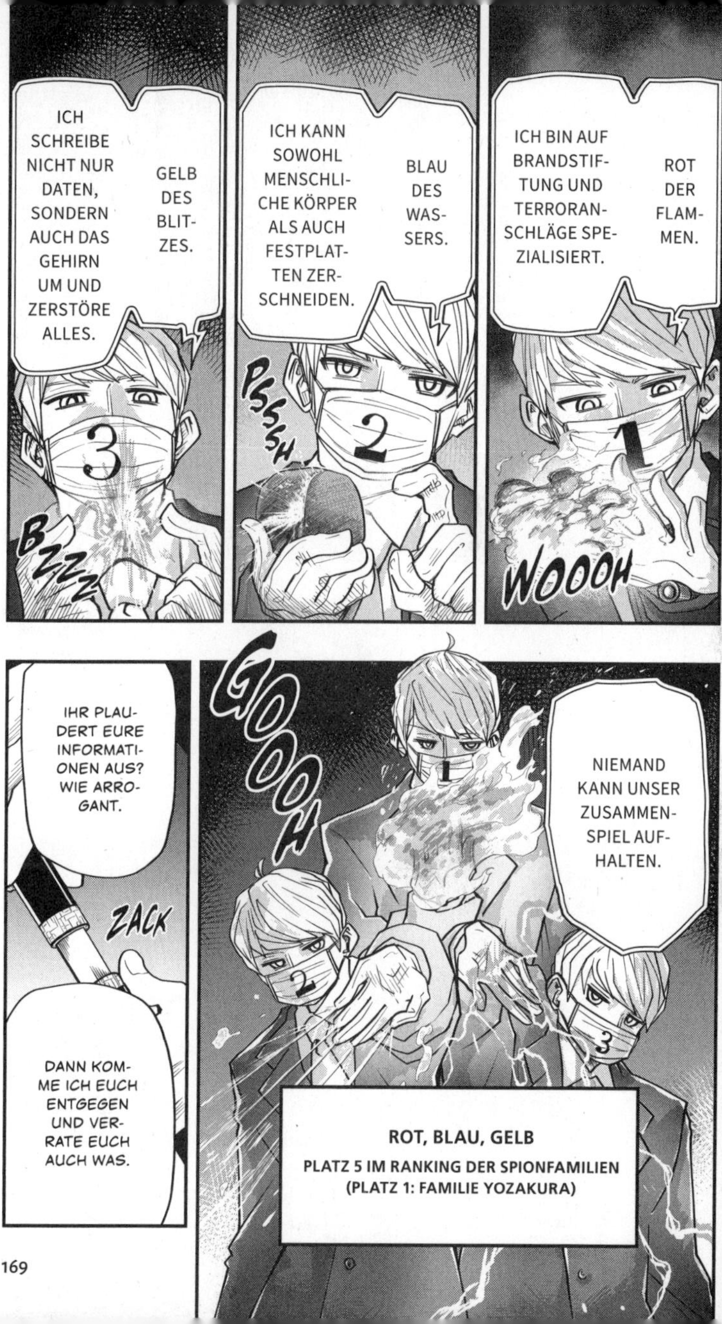
ROT DER FLAMMEN.
ICH BIN AUF BRANDSTIFTUNG UND TERRORANSCHLÄGE SPEZIALISIERT.
WOOOH
BLAU DES WASSERS.
ICH KANN SOWOHL MENSCHLICHE KÖRPER ALS AUCH FESTPLATTEN ZERSCHNEIDEN.
PSSSH
GELB DES BLITZES.
ICH SCHREIBE NICHT NUR DATEN, SONDERN AUCH DAS GEHIRN UM UND ZERSTÖRE ALLES.
BZZZ
GOOOH
NIEMAND KANN UNSER ZUSAMMENSPIEL AUFHALTEN.
ROT, BLAU, GELB
PLATZ 5 IM RANKING DER SPIONFAMILIEN
(PLATZ 1: FAMILIE YOZAKURA)
IHR PLAUDERT EURE INFORMATIONEN AUS? WIE ARROGANT.
ZACK
DANN KOMME ICH EUCH ENTGEGEN UND VERRATE EUCH AUCH WAS.

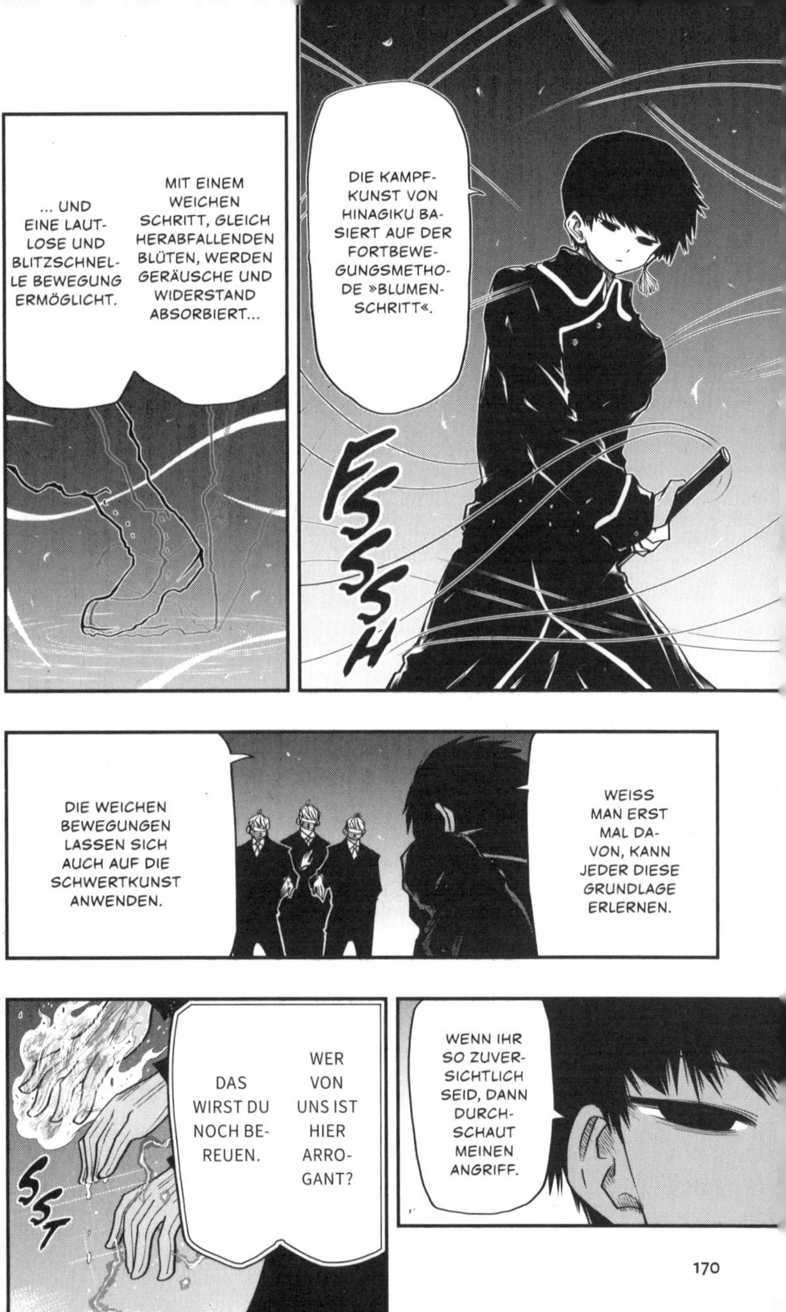
DIE KAMPF-KUNST VON HINAGIKU BASIERT AUF DER FORTBEWEGUNGSMETHODE »BLUMENSCHRITT«.
MIT EINEM WEICHEN SCHRITT, GLEICH HERABFALLENDEN BLÜTEN, WERDEN GERÄUSCHE UND WIDERSTAND ABSORBIERT...
... UND EINE LAUTLOSE UND BLITZSCHNELLE BEWEGUNG ERMÖGLICHT.
FSSSH
WEISS MAN ERST MAL DAVON, KANN JEDER DIESE GRUNDLAGE ERLERNEN.
DIE WEICHEN BEWEGUNGEN LASSEN SICH AUCH AUF DIE SCHWERTKUNST ANWENDEN.
WENN IHR SO ZUVERSICHTLICH SEID, DANN DURCHSCHAUT MEINEN ANGRIFF.
WER VON UNS IST HIER ARROGANT?
DAS WIRST DU NOCH BEREUEN.
SST

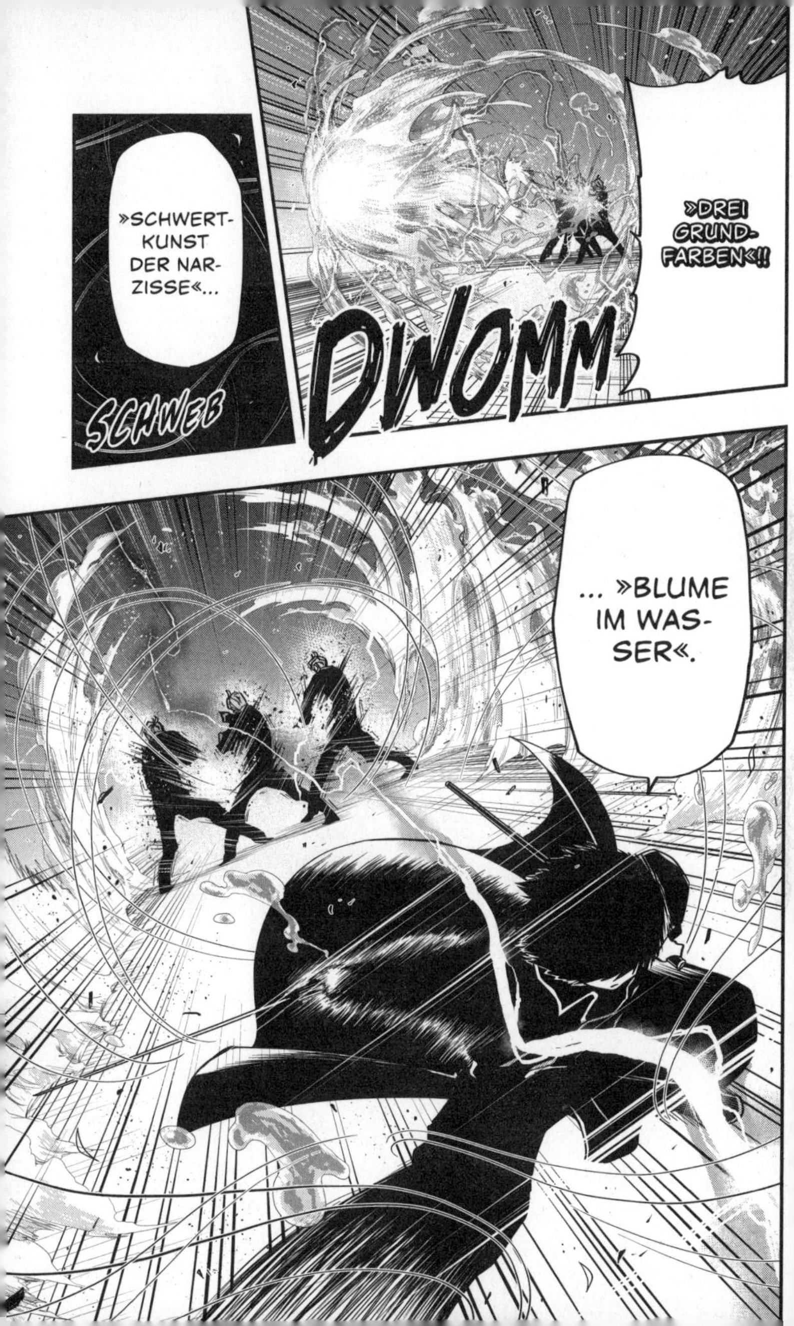
»DREI GRUNDFARBEN«!!
DWOMM
»SCHWERTKUNST DER NARZISSE«...
SCHWEB
... »BLUME IM WASSER«.

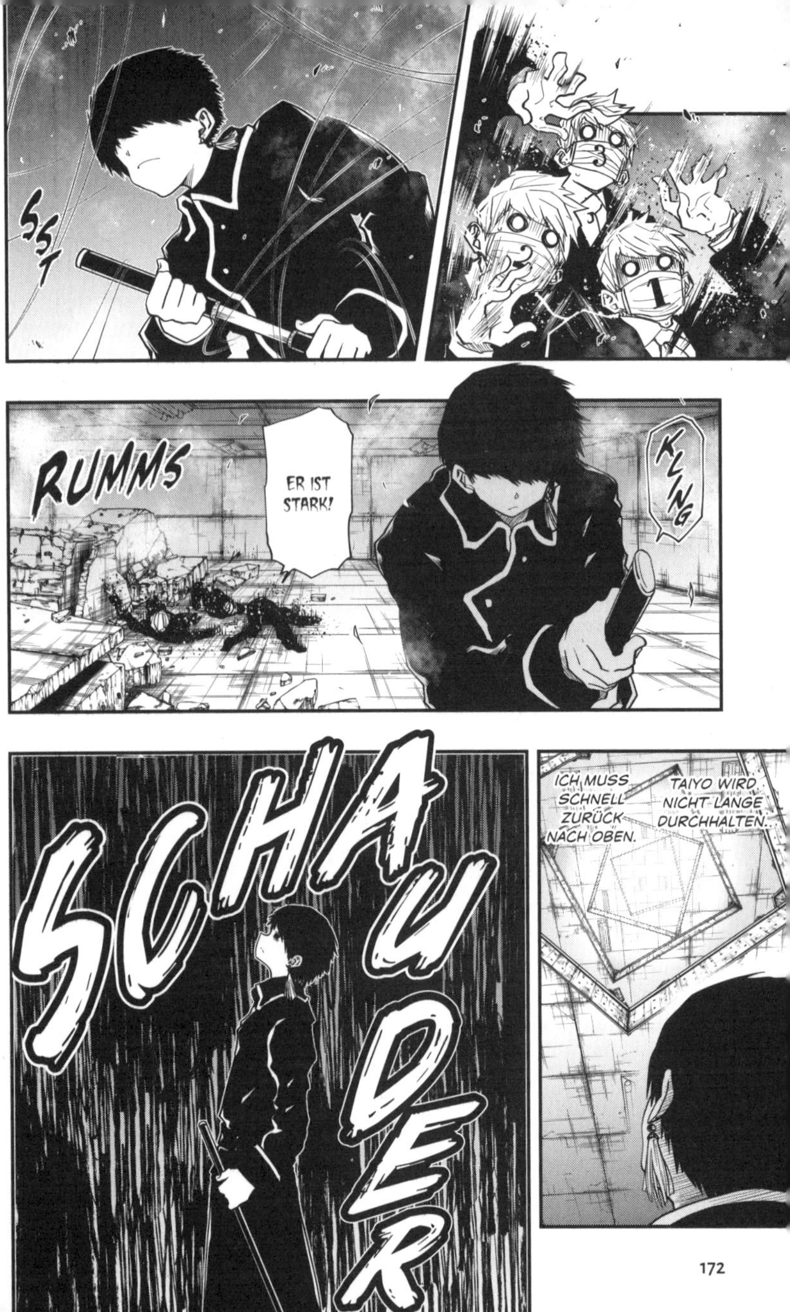
SST
RUMMS
ER IST STARK!
KLING
SCHAUDER
ICH MUSS SCHNELL ZURÜCK NACH OBEN.
TAIYO WIRD NICHT LANGE DURCHHALTEN.

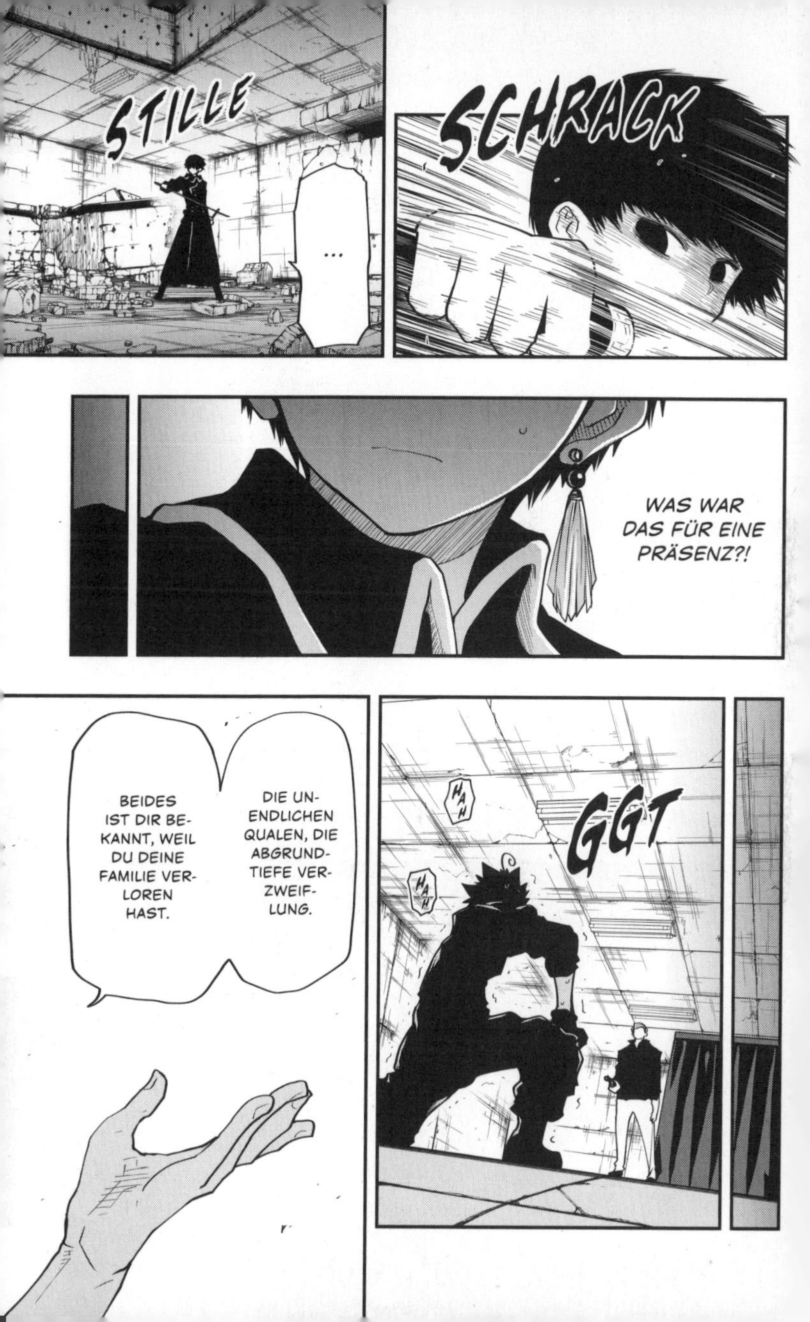
STILLE
...
SCHRACK
WAS WAR DAS FÜR EINE PRÄSENZ?!
DIE UNENDLICHEN QUALEN, DIE ABGRUNDTIEFE VERZWEIFLUNG.
BEIDES IST DIR BEKANNT, WEIL DU DEINE FAMILIE VERLOREN HAST.
HAH
HAH
GGT

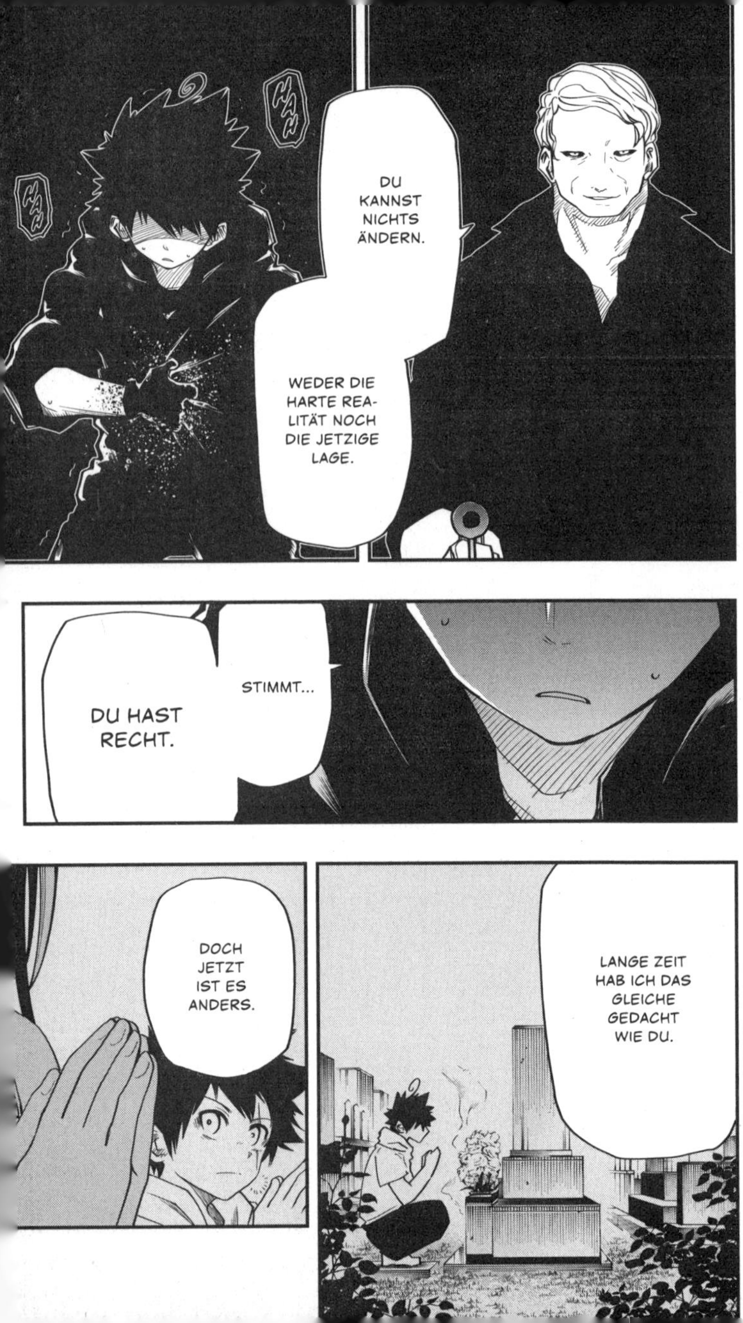
HAH
HAH
DU KANNST NICHTS ÄNDERN.
WEDER DIE HARTE REA-LITÄT NOCH DIE JETZIGE LAGE.
STIMMT...
DU HAST RECHT.
LANGE ZEIT HAB ICH DAS GLEICHE GEDACHT WIE DU.
DOCH JETZT IST ES ANDERS.

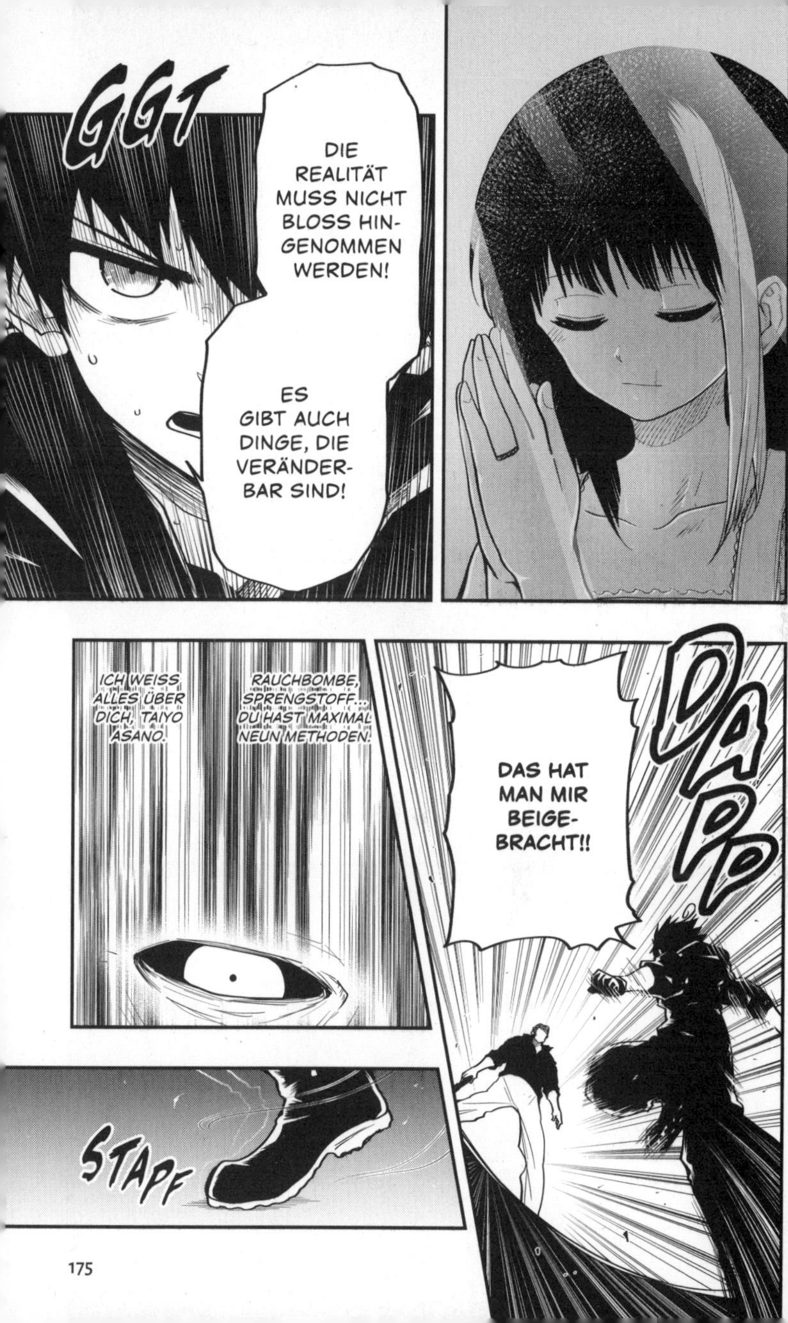
GGT
DIE REALITÄT MUSS NICHT BLOSS HIN-GENOMMEN WERDEN!
ES GIBT AUCH DINGE, DIE VERÄNDER-BAR SIND!
DAPP
DAS HAT MAN MIR BEIGE-BRACHT!!
RAUCHBOMBE, SPRENGSTOFF... DU HAST MAXIMAL NEUN METHODEN.
ICH WEISS ALLES ÜBER DICH, TAIYO ASANO.
STAPF

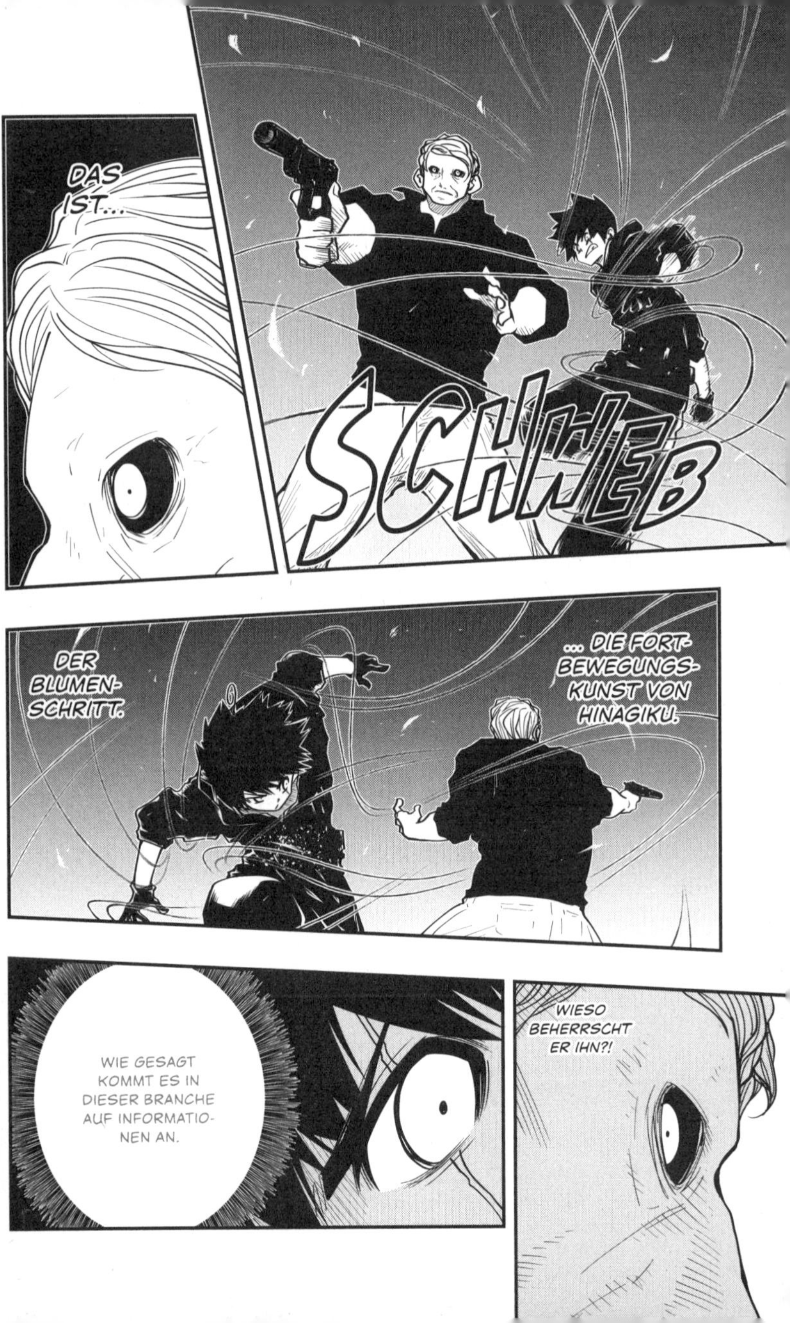
SCHWEB
DAS IST ...
... DIE FORT-BEWEGUNGS-KUNST VON HINAGIKU.
DER BLUMEN-SCHRITT.
WIESO BEHERRSCHT ER IHN?!
WIE GESAGT KOMMT ES IN DIESER BRANCHE AUF INFORMATIONEN AN.

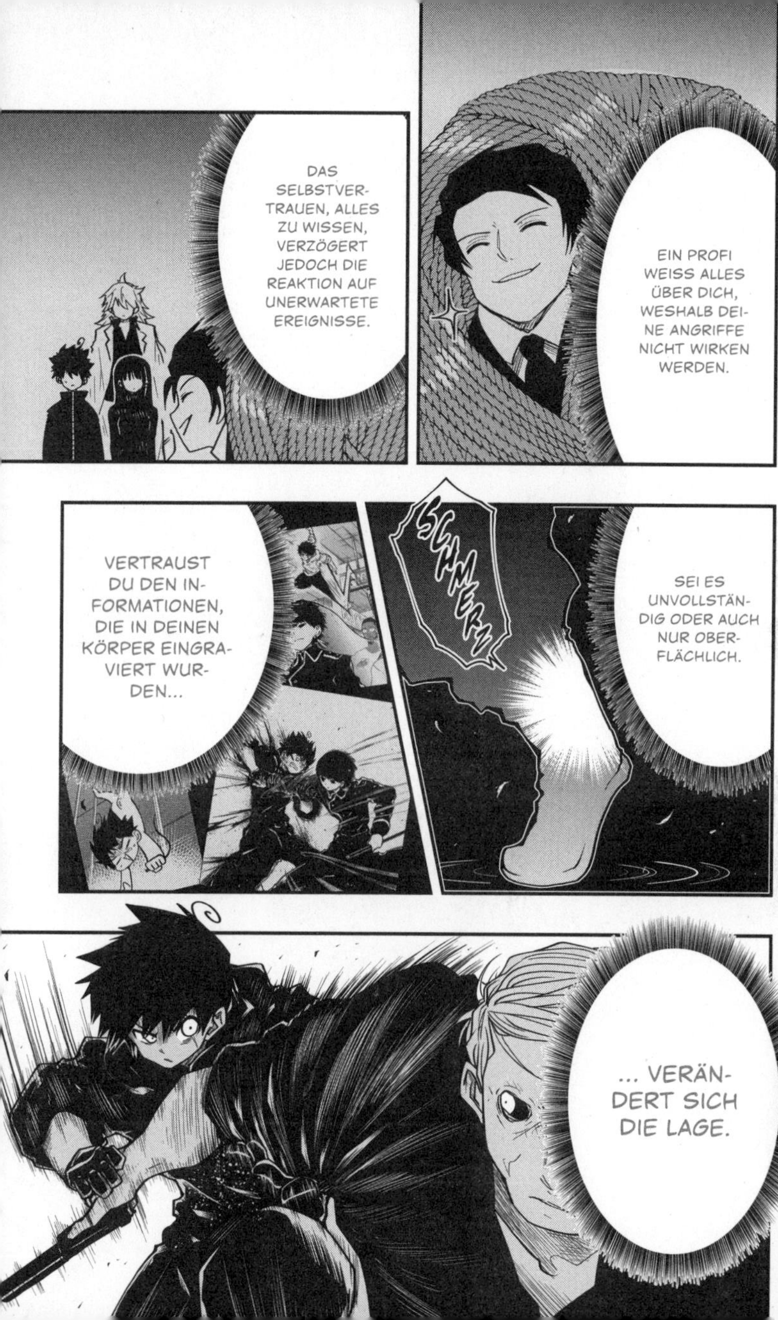
EIN PROFI WEISS ALLES ÜBER DICH, WESHALB DEINE ANGRIFFE NICHT WIRKEN WERDEN.
DAS SELBSTVERTRAUEN, ALLES ZU WISSEN, VERZÖGERT JEDOCH DIE REAKTION AUF UNERWARTETE EREIGNISSE.
SCHMERZ
SEI ES UNVOLLSTÄNDIG ODER AUCH NUR OBERFLÄCHLICH.
VERTRAUST DU DEN INFORMATIONEN, DIE IN DEINEN KÖRPER EINGRAVIERT WURDEN...
... VERÄNDERT SICH DIE LAGE.

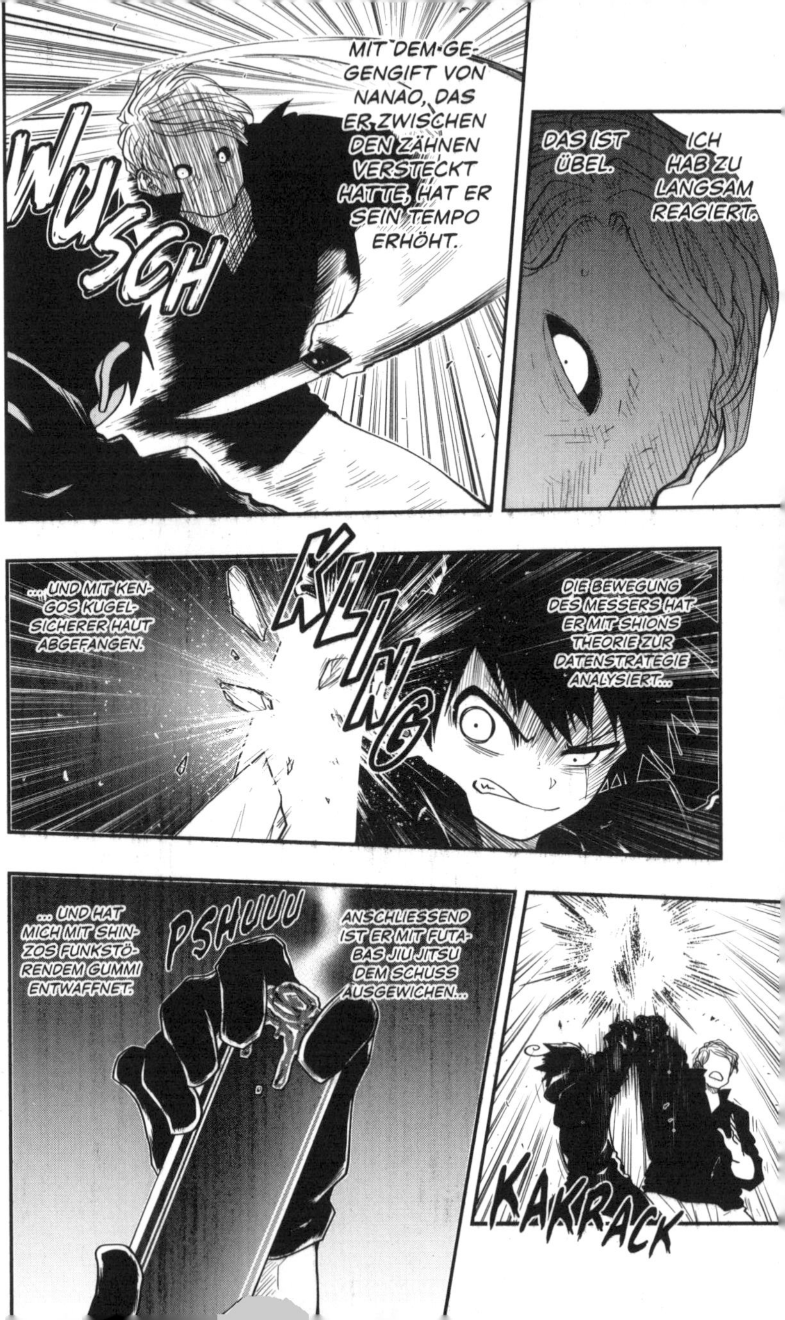
ICH HAB ZU LANGSAM REAGIERT.
DAS IST ÜBEL.
MIT DEM GEGENGIFT VON NANAO, DAS ER ZWISCHEN DEN ZÄHNEN VERSTECKT HATTE, HAT ER SEIN TEMPO ERHÖHT.
WUSCH
DIE BEWEGUNG DES MESSERS HAT ER MIT SHIONS THEORIE ZUR DATENSTRATEGIE ANALYSIERT...
KLING
...UND MIT KENGOS KUGELSICHERER HAUT ABGEFANGEN.
KAKRACK
ANSCHLIESSEND IST ER MIT FUTABAS JIU JITSU DEM SCHUSS AUSGEWICHEN...
PSHUUU
... UND HAT MICH MIT SHINZOS FUNKSTÖRENDEM GUMMI ENTWAFFNET.

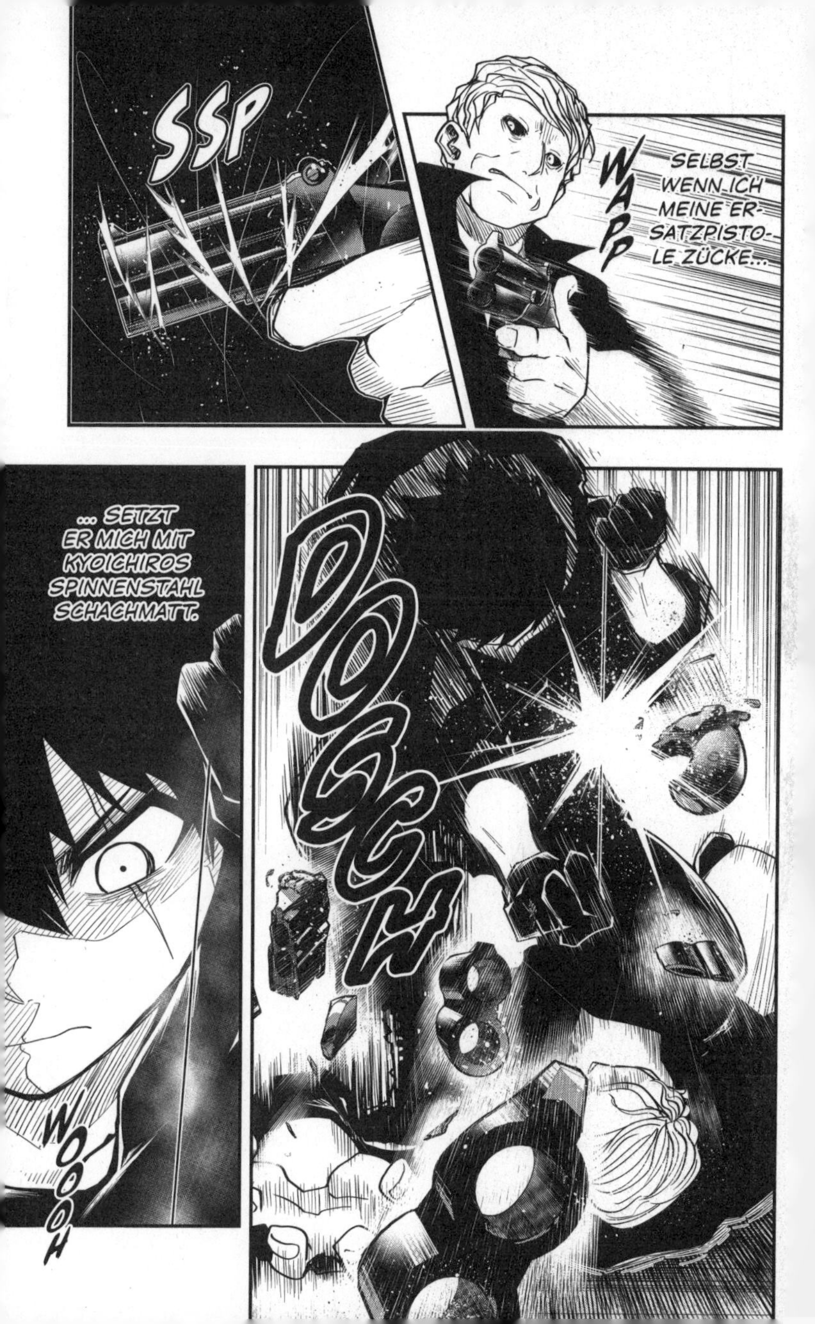
WAPP
SELBST WENN ICH MEINE ER-SATZPISTO-LE ZÜCKE…
SSP
… SETZT ER MICH MIT KYOICHIROS SPINNENSTAHL SCHACHMATT.
WOOOOH

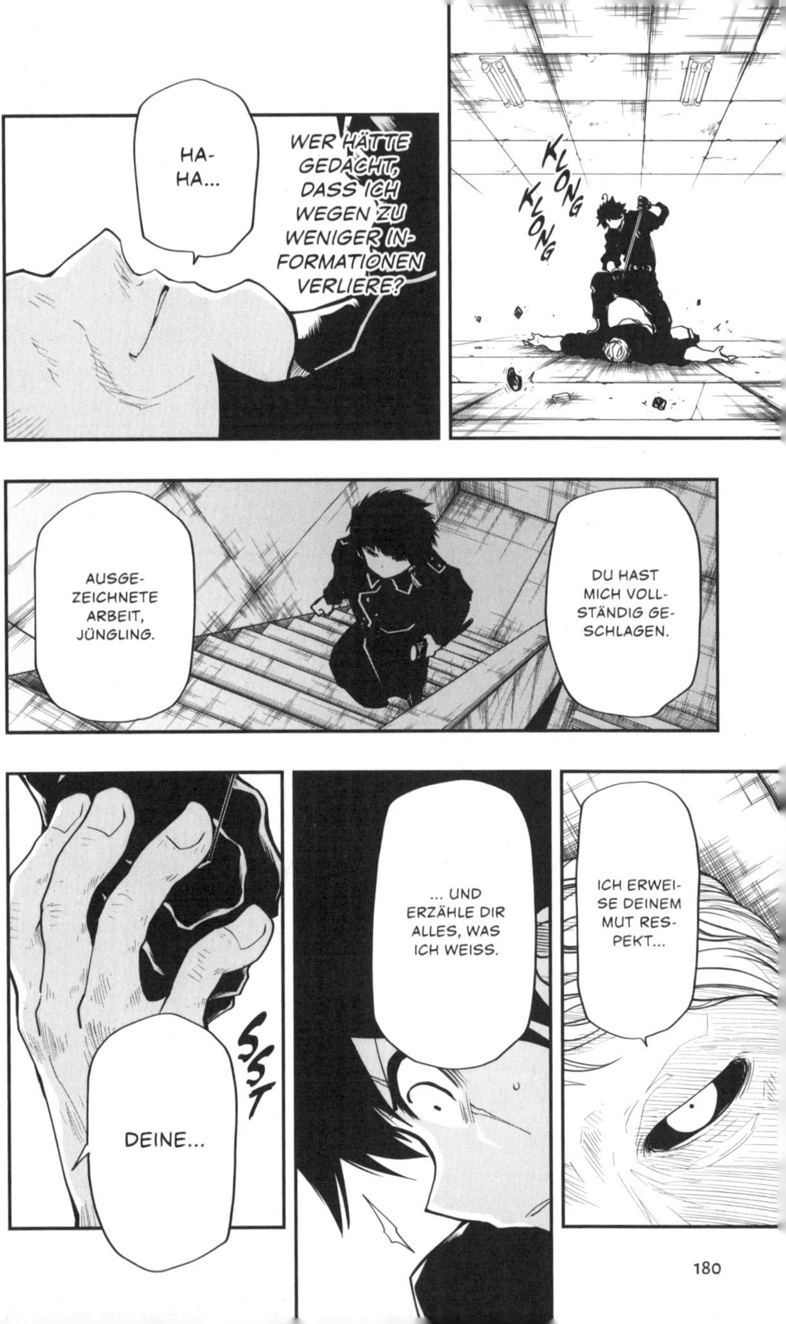
KLONG KLONG
WER HÄTTE GEDACHT, DASS ICH WEGEN ZU WENIGER INFORMATIONEN VERLIERE?
HA-HA...
DU HAST MICH VOLLSTÄNDIG GESCHLAGEN.
AUSGEZEICHNETE ARBEIT, JÜNGLING.
ICH ERWEISE DEINEM MUT RESPEKT...
... UND ERZÄHLE DIR ALLES, WAS ICH WEISS.
SST
DEINE...

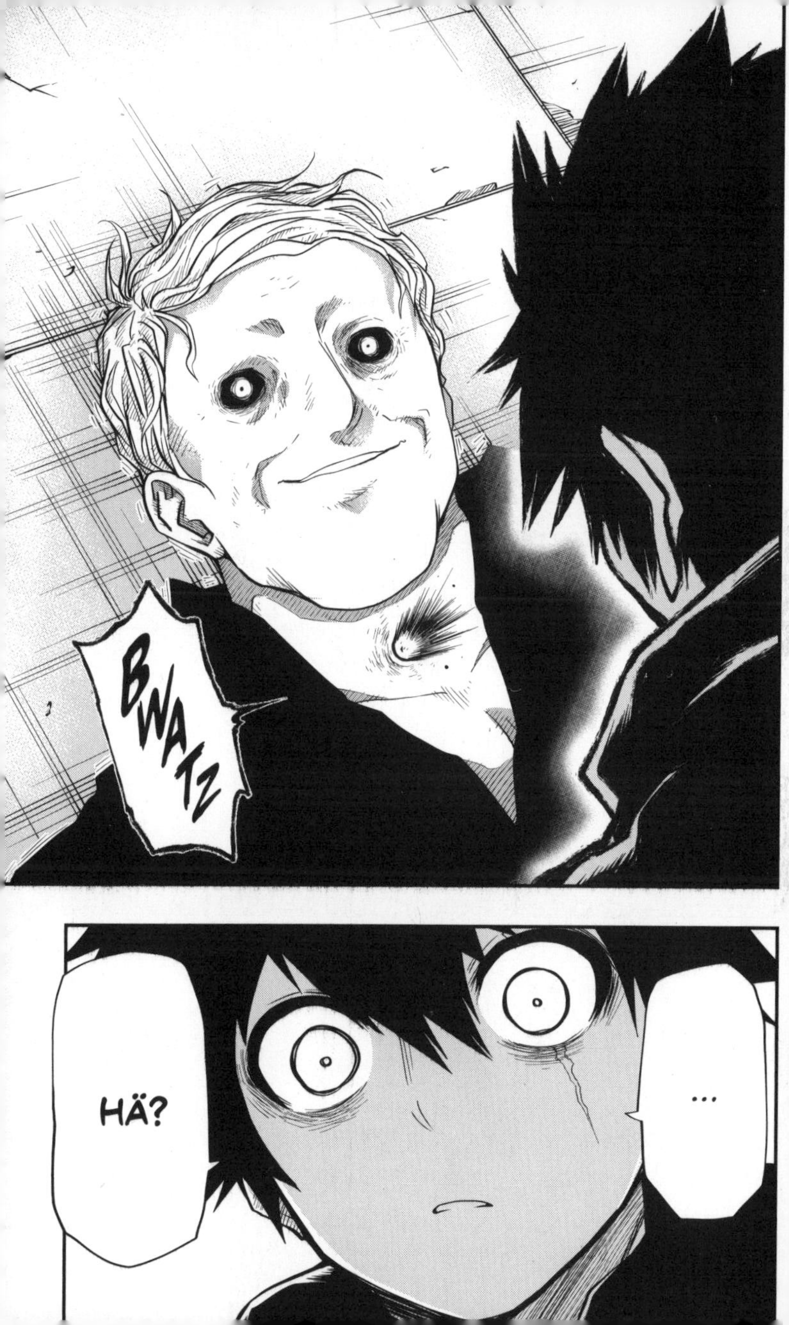
BWATZ
...
HÄ?

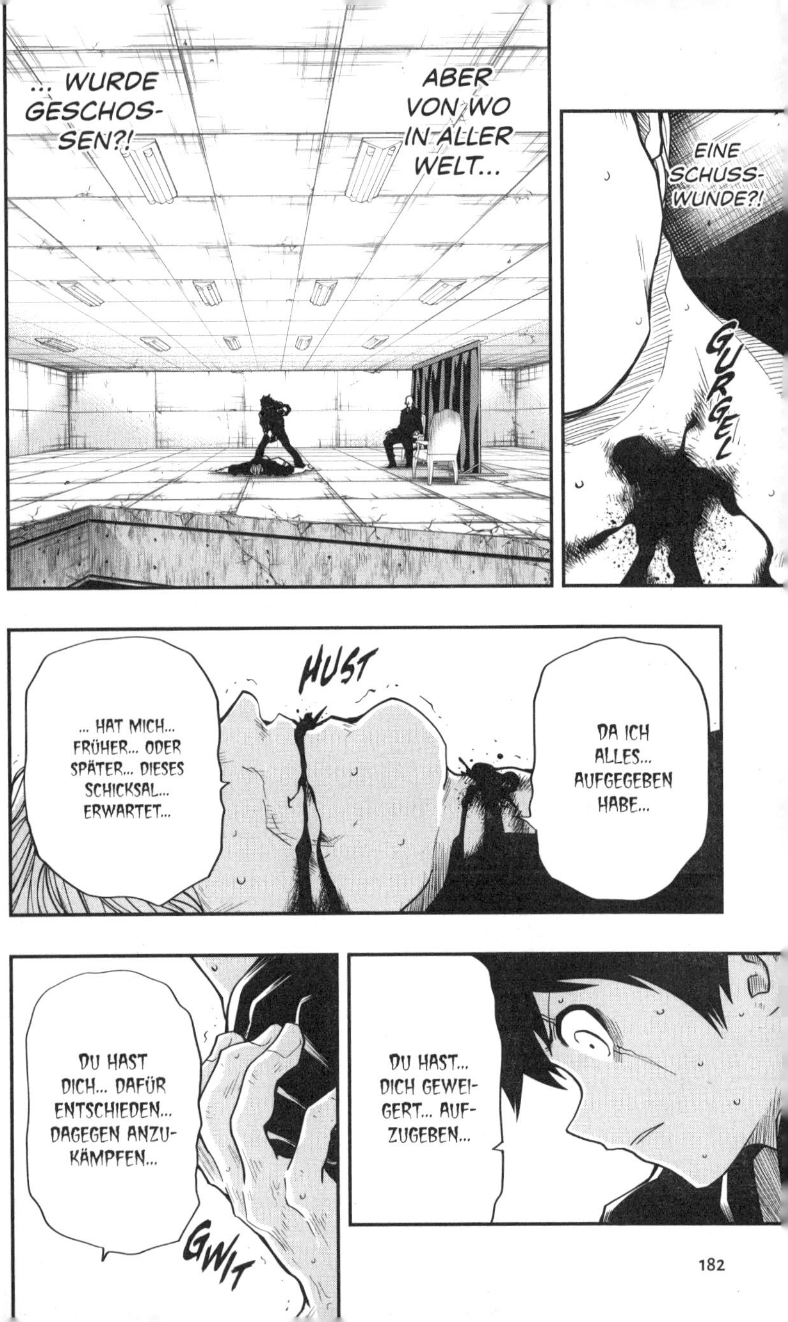
EINE SCHUSSWUNDE?!
GURGEL
ABER VON WO IN ALLER WELT...
... WURDE GESCHOSSEN?!
DA ICH ALLES... AUFGEGEBEN HABE...
HUST
... HAT MICH... FRÜHER... ODER SPÄTER... DIESES SCHICKSAL... ERWARTET...
DU HAST... DICH GEWEIGERT... AUFZUGEBEN...
DU HAST DICH... DAFÜR ENTSCHIEDEN... DAGEGEN ANZUKÄMPFEN...
GWIT

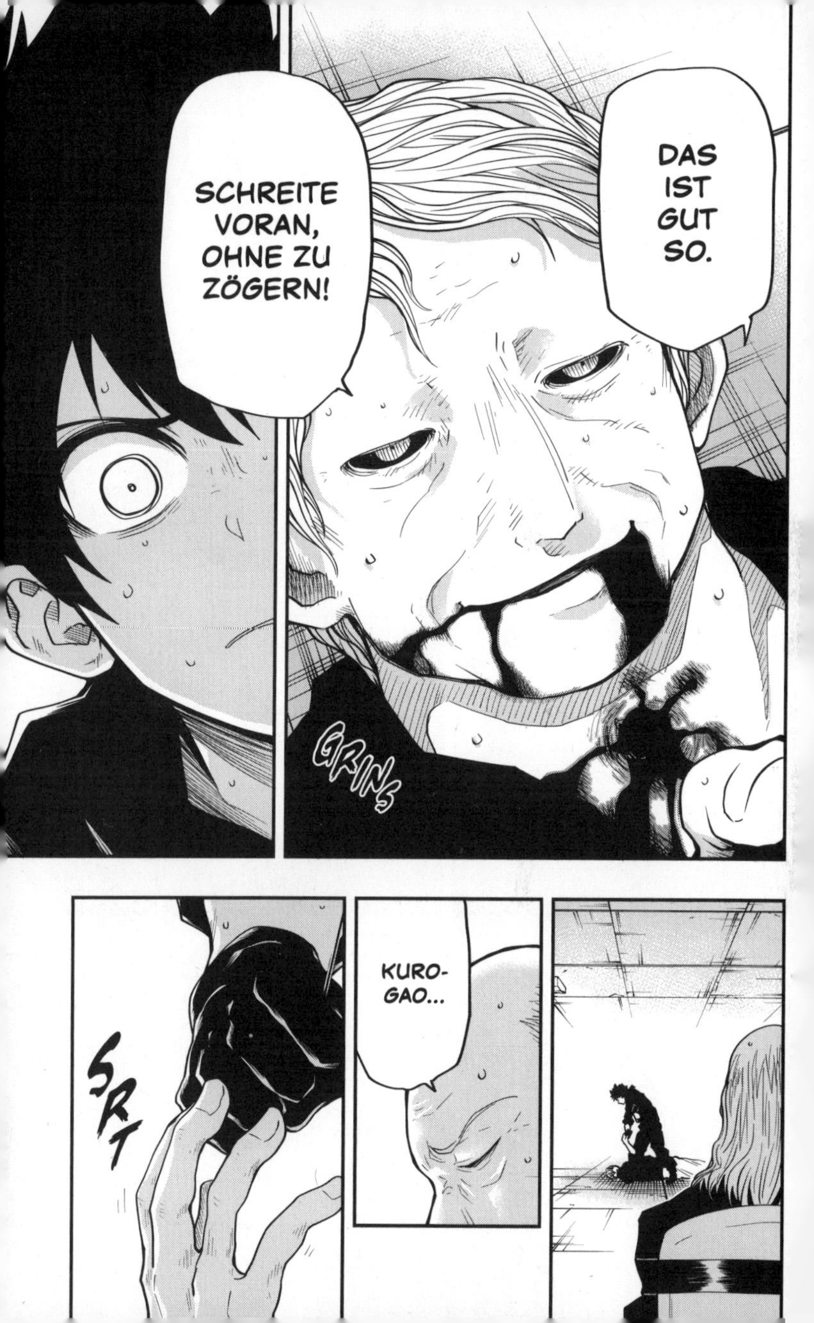
DAS IST GUT SO.
SCHREITE VORAN, OHNE ZU ZÖGERN!
GRINS
KURO-GAO...
SRT

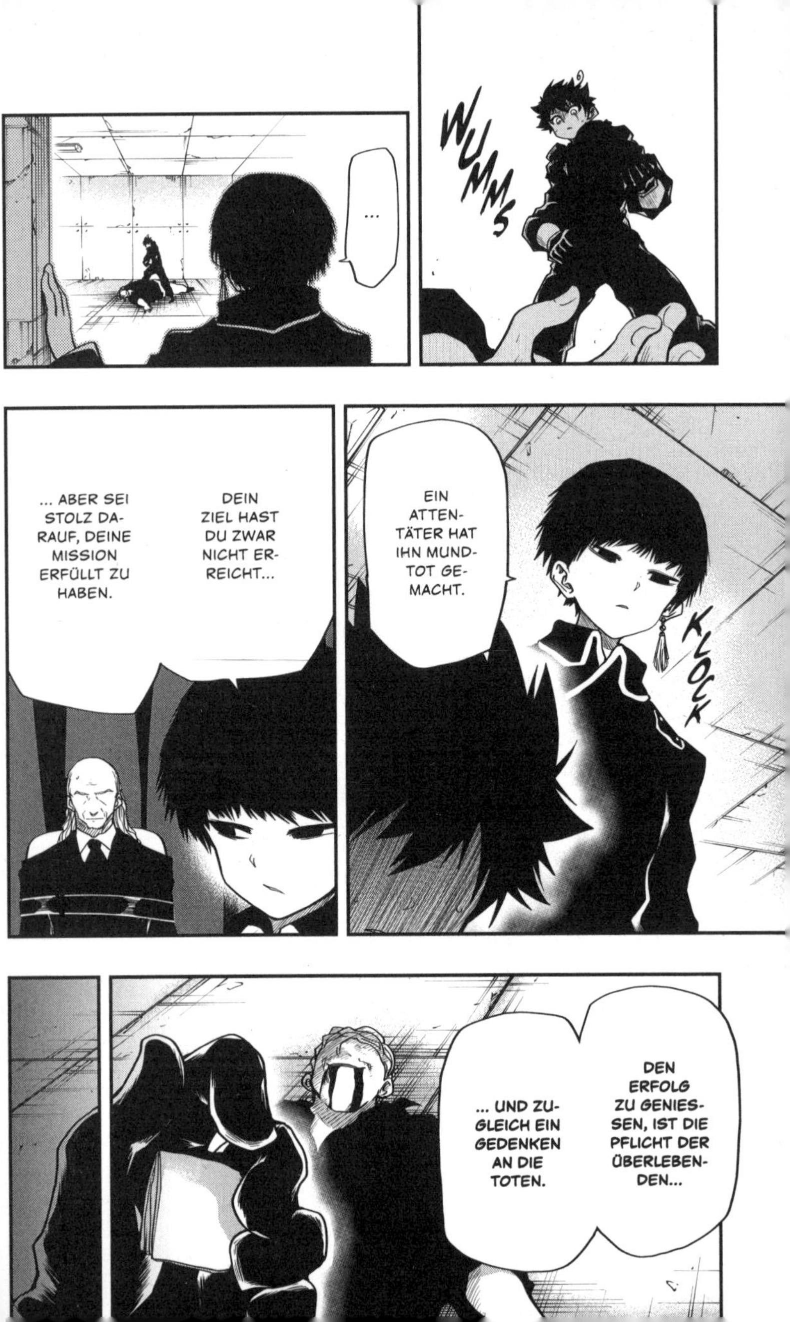
WUMMS
...
EIN ATTENTÄTER HAT IHN MUNDTOT GEMACHT.
KLOCK
DEIN ZIEL HAST DU ZWAR NICHT ERREICHT...
... ABER SEI STOLZ DARAUF, DEINE MISSION ERFÜLLT ZU HABEN.
DEN ERFOLG ZU GENIESSEN, IST DIE PFLICHT DER ÜBERLEBENDEN...
... UND ZUGLEICH EIN GEDENKEN AN DIE TOTEN.

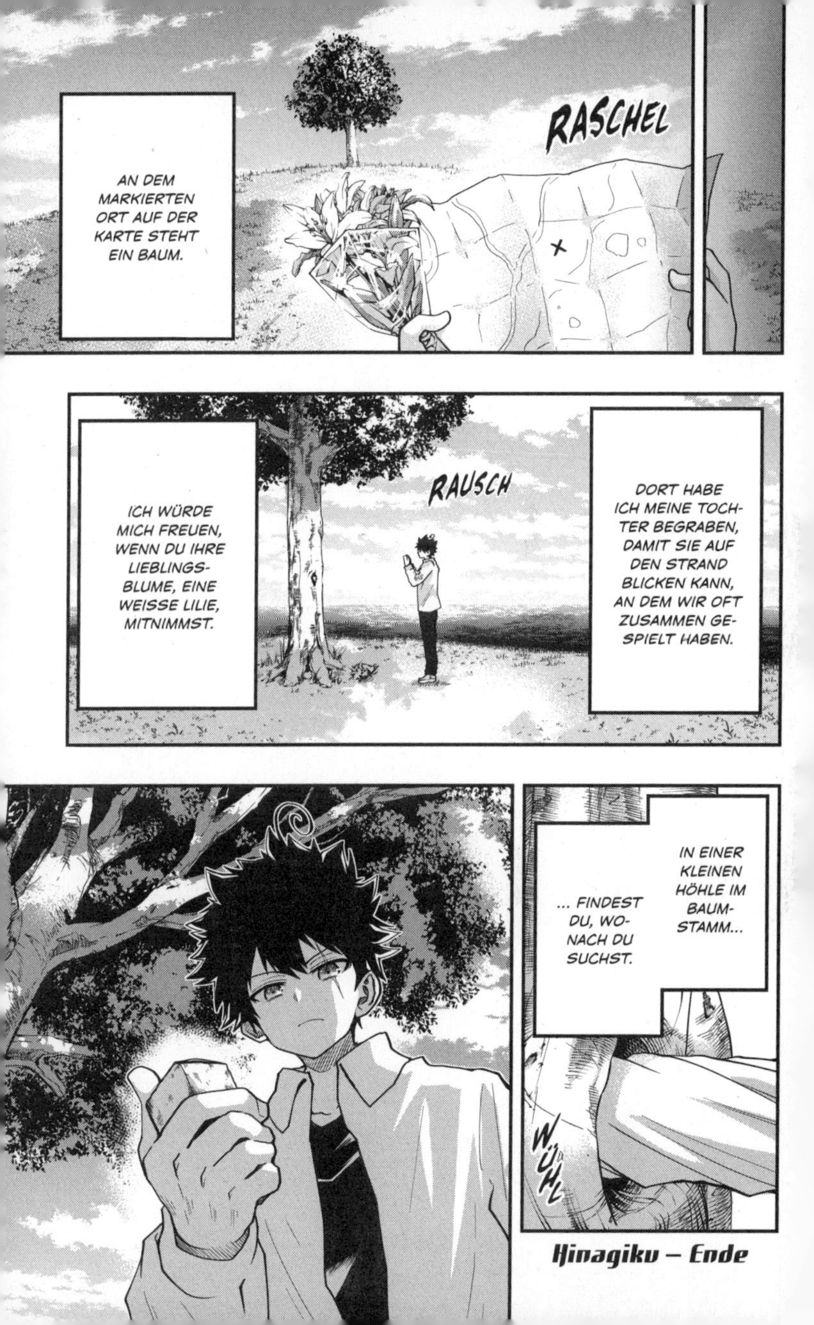
RASCHEL
AN DEM MARKIERTEN ORT AUF DER KARTE STEHT EIN BAUM.
DORT HABE ICH MEINE TOCHTER BEGRABEN, DAMIT SIE AUF DEN STRAND BLICKEN KANN, AN DEM WIR OFT ZUSAMMEN GESPIELT HABEN.
RAUSCH
ICH WÜRDE MICH FREUEN, WENN DU IHRE LIEBLINGSBLUME, EINE WEISSE LILIE, MITNIMMST.
IN EINER KLEINEN HÖHLE IM BAUMSTAMM...
... FINDEST DU, WONACH DU SUCHST.
WÜHL
Hinagiku – Ende

~ Im Haus der Familie Yozakura, während Taiyo sich auf der Mission von Hinagiku befindet ~

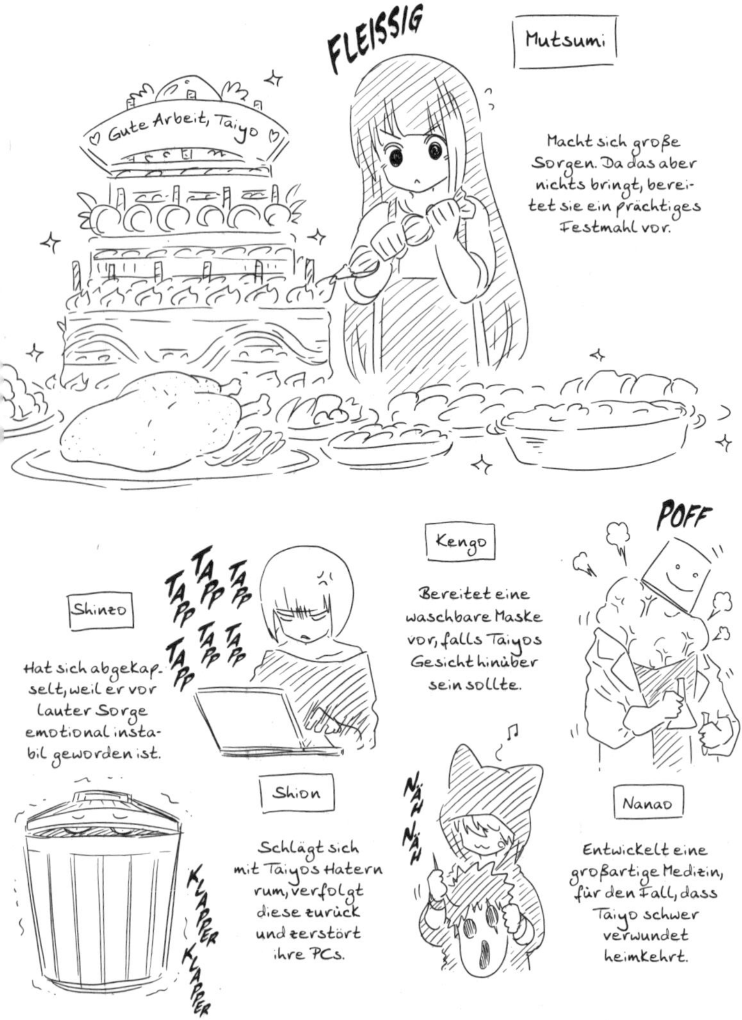

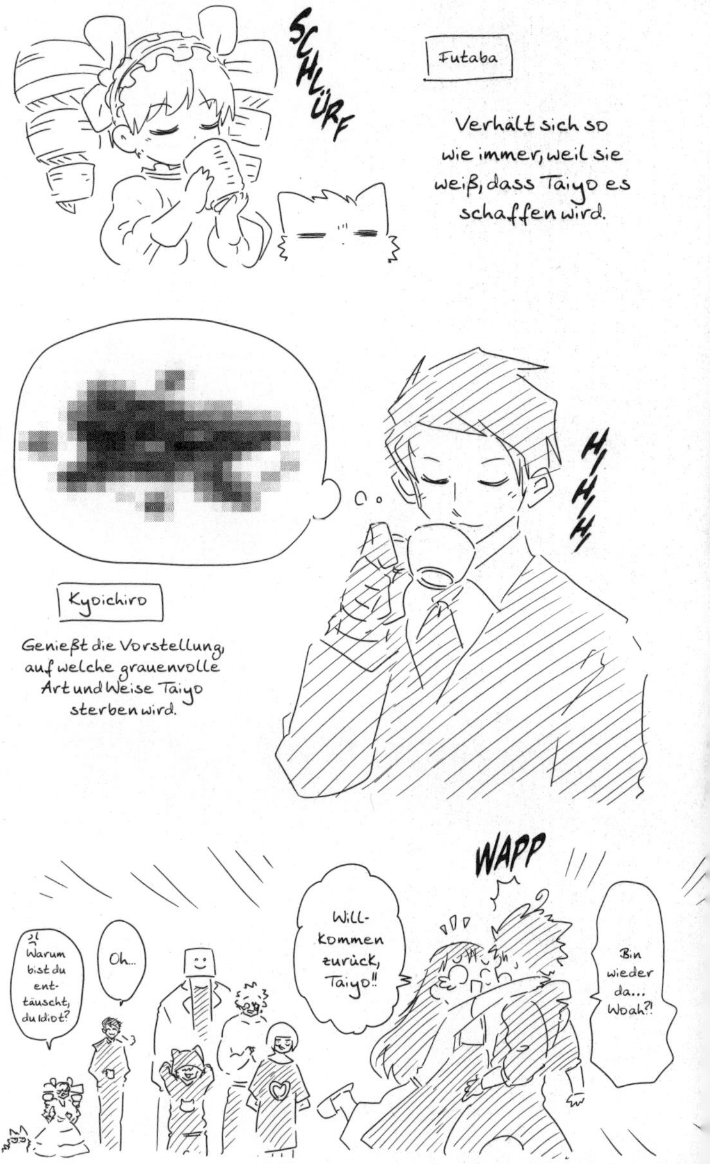
SCHLÜRF
Futaba
Verhält sich so wie immer, weil sie weiß, dass Taiyo es schaffen wird.
HIHIHI
Kyoichiro
Genießt die Vorstellung, auf welche grauenvolle Art und Weise Taiyo sterben wird.
Bin wieder da... Woah?!
WAPP
Will-kommen zurück, Taiyo!!
Oh...
Warum bist du ent-täuscht, du Idiot?

IM NÄCHSTEN BAND FOLGT EINE CHAOTISCHE MISSION NACH DER ANDEREN!!

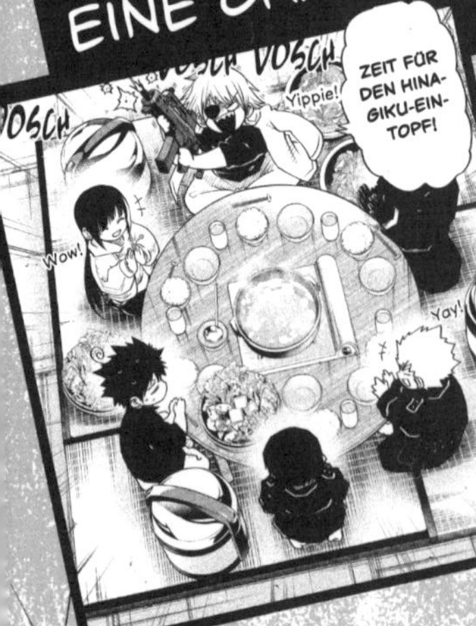

DER KUROYURI-FALL IST GELÖST!

UM DAS ZU FEIERN, WIRD EINE PARTY VERANSTALTET!

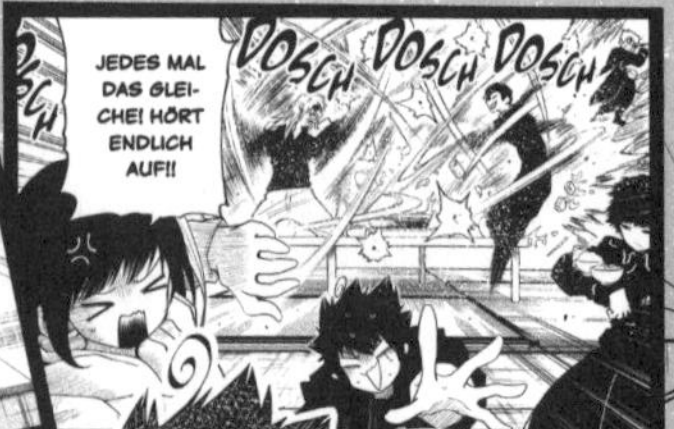

AUCH DIE BEZIEHUNG VON TAIYO UND MUTSUMI SCHREITET VORAN!

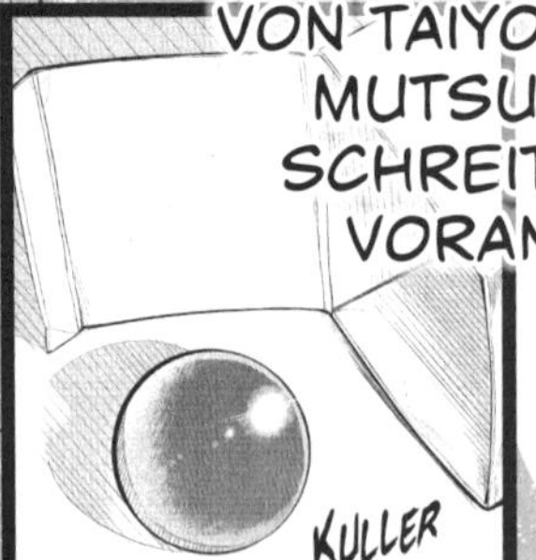

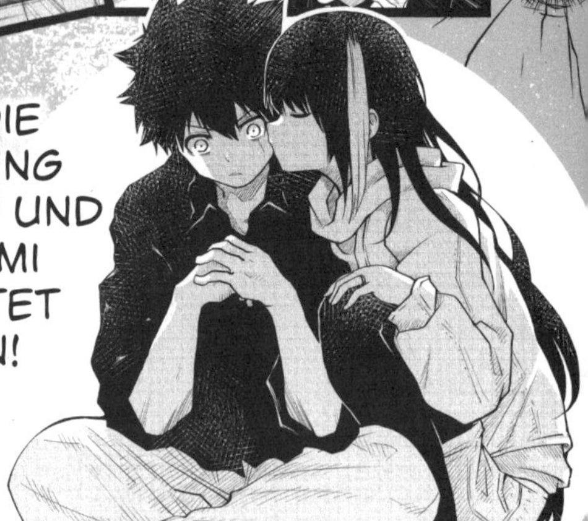

MISSION: Yozakura Family 4

Erscheint voraussichtlich im Frühling 2023!

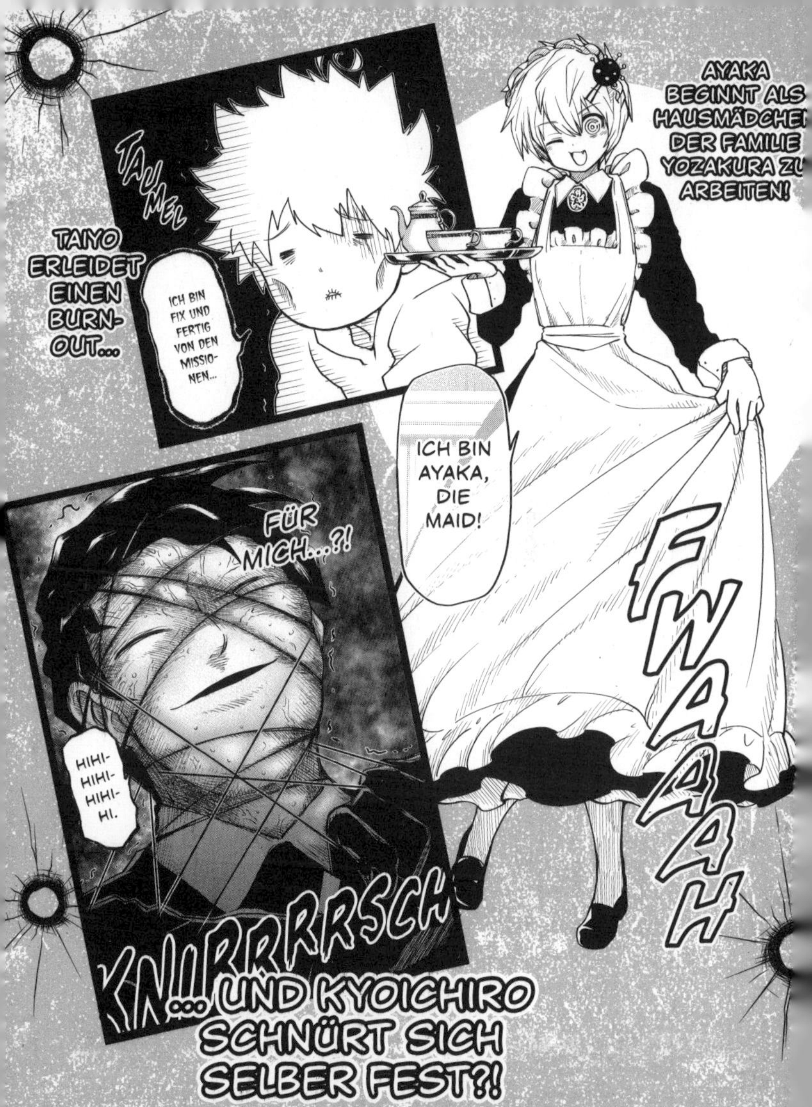
AYAKA BEGINNT ALS HAUSMÄDCHEN DER FAMILIE YOZAKURA ZU ARBEITEN!
TAUMEL
TAIYO ERLEIDET EINEN BURN-OUT...
ICH BIN FIX UND FERTIG VON DEN MISSIONEN...
ICH BIN AYAKA, DIE MAID!
FWAAAAH
FÜR MICH...?!
HIHI-HIHI-HIHI-HI.
KNIIRRRRSCH
... UND KYOICHIRO SCHNÜRT SICH SELBER FEST?!

MASHLE

MAGIC AND MUSCLES

Story and Art by

HAJIME KOMOTO

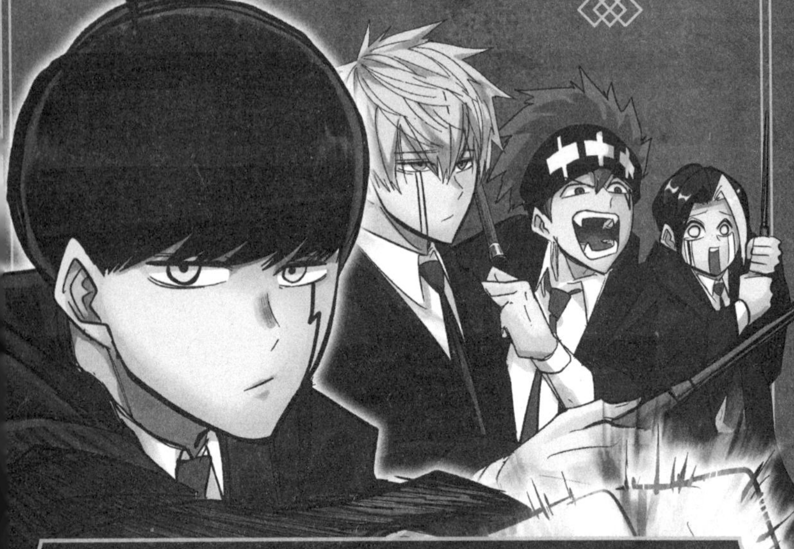

MAGIE IST GUT – MUSKELN SIND BESSER!

Im Reich der Magie wird der soziale Status durch die magischen Fähigkeiten bestimmt. Doch tief im Wald lebt Mash Burnedead, ein junger Mann, der seine gesamte Zeit damit verbringt, seinen Körper zu stählen. Er kann keine Magie benutzen, genießt jedoch ein friedliches Leben mit seinem Vater. Als das herauskommt, geraten beide in Gefahr. Die einzige Lösung: Mash wird in der Magieschule eingeschrieben, wo er die magische Konkurrenz schlagen muss! Wird sich Mash ohne einen Funken Magie und durch reine Muskelkraft einen Weg an die Spitze bahnen können?

CARLSEN MANGA! www.carlsenmanga.de carlsen_manga carlsenmanga

Mission: Yozakura Family

To Do Mission

HALT!

Number	Mission Title
1	☑ Anhalten und Lage sondieren
2	☑ Japanische Serie identifiziert
3	☑ Anweisungen der abgebildeten Grafik befolgen
4	☑ Von »hinten« nach »vorne« lesen
5	☑ Von rechts nach links lesen
6	☑ Spannende Unterhaltung genießen

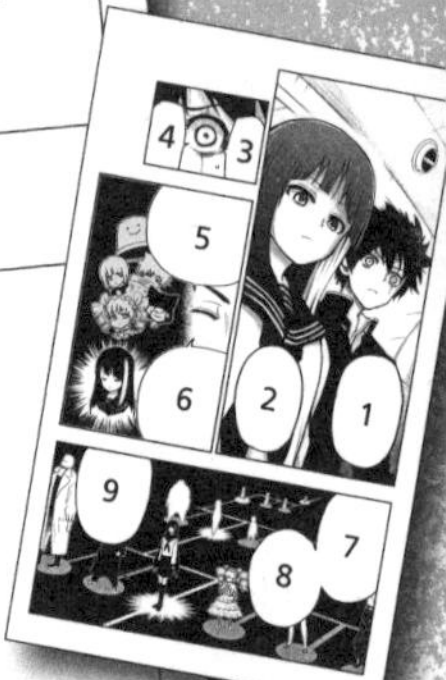

Carlsen Manga! News – jeden Monat neu per E-Mail!
www.carlsenmanga.de
www.carlsen.de

CARLSEN MANGA
Deutsche Ausgabe/German Edition

Aus dem Japanischen von Nana Umino

First published in Japan in 2019 by SHUEISHA Inc., Tokyo.
German translation rights in Germany, Austria, Luxembourg and German-speaking Switzerland arranged by SHUEISHA Inc. through VME PLB SAS, France.
Redaktion: Nina Kroesing
Textbearbeitung: Steffi Korda
Herstellung: Tobias Hametner

ISBN: 978-3-551-02298-1

FSC
www.fsc.org
MIX
Papier | Fördert gute Waldnutzung
FSC® C083411
Klimaneutrales Produkt

Mission:
Yozakura Family